프랭클린 자서전

프랭클린 자서전

벤자민 프랭클린 지음 / 함희준 옮김

예림
출판

머리말

　벤자민 프랭클린의 자서전은 한 세기 반 동안이나 훌륭한 인생 교과서로써 전 세계의 청소년들에게 읽혀져 왔다. 역자는 어떻게, 무엇을 위하여 우리가 살아야 하는지에 대한 해답을 얻고 싶어 하는 젊은이들에게 반드시 이 책을 읽어 보라고 권하고 싶다.

　벤자민 프랭클린은 누구나 알고 있듯이 피뢰침을 발명한 인물이다. 하지만 프랭클린만큼 다양한 인생 경력을 가진 사람도 아마 드물 것이다.

　그는 독학으로 학문에 정진했다. 보잘것없는 인쇄 도제공으로 시작하여 출판업자, 저술가, 신문발행자, 철학자, 외교관, 그리고 발명가로서 널리 알려졌다.

　그러나 그는 부와 명예를 탐하지 않고 오직 공공의 이익을 위해 헌신적으로 노력했다. 또한 형식적인 교리보다는 합리적이고 실제적인 종교를 평생 동안 믿었다. 그는 선천적으로 자유주의자였으며, 과학을 존중했고, 공리주의를 신봉했다.

 그의 자서전은 자신의 자식들에게 인생에 대한 교훈을 주는 형식으로 쓰여졌다.

 그래서 이 책은 청소년들에게 가장 훌륭한 교양 서적이 될 것이다.

 미국이란 나라를 알고, 미국의 민주주의를 알고, 미국의 자본주의를 알고자 하는 사람은 이 책이 좋은 자료가 될 것이라고 생각된다.

– 옮긴이

미국 개척에서 독립 그리고 오늘날에 이르기까지
미국인들의 정신적 지주인 프랭클린!
그의 계몽주의가 오늘날의 미국을 만들었다고 해도 과언은 아니다.
그가 이루고자 했던 덕과 미국의 정신이 이 책 속에 있다.

차례

- 머리말 | 4
- 제1부 | 9
- 이 책을 읽으면 도움이 되는 미국 개척사 | 133
- 제2부 | 141
- 제3부 | 183
- 제4부 | 313
- 프랭클린 연표 | 321
- 생애와 작품 해설 | 324

제1부

제1부

1771년, 성 애사프 교회 주교관, 트위포드에서

 사랑하는 아들아. 나는 언제나 선조의 어떤 사소한 일화라도 모으는 것을 기쁨으로 여겨 왔다. 너도 기억하고 있을 것이다. 너와 함께 영국에 있을 때 그곳에 남아 있는 친척들을 찾아 수소문하고 그 목적을 위해 여행을 다니던 일을. 마찬가지로 언젠가는 너도 네가 모르는 나의 일생에 얽힌 일들을 알고 싶어 할 것이다.

 마침 내게는 한적한 시골에서 여가를 즐길 일주일이라는 시간이 생겨 그동안 너를 위해 나의 일생에 대해 써 두려고 한다.

 이 일은 그 밖에도 몇 가지 다른 동기를 갖고 있다. 나는 가난하고 이름 없는 가문에서 태어나, 지금까지 살아오면서 부유함과 세상에서 어느 정도의 명성을 얻었고, 하나님의 은총으로 상당히 행복하게 살았다. 내가 이렇게 크게 성공하는 데 도움을 준 일화들 중 어떤 것들은 후손들, 그들 자신의 경우에도 적합하고 본받을 만한 것들인 것 같아 알리고 싶었다.

곰곰이 생각해 볼 때, 내 인생에 다시 선택의 기회가 주어진다면, 마치 저자가 책을 내며 재판에서 초판의 몇 가지 실수들을 바로잡아 주도록 하는 혜택을 요청하는 것 외에 행복한 내 삶은 내가 처음부터 똑같은 일생을 반복하는 것을 반대하지 않을 것이다. 하지만 그렇게 할 수만 있다면 나는 그런 작은 실수들을 바로 잡을 뿐만 아니라 생애의 불운한 사고와 사건들을 더 유리한 것들로 바꿀 것이다.

그러나 실제 삶에서 이런 편의는 허락되지 않는다. 생애의 반복이란 기대할 수 없기 때문에, 다시 한 번 사는 것과 가장 비슷한 일은 그 생애를 회상하고 그것을 글로 기록하여 그 회상을 되도록 영구적인 것으로 만드는 일이다.

그런데 나도 노인들이 흔히 하는 것처럼 자기 자신의 신상 이야기와 과거 행적의 자랑을 늘어놓을지도 모른다. 결국 어느 누구는 좋다며 이 이야기를 읽겠지만, 어느 누구는 지루하다며 읽지 않을 수도 있다. 때문에 나는 노인에 대한 존경의 표시로 내 이야기를 끝까지 들어주어야겠다고 생각하는 사람들을 위해 최대한 지루하지 않게 이 이야기를 쓸 것이다.

그리고 끝으로 – 아무리 부인하려고 해도 아무도 믿어주지 않을 것이기 때문에 나도 고백하는 것이 좋을 것 같다. – 나는 내 자신의 자만심을 크게 만족시킬 것이다. 사실 나는 '자랑하는 말은 아니지만' 하는 따위의 머리말 다음에 곧바로 자랑거리가 되는 말이 뒤따르지 않는 경우를 거의 듣거나 본 적이 없다. 대부분의 사람들은 자신들이 강한 자만심을 가지고 있으면서도 남의 자만심을 싫어한다. 그러나 나는 그런 자만심에 맞닥뜨릴 때마다 그것에 매우 관대했다.

 자만심은 그것을 갖고 있는 사람과 그 사람의 활동 범위 안에 있는 사람에게도 종종 이로운 것이라고 믿기 때문이다. 따라서 생활의 다른 여러 즐거움들 중에서 자만심을 지닌 것을 하나님께 감사한다고 해도 그것은 아주 불합리한 것은 아니다.

 하나님께 감사한다고 말하는 김에, 나는 앞서 말한 나의 행복한 지난 일생이 하나님의 인자하신 가호 덕분이며, 그 가호가 내가 사용한 방법마다 성공하게 한 가장 큰 요인이었다고 겸허한 마음으로 고백하고 싶다. 또한 미리 상상해서는 안 되겠지만 이러한 나의 신앙 때문에 나는 이 행복이 앞으로도 계속되거나, 다른 사람들이 겪은 것과 같이 나도 운명의 역전을 참고 견디어 낼 수 있도록 하나님의 은총이 계속되기를 희망한다. 앞으로 나의 운명이 어떻게 변할 것인가는 하나님만이 알고 계실 것이다.

그러한 하나님께서 우리들에게 때로는 고된 시련을 주신다고 하더라도 결국 그것은 우리들에게 내린 축복이 되는 것이다.

큰아버지께서(그분은 가문의 일화를 수집하는 데 나와 똑같은 호기심을 가지고 있었다) 예전에 남겨 둔 메모들에서, 나는 선조들에 관한 몇 가지 자세한 사실을 알게 되었다. 그 메모들로부터 나는 우리 일가가 노댐프턴셔 근교의 엑튼이란 마을에서 3백 년 동안 살았다는 것을 알게 되었다. 그러나 큰아버지께서는 그들이 얼마나 더 오래 전부터 살고 계셨는지는 모르고 계셨다. ─그것은 아마 예전에는 사람들의 계급을 가리킨 프랭클린이란 성을 영국 사람 전체가 사용하기 시작한 시기에 그들도 프랭클린을 성으로 채택한 것으로 짐작된다.─ 그들은 30에이커 가량의 자유 보유지*를 경작하면서 부업으로 대장간 일을 했었는데, 이 직업은 큰아버지대까지 계승되어 내려왔다. 항상 장남이 그 일을 물려받았으며, 큰아버지와 나의 아버지도 이 관례에 따라 그들의 장남에게 자신의 직업을 계승시켰다.

내가 엑튼에 가서 호적을 조사했을 때, 나는 1555년 이후의 출생, 결혼, 매장의 기록 밖에는 찾아볼 수 없었다. 그 이전의 기록은 어느 것이든 그 교구에는 보존되어 있지 않았

---

*영국 법률상의 소작제도에 의한 영구 소작지를 말함.

다. 그 호적에 의해 나는 내가 5대 전부터 막내아들의 막내아들이라는 것을 알게 되었다.

1598년생인 나의 할아버지 토머스는 엑튼에서 살다가 나이가 들어 더 이상 일을 못하게 되자 옥스퍼드셔의 밴버리에서 염색업을 한 아들 존에게 가서 살으셨다. 나의 아버지는 형 밑에서 오랫동안 도제살이를 하셨다. 할아버지는 그곳에서 돌아가셨고 그 땅에 묻히셨다. 우리들은 1758년에 그의 묘비를 찾아본 적이 있다. 할아버지의 장남 토머스는 엑튼 집에서 살다가 그 집을 땅과 함께 그의 외동딸에게 남기고 돌아가셨다. 외동딸은 웰링버러의 리챠드 피셔라는 그녀의 남편과 함께 그 땅을 현재의 영주인 아이스테드에게 파셨다.

나의 할아버지는 슬하에 네 명의 아들을 두셨다. 그들 이름은 토머스, 존, 벤자민, 조사이어셨다. 나는 내 손에 들어온 서류에서 밝혀낼 수 있는 한도에서 그들에 관한 이야기를 너에게 해 주려는 참이다. 그리고 내가 이 세상을 떠나고 없을 때 이 서류들이 없어지지 않는다면 너는 그 서류들 속에서 훨씬 더 많은 자세한 사실들을 알아낼 수 있을 것이다.

큰아버지 토머스는 그 아버지 밑에서 대장간 일을 익히셨다. 영리한 토머스는 그 당시, 그 교구의 으뜸가는 유력자인 파머로부터 학문을 배우라는 격려를 받아(나의 형들 모두가 그랬던 것 같이) 그분은 공증인 자격을 땄고, 그 고장에서 유력한 인물이 되었다. 그분은 노댐프턴셔 주의 군이나 도시, 그리고 자기 마을의 온갖 공공사업에 앞장서는 주동자셨다. 그에 관한 많은 실례들이 전해지고 있다. 그분은 그 당시 헬리팩스 경*의 많은 주목과 애호를 받으셨다. 그분은 내가 태어나기 바로 4년 전의 같은 날인 1702년 1월 6일에 돌아가셨다. 그의 일생과 성격에 대해 우리가 엑튼의 몇몇 노인들로부터 들은 이야기는 나와 너무 비슷해서, 이따금 네가 "아버지 생신과 똑같은 날에 돌아가셨으니 사람들은 큰할아버지께서 다시 환생했다고 하겠군요." 하고 말하며 별난 일처럼 놀라던 것이 기억난다.

존 큰아버지는 모직물의 염색공이셨다. 벤자민 큰아버지는 런던에서 오랫동안 도제살이를 하시면서 비단 염색기술을 배워 견직 염색공이 되셨다. 그분은 재주가 많으셨다. 내가 어렸을 때 보스턴에 계신 우리 아버지에게 와서 몇 해 동안 함께 살았기 때문에 나는 그를 잘 기억하고 있다. 그분은 매우 장수하셨다. 그의 손자 사무엘 프랭클린은 지금 보스턴에 살고 계신다. 그분은 이따금씩 친구와 친척들에게 지어 보낸 짤막한 자작시들을 모아 4절판 크기의 책 두 권을 남기셨는데, 그것들 중에 나에게 보낸 다음과 같은 작품이 있다. 그는 자신의 속기술을 고안하여 나에게 가르쳐 주었으나, 나는 실제로 그것을 사용하지 않아서 지금은 다 잊어

---

*1661~1715. 노댐프턴셔 주 정치가. 후에 영국 수상이 되었다.

버렸다. 그와 나의 아버지는 특별히 사이가 좋아서 내 이름은 큰아버지의 이름을 따서 지어졌다. 그는 매우 독실한 신자였고, 훌륭한 목사들의 설교를 듣고자 열심히 출석하는 사람이어서 자기의 속기술로 그 설교를 기록해 여러 권의 책으로 만들어 가지고 있었다. 또한 그는 정치를 매우 좋아했는데, 그의 신분으로 보면 너무 지나치다 싶을 정도였다.

최근 런던에서 그가 만든 1641년부터 1717년에 이르는 공사에 관계된 모든 주요 팸플릿 모음을 우연히 손에 넣을 수 있었다. 번호로 봐서 빠진 것도 꽤 많았지만, 그래도 2절판이 8권, 4절판이 24권이나 남아 있었다. 어떤 헌책 장수가 우연히 그것들을 발견했는데, 내가 그런 책들을 수집한다는 것을 듣고 그는 그것들을 나에게 갖고 왔다. 50년 이상 되는 일이지만 큰아버지가 미국으로 건너갈 때 그것들을 이곳에 두고 간 것이 틀림없는 것 같았다. 팸플릿의 원고란 외의 여백에는 큰아버지의 메모가 많이 적혀 있었다.

무명의 우리 일가는 일찍부터 종교개혁운동에 가담했다. 메리 여왕 치세 기간 중에는 신교도들이 가톨릭교에 매우 반항적이라 하여 때때로 고통을 당하는 위험에 직면하곤 했지만 우리 조상은 줄곧 개신교를 믿었다. 우리 집에는 한 권의 성경 책이 있었는데, 그것을 안전하게 숨겨 놓기 위하여 책을 편 채로 조립식 걸상 접는 밑 부분 안쪽에 납작한 끈으로 묶어 놓았다. 나의 증조할아버지께서는 가족에게 그것을 읽어 줄 때 조립식 걸상을 무릎 위에 거꾸려 올려놓고 납작한 끈 밑으로 책장을 넘기셨다. 자식들 중 한 명은 문간에 서서 종교재판소의 집행관이 오는지를 살폈다. 만일 집행관이 오면 걸상을 뒤집어 다리를 아래로 가게 해서 세우고, 성경 책은 전과 같이 걸상 밑바닥에 감추어 진 채 있게 되었다. 나는 이 이야기를 벤자민 큰아버지에게서 들었다. 우리 일가는 찰스 2세의 치세가 끝날 무렵까지 영국 국교회 파에 속해 있었지만 벤자민 큰아버지와 아버지 조사이어는 노댐프턴셔 주에서 때때로 비밀집회를 열며, 비국교운동을 펼치다 추방된 몇몇 목사들을 신봉하며 평생을 신교도로 살으셨다. 그러나 일가 중에 다른 사람들은 영국 국교회 파에 그대로 남아 있었다.

나의 아버지 조사이어는 젊어서 결혼을 했으며, 1682년 경에 아내와 세 아들과 함께 뉴잉글랜드로 갔다. 비국교도의 비밀집회는 법률로 금지되어 있어서 종종 방해를 받았기 때문에 아버지의 친지 중 몇몇 사람들이 뉴잉글랜드로 이주할 생각을 하셨다. 아버지 또한 그들과 뜻을 같이해 그곳으로 함께 가기로 하셨다. 그곳에서 그들은 자유롭게 그들의 종교 방식을 누릴 수 있을 것이라고 기대했다.

뉴잉글랜드로 이주한 아버지는 같은 부인에게서 4명의 자녀를, 두 번째 부인에게서 10명의 자녀를 더 얻어 모두 14명의 자녀를 두었다. 나는 아래에서 둘을 뺀 막내아들이었고, 보스턴에서 태어났다. 두 번째 부인인 나의 어머니는 어바이어 폴저였고, 피터 폴저의 딸이었다. 이분은 뉴잉글랜드로 이주한 최초의 이주민들 중 한 사람이었다. 내가 정확하게 그 말을 기억하고 있는지는 모르겠지만 커튼 매이더란 사람이 그의 저서인 《미국에서 그리스도의 큰 업적》이란 제목의 뉴잉글랜드 교회사에서 폴저를 '신앙심 깊고 학식 있는 영국인'이라고 칭호했다. 외할아버지, 피터 폴저께서는 시사에 관한 여러 가지 짤막한 시문들을 쓰셨는데 그중 한 편만이 인쇄되었다고 하셨다. 여러 해 전에 나도 그 시문을 볼 수 있었다. 그 시문은 1675년 그 시대 사람들의 특유한 운문체로 쓰여져 정부 당국자에게 보내졌던 것이었다. 내용은 신앙의 자유, 박해받고 있던 재침례교*주도, 퀘이커교*주도, 그리고 그 밖의 여러 교파를 옹호하는 한편, 아메리카 인디언과의 싸움과 이 지방에서 일어나는 재난들을 신교도들에 대한 박해의 결과라고 주장하면서, 그토록 추악한 죄를 벌하시는 하나님의 여러 심판이므로 무자비한 법률들을 철폐하라고 권고하고 있었다.

그분의 시문 전체는 상당히 평이하면서도 품위가 있었으

---

*영국 청교도의 여러 파 가운데 하나로, 프로테스탄트의 한 교파. 유아 세례를 인정하지 않고 교회와 국가의 분리를 강조하며, 현재 미국 최대의 교파를 이루고 있다.

*영국인 G. 폭스가 창시했고, 1650년 이후 미국 포교가 적극적으로 행해졌다. 노예제도 반대, 양심적 징병 거부, 십일조 반대 등 일반 사람의 태도와 달라 특수한 사람들로 간주 됨.

며 당당하고 자유로운 기풍으로 쓰여졌다. 처음 두 연은 잊어버렸지만 이 시를 끝맺는 여섯 연을 나는 아직도 기억하고 있다.

  시에서 필자를 밝힌 그분의 의도는 그 책이 선의에서 나왔기 때문이다.

> 중상자라는 말 듣는 것을
> 나는 진심으로 싫어하기에
> 지금 내가 살고 있는 셔번의 거리에서
> 나의 이름을 여기 적어 둔다.
> 남의 기분을 상하게 하지 않는 그대의 참된 친구,
> 그 이름은 피터 폴저이다.

  나의 형들은 모두 여러 가지 직업에 도제로 보내졌다. 나는 여덟 살 때에 라틴어 학교에 입학했다. 아버지는 형님들이 교회에 바치는 십일조 헌금으로 나를 교회일에 헌신하는 재목으로 키우려고 하셨다. 내가 일찍부터 글을 깨우치고 (내가 글을 읽을 줄 몰랐던 시절이 언제였는지 기억할 수 없으므로, 그것은 어렸을 때였음이 틀림없다) 꼭 훌륭한 학자가 될 것이라는 아버지의 모든 친구들 의견에 힘입어, 부친은 그렇게 작정하셨다. 이 방침에는 벤자민 큰아버지도 찬성이어서 그의 속기술을 배우고 싶다면 그가 속기한 설교집을 전부 주겠다고 내게 말했다. 그러나 내가 이 학교를 다닌 것은 채 일 년도 되지 못했다. 나는 그 해에 학급의 중간쯤 석차에서 점점 올라가 일등이 되었고, 상급 학급으로 옮겨져 연말에는 3학년이 되었다. 그러나 아버지는 대가족을 거느리고 있는 형편이어서 학비를 댈 수가 없었고, 그런 교육을 받아도 나중에 이렇다 할 생활을 하지 못할 것이라고 생각했기 때문에 (내가 들은 말에 의하면 아버지께서 그의 친구분들에게 그렇게 말씀하셨다고 한다) 처음 의도를 바꾸어 나를 라틴어 학교에서 그만두게 하고, 당시에 유명한 조지 브라우넬이 운영하던 필기와 산수 학교에 보내셨다. 이 학교는 당시 매우 번창했었는데 그것은 조지 브라우넬의 온건하고 고무적인 교육방법 때문이었다. 그 선생님 밑에서 교육받은 후 나는 작문 실력이 상당히 좋아졌다. 그러나 산수에는 실패하여 아무런 향상이 없었다.

열 살 때 나는 집으로 돌아와 아버지의 사업을 도왔다. 그것은 수지양초와 비누를 제조하여 파는 것이었다. 아버지는 어릴 때부터 염색업을 배웠는데, 뉴잉글랜드에 와 보니 염색업은 거의 수요가 없어 가족을 부양할 수 없다는 것을 알고 새로 시작한 일이었다. 따라서 내가 한 일은 양초의 심지를 자르고, 양초 틀에 수지를 부어 넣고, 가게를 지키고 심부름을 하는 것들이었다. 나는 장사를 싫어했고, 뱃사람이 되고 싶어 견딜 수 없었지만 아버지는 그것을 반대했다. 그러나 바닷가에 살고 있었기 때문에 나는 일찍부터 수영을 잘했고, 보트 다루는 법도 익혔다.

다른 소년들과 함께 보트나 카누를 탈 때면 대개 내가 지휘했고, 특히 어려운 상황에 부딪쳤을 때 더욱 그러했다. 그 밖의 경우에도 항상 내가 그 소년들의 지휘자가 되었으나 때로는 그들을 난처하게 만드는 일도 있었다.

그 당시에는 제대로 발휘되지 않았지만 일찍이 내게 공공심이 있었다는 것을 보여 주는 한 가지 일화가 있다.

물레방아용 저수지와 접하는 곳에는 바닷물이 드나드는 늪이 있었는데, 우리들은 밀물 때면 그 늪가에 서서 고기를 잡곤 했다. 그러나 그곳은 우리가 너무 짓밟고 다녀서 오래지 않아 진흙탕으로 변해 버렸다.

나는 친구들에게 커다란 돌무더기를 가리키면서 그곳에 우리들이 서 있기 좋은 선창을 만들자고 제의했다. 그 돌무더기는 늪 근처에 집을 새로 지으려고 갖다 놓은 것이었는데, 우리의 목적에 꼭 알맞은 것이었다.

저녁에 일꾼들이 가 버리자 나는 한 무리의 놀이 친구들을 모아 그들과 함께 개미떼처럼 부지런히 움직였다. 때로는 돌 하나에 두세 명이 달라붙기도 하며 돌들을 모두 운반하여 우리의 작은 선창을 만들었다.

이튿날 아침에 일꾼들은 돌들이 없어진 것과 그 돌들이 이미 우리의 선창이 되어 버린 것을 보고 크게 놀랐다. 돌을 옮긴 자들을 수소문한 끝에 우리들이란 것이 밝혀졌고, 우리는 크게 꾸중을 들어야 했다.

우리들 중 여러 명은 아버지들에게서 벌을 받기도 했다. 나는 그 작업이 유익한 것이었다고 변명을 했지만 나의 아버지는 정직하지 않은 일은 아무런 유익이 없다고 나를 깨우쳐 주셨다.

아들아, 이쯤 되면 나는 네가 할아버지의 풍채와 성격에 대해 궁금해할 것이라고 생각한다. 그분은 체격이 훌륭했고, 다부지고 힘이 장사셨다. 또한 그분은 솜씨가 좋고, 그림도 잘 그렸고, 음악에도 조금은 능숙했다. 맑고 상냥한 음성을 가지고 있어서 하루의 일이 끝난 저녁때 때때로 바이올린으로 찬송가를 연주하면서 노래를 부르시곤 했는데, 그 노래는 대단히 듣기 좋았단다. 또한 그분은 기계를 만지는 재능도 가지고 있어서 다른 기능공들의 도구들도 능숙하게 다루셨다. 그러나 그분의 가장 큰 장점은 사사로운 문제나 공공의 문제에 있어서 건전한 이해력으로 견실한 판단을 내려 주시는 것이었다.

사실 나의 아버지는 공직에 계셨던 적이 없었다. 그분은 언제나 많은 자녀들을 교육시켜야 했으므로 생활에 여유가 없어 장사에만 열중해야 했다. 하지만 나는 아버지가 자주 유지들의 방문을 맞이하던 일을 기억하고 있다. 그들은 시정이나 아버지가 다니던 교회일에 관해 아버지의 견해를 들고는 그 판단과 충고에 대해 깊은 경의를 표하곤 했다. 사사로운 개인들에 대해 어떤 어려움이 생겼을 때에도 아버지는 자주 상담역이 되어 주었고, 싸우는 쌍방 사이에 중재자로 뽑히는 일도 많았다.

식사 때 아버지는 자주 현명한 친구나 이웃 사람들을 초대해서 이야기 나누는 것을 좋아했으며, 아이들의 마음을 북돋아 주었는데, 재치있거나 유익한 화제를 꺼내도록 언제나 배려하셨다. 이런 방법으로 나의 아버지는 인생살이에서 무엇이 선이고, 무엇이 정의이고, 무엇이 정의를 위한 길이고, 무엇이 신중함인지에 대해 우리들의 주위를 돌리게 했다.

그런 반면에 식탁 위의 음식에 대해서 요리솜씨가 좋건 서툴건, 계절에 맞는 것이건 아니건, 맛이 있건 없건, 이것이 더 좋건 저것이 못하건 거의 관심을 두지 않거나 아예 신경을 쓰지 않게 했다.

이렇게 나는 그런 문제들에 대해서는 전혀 관심을 갖지 않도록 키워졌기 때문에 내 앞에 무슨 음식이 놓여 있건 개의치 않게 되어 오늘날까지도 식후 두세 시간만 지나면 식사 때 무엇을 먹었느냐고 물어도 거의 대답을 하지 못할 정도가 되었다.

이러한 습성은 여행하는 데 편리했다. 여행을 할 때 동행자들은 음식에 관해 나보다 더 잘 배웠기 때문에 때때로 호사스런 미각과 식욕을 충분히 만족시켜 줄 음식이 없어서 매우 고생을 한 것에 반해서 말이다.

나의 어머니도 아버지와 똑같은 훌륭한 체격을 갖고 계셨으며, 열 자녀 모두를 몸소 젖을 먹여 기르셨다.

아버지는 89세, 어머니는 85세로 세상을 떠나실 때 앓았던 병 말고는, 나는 그분들이 편찮은 것을 본 적이 없다. 그분들은 보스턴에 합장되었는데, 수년 전에 나는 그분들의 무덤에 비석을 세우고 아래와 같은 비문을 새겨 넣었다.

조사이어 프랭클린과 그의 아내 어바이어, 여기에 잠들어 있다.

두 분은 서로 사랑하며
55년의 결혼생활을 했다.
이렇다 할 재산이나 수입이 좋은 직업도 없이
부단한 노동과 근면과
하나님의 은혜로, 두 분은 대가족을 편안하게 거느리면서
14명의 자식과 7명의 손자들을 훌륭히 키우셨다.
이것을 읽는 사람이여, 이 실례를 통해서
천직에 정진하도록 격려 받으소서.
그리고 하나님의 섭리를 의심치 마라.
아버지는 신앙심이 깊고 신중한 사람이었으며,
어머님은 사려 깊고 정숙한 여자였다.
그들의 막내 아들이

그들의 추억에 대한 효심의 발로로
이 묘비를 세우노라.

조사이어 프랭클린
1655년에 나시고, 1744년에 돌아가시고, 향년 89세.
어바이어 프랭클린
1667년에 나시고, 1752년에 돌아가시고, 향년 85세.

이렇게 장황한 객담을 늘어 놓게 되니 나 스스로도 늙었다는 생각이 든다. 이전에는 나도 보다 더 조리있게 글을 쓰곤 했다. 그러나 사람은 식구끼리 모였을 때는 공식적인 무도회에 갈 때처럼 격식을 차리지 않는 법이다. 아마도 그것은 오직 허물이 없기 때문일 것이다.

본론으로 돌아가서 나는 이와 같이 2년 동안, 즉 열두 살이 될 때까지 아버지가 하시는 장사를 거들고 있었다. 나의 형 존도 장사를 익히고 있었는데 나중에 결혼하고 분가해서 로드아일랜드에서 자립했다. 그렇게 되자 내가 형을 대신하여 양초 제조 판매인이 되어야 했다. 그러나 이 장사에 대한 나의 혐오가 여전했으므로, 아버지는 나에게 어울리는 직업을 찾아주지 않는다면 형님 조사히어가 그렇게 해서 어버지의 마음을 매우 상하게 했듯이 나도 가출하여 뱃사람이 될까 봐 걱정하고 계셨다. 그래서 아버지는 가끔 나를 데리고 나가 함께 걸으면서 가구공, 벽돌공, 선반공, 놋쇠공 같은 사람들의 일하는 모습을 보여 주셨다. 그러면서 나의 의향을 관찰하며 나의 마음이 육지에서 하는 장사나 다른 직업을 택하게 하려고 애를 쓰셨다. 그 후 숙련된 직공들이 연장을 다루는 것을 보는 것이 나에게 즐거움이 되었으며, 그것은 나에게 유용했다. 나는 그런 견습을 통해 매우 많은 것을 익혔고, 일꾼을 미처 구하지 못했을 때면 집 안에서 필요한 간단한 일들을 내 손으로 직접 할 수 있었다.

마침내 아버지는 내 직업을 칼을 만들어 파는 직업으로 결정 내렸다. 그 무렵에 벤자민 큰아버지의 아들 사무엘이 런던에서 그 직업을 익힌 후 보스턴으로 건너와 장사를 막 시작했는데, 나는 사촌형에게 견습공으로 보내졌다. 그러나 사촌형이 요구하는 견습료가 아버지 마음을 상하게 해서 결국 아버지는 나를 다시 집으로 데려왔다.

어릴 때부터 나는 독서를 좋아했다. 그래서 나는 내 손에 들어오는 잔돈을 모두 책을 사는 데 써 버렸다. 《천로역정》이 마음에 들었으므로 내가 처음으로 돈을 모아 산 책들은 작은 분책으로 된 존 번연의 저작집이었다. 그 후에 나는 로버트 버튼(Rbert Burton)의 《역사총서》를 사려고 그것을 팔았다. 그것은 작은 행상용 책이었고, 값이 쌌고, 모두 40권이었다. 아버지의 장서는 주로 논증 신학에 관한 것이었는데, 나는 그것들의 대부분을 읽었다.

이미 그때는 목사가 되지 않기로 결정하고 있었으므로, 신학이 아닌 다른 지식에 대한 갈증은 더욱 심해 갔다. 아직도 때때로 그때 더 많은 책들이 내 손에 들어오지 않은 것을 아쉬워한다. 《플루타르크 영웅전》이 있어 열심히 읽었는데, 지금까지도 나는 그 책을 읽으며 보낸 시간이 아주 유익했다고 생각하고 있다.

데포의 《계획론》이라는 책과 메이더 박사의 《선행론》이란 책도 있었다. 그것들은 장래 내 생애의 주요 사건들에 영향을 주었던 나의 사고방식에 하나의 전기를 가져다주었다.

이렇게 책 읽기를 좋아하는 내 성격을 보고 아버지는 이미 그 직업을 가진 아들(제임스)이 있었지만 드디어 나를 인쇄업자를 만들기로 결심했다.

형 제임스는 1717년에 영국에서 인쇄기계와 활자를 가져와 보스턴에서 개업했다. 나는 아버지의 직업보다는 인쇄일 쪽이 훨씬 좋았지만 바다에 대한 갈망을 여전히 가지고 있었다.

그런 취향 때문에 일어날 걱정스러운 결과를 막기 위해 아버지는 성급하게 나를 형에게 도제살이로 보내어 그곳에 붙잡아 두고 싶어 했다.

얼마 동안 나는 고집을 부렸으나, 결국 설복당해서 겨우 열두 살이었을 때 도제살이의 증서에 서명하고 말았다. 계약서에 의하면 나는 스물한 살이 될 때까지 도제살이를 하게 되어 있었다. 다만 마지막 해 동안에는 직공의 임금을 받을 수 있게 되어 있었다. 나는 형에게 보내어진 후 이내 그 일에 능숙해져서 유용한 직공이 되었다.

그 무렵에 나는 더 좋은 책을 접할 수 있었다. 책방의 점원들과 알게 되어 가끔 작은 책자를 빌려 볼 수도 있게 되었다. 빌려 보는 책을 나는 더럽히지 않고 빨리 되돌려 주기 위해 주의했다. 어쩌다가 저녁 때 책을 빌려서 아침에 일찍 돌려 주어야 할 때는 책방 주인이 그 책이 없어진 것을 알게 되거나 그 책이 필요한 일이 생길까 봐, 나는 종종 방에서 거의 밤을 새우면서 읽었다.

얼마 후에 상당한 장서들을 가지고 있던 매듀 아덤즈라는 재능 있는 상인이 자주 우리 인쇄소를 찾아왔는데, 나를 주목하고 그의 서가로 초대해 친절하게도 내가 읽고 싶어 하는 책을 빌려 주었다.

그때 나는 시를 좋아해서 몇 편의 짧은 시를 썼다. 시작이 돈벌이가 될지도 모른다고 생각한 형은 나를 부추겨 시사적인 민요를 짓게 했다.

하나는 〈등대의 비극〉이라는 것으로, 워딜레이크 선장이 두 딸과 함께 조난당한 이야기와 또 하나는 해적 티치(또는 검은 수염)의 체포를 바탕으로 지은 뱃사람의 노래였다. 그것들은 저속한 유행가풍의 불행한 이야기다. 그것들이 인쇄되었을 때 형이 시내를 돌아다니며 그것들을 팔라고 나를 내보냈다. 처음 것은 사건이 최근에 있었던 탓에 소문이 자자해서 굉장히 많이 팔렸다. 이 뜻밖의 성공은 내 허영심을 부추겼다. 그러나 아버지는 내 작품을 조롱하며 시를 짓는 자는 보통 거지 같은 자라고 말해서 나를 낙심시켰다. 덕택에 나는 시인이 되지 못했는데, 시인이 되었다면 아마 나는 엉터리 시인이 되었으리라.

그러나 산문을 쓰는 것은 내 일생에 매우 유익했다. 이는 나의 입신출세의 중요한 수단이 되었으므로, 내가 가지고 있다고 생각되는 이 신통치 않은 재능을 어떻게 배워서 몸에 익혔는지 너에게 말해 줄 것이다.

시내에 또 한 사람, 책을 좋아하는 존 콜린스라는 청년이 있었다. 나는 그와 친해졌다. 우리들은 가끔 논쟁을 했고, 둘 다 토론하기를 매우 좋아해서 서로 상대방을 논박하고 싶어 했다. 말이 나왔으니 말이지, 이 논쟁을 좋아하는 경향은 나쁜 습관이 되기 쉽다. 이 경향을 실행에 옮기면 남과 충돌을 일으키게 되어 사람들이 단체 속에서 종종 심한 불화를 일으키게 된다. 그 밖에도 그것은 담화를 불쾌하게 만들어 망치고, 우정을 얻을 수 있는 경우에도 혐오감과 적대감을 일으키게 한다.

나는 아버지의 장서 중에서 종교에 관한 논쟁서를 읽고 논쟁을 좋아하는 버릇이 생겼다. 그 뒤에 관찰해 보니 법률가, 대학교수들, 그리고 에딘버러 대학에서 교육받은 여러 계층의 인사들을 제외하고는 양식 있는 사람치고 그 같은 버릇에 빠지는 사람은 거의 없었다.

한번은 콜린스와 어찌어찌하다가 여성에게 학문을 가르치는 것이 적합한 일인가 하는 문제와 여성의 학문 연구 능력에 관한 논쟁을 벌이게 되었다. 그는 여성에게 연구는 부적당하며, 여성은 원래 학문을 감당해 내지 못한다는 의견이었다. 그러나 나는 어느 정도 논쟁을 위한 논쟁의 입장에서 의견을 주장했다. 그는 본래 나보다 능변이었고, 무한정으로 입에서 말이 튀어 나왔기 때문에 조리의 능력보다는 유창한 말로 나를 패배시키곤 했다.

어느 주장이 옳은 것인지 판가름이 나지 않아 문제를 해결하지 못하고 헤어져서 얼마 동안 만나지 못할 때는, 나는 책상에 앉아서 나의 주장을 글로 잘 정서하여 그에게 보냈다. 그가 이것에 대해 답장을 보내 오고, 내가 또 회답을 보냈다. 그렇게 서너 통의 편지가 오고 가는 동안에 아버지가 우연히 내 편지를 발견하고 그것을 읽어 보았다.

아버지는 그 논쟁의 내용은 언급하지 않은 채 어느 날 기회를 만들어 나의 작문법에 대해서 이야기했다. 아버지는 내가 철자법과 구두점의 정확성에서는 상대편보다 우월하지만(그것은 인쇄소에 근무한 덕택이었다) 품위 있는 표현 방법 그리고 명쾌도에 있어서는 훨씬 뒤떨어진다고 하면서 몇 가지 예를 들어 나를 납득시켰다. 나는 아버지의 비평이 정확하다는 것을 깨닫고 그 이후부터 글쓰는 법에 한층 더 주의를 기울이고 실력이 향상되도록 노력하기로 결심했다.

이 무렵 나는 우연히 《스펙테이터》라는 헌 잡지 한 권을 발견했다. 그것은 세 번째 권이었다. 그때까지 나는 그러한 책들을 본 적이 없었다. 나는 그것을 사서 몇 번이고 되풀이하여 읽어 보면서 매우 즐거워했다. 나는 그 글이 훌륭하다고 생각되어 가능하면 그것을 모방하고 싶었다.

그런 목적으로 잡지의 글 중에서 어떤 문장들을 골라 뽑아 발췌했다. 각 문장의 의미를 짤막하게 발췌하여 며칠 동안 그대로 두었다가 그 책을 보지 않고 발췌문을 머리에 떠오르는 적당한 말로 표현하되 본래의 표현과 같은 정도로 충분히 그 잡지의 문장을 다시 복원해 보려고 노력했다. 이어서 나의 문장을 원본과 비교해 보고 잘못된 점을 찾아내어 바르게 고쳤다.

그러나 내가 아는 어휘가 풍부하지 못하고 그것들을 기억하여 즉시 사용할 수 있는 능력이 부족하다는 것을 알았다. 그것은 내가 시 쓰기를 계속했더라면 이미 배워 익혔을 것이다. 운율을 맞추기 위해, 의미는 같지만 길이가 다른 말이나 각운이나 압운 때문에 나는 어휘의 다양함을 찾을 필요가 있었을 것이고, 마음속에 그 다양함을 새기고 그것을 숙달하기가 쉬웠을 것이다.

그래서 나는 어떤 이야기를 선택해서 그 이야기를 운문으로 바꾸었다. 그리고 얼마 후에 내가 그 산문을 거의 다 잊었을 때 그 운문을 다시 산문으로 바꾸었다. 때로는, 나는 또 많은 발췌문들을 뒤섞어 두었다가 몇 주 후에 그것들을 가장 올바른 순서로 바로 잡고 나서 완전한 문장으로 만들어 완성했다.

이렇게 함으로써 나는 사상을 정리하는 방법을 터득했다. 나중에 나의 작품과 원문을 대조해 보면서 나의 결점들을 발견하고 그것들을 고쳤다. 그러나 때때로 별로 중요하지 않은 어떤 세밀한 부분에서 내 사고의 체계나 문체가 더 좋다는 것을 발견하고는 흐뭇해했다. 이것이 격려가 되어, 나는 이대로 간다면 언젠가는 내가 열망하고 있는 꽤 좋은 문장가가 될 수 있을 것이라고 생각했다.

이런 연습과 독서는 일이 끝난 뒤의 밤이나 아침에 일을 시작하기 전이나 그렇지 않으면 일요일에 했다. 나는 일요일에는 어떻게 해서든지 인쇄소에 혼자 있으려 애를 썼고, 될 수 있는 한 일반 일요예배에 참석하는 것을 피했다. 아버지의 보호를 받고 있을 때는 아버지의 강요로 일요예배에 반드시 참석했으며, 그때 나는 여전히 그것을 의무로 생각하고 있었다. 그러나 당시의 내 형편은 그 의무를 지킬 시간을 내기가 어려웠다.

열여섯 살 무렵 나는 트라이언이라는 사람이 쓴, 채식을 권장하는 책을 읽게 되었다. 나도 그것을 실행하기로 결심했다. 아직 결혼하지 않은 형은 도제살이를 하는 사람들과 함께 남의 집에서 하숙을 하고 있었다. 내가 육식을 거부하여 때때로 불편한 일이 일어났다. 나의 이 괴팍한 행동으로 형에게 자주 꾸중을 들어야 했다. 밥을 짓는 것, 즉석 푸딩 요리를 하는 것, 그리고 그 밖의 몇 가지 트라이언식 요리법을 익힌 후 형에게 내 식비로 매주 지급되고 있는 금액의 절반만 준다면 나는 자취를 하겠다고 제안했다. 형은 즉시 이에 찬성했으며, 곧이어 형이 준 돈의 반을 절약할 수 있는 방법을 알게 되었다. 그 절약한 돈은 책을 사는 데 보태기로 했다. 그러한 자취생활은 나에게 또 다른 유익한 점이 되었다. 형과 그 밖의 사람들이 식사하기 위해 인쇄소를 비우게 되면 나는 혼자 남아서 비스킷 하나나 빵 한 조각, 한 줌의 건포도나 제과점에서 과일을 얹은 파이와 한 잔의 물로 간단히 식사를 끝낸 후 일행이 돌아올 때까지 남은 시간을 공부에 투자했다. 그리하여 흔히 음식의 절제에 따라 생기는 한층 더 큰 두뇌의 명석함과 보다 더 신속한 이해력의 덕택으로 나의 공부에 많은 진전이 있었다.

그 무렵 학교 다닐 때 배우려고 했어도 두 번씩이나 실패했던 산수에 대한 무지로 때때로 창피를 느끼곤 했던 나는 코커의 산수책을 가지고 공부하여 혼자서 쉽게 전체를 마칠 수 있었다. 나는 셀러와 셔머의 항해술에 관한 책도 읽었고, 그 책에서 약간이나마 다루었던 기하학도 배우게 되었다.

그러나 나는 그 학문에는 깊이 들어가지 못했다. 그때에 나는 로크의 《인간 오성론》과 포르 로이얄의 《사고의 기술》 등을 읽었다.

내가 어학 공부에 여념이 없을 때 나는 한 권의 영문법(그린우드의 것이었다고 생각된다)을 우연히 만나게 되었다. 그 책 끝에 수사법과 논리학에 관한 간단한 두 편의 개요가 있었다. 논리학 끝 부분에는 소크라테스식 논쟁법 견본이 있었다.

얼마 후 나는 크세노폰의 《소크라테스에 관한 추상론》이란 책도 입수했다. 그 책에도 같은 논쟁법에 관한 사례가 많이 실려 있었다. 이 책에 심취했던 나는 책에 담긴 방법에 따라 통명스럽게 정면으로 반대하고 대들 듯이 논쟁을 걸었던 지난날의 방법에서 벗어나 겸손한 질문자가 되어 논쟁을 대처해 나갔다.

또한, 그 당시 샤프트베리나콜 콜린스가 쓴 책을 읽고 나서, 우리 종교의 교리 가운데 많은 점에 관해 진심으로 회의를 품고 있었던 나로서는 겸손한 질문자로써의 논쟁 방법이 내게는 가장 안전하면서도 상대에게는 곤혹스러운 것이 된다는 것을 알게 되었다. 그래서 나는 그 방법을 즐겨 사용했고, 지식이 뛰어난 사람마저 내 주장이 옳다고 인정하게 만드는 데 매우 능숙해졌다.

그 결과는 그들이 예상하지 못했던 것이었으며, 결국 그들은 궁지에 빠져 헤어나지 못했다. 그리하여 나는 나 자신이나 나의 주장에 걸맞지 않을 만큼의 더 큰 승리를 여러 번 거두었다.

나는 몇 해 동안 이 방법을 계속 써 왔으나 차츰 이 방법을 지양하고 오직 겸손하고 망설이는 듯한 말로 자신의 의견을 발표하는 습관만을 유지해 나갔다. 그것은 논쟁이 될 만한 발언을 할 때에는 "반드시"나 "의심할 바 없이"나 그 밖의 의견에 단정적인 분위기를 주는 말은 전혀 쓰지 않고 "차라리 이러이러하지 않을까"나 "나에게는… 처럼 생각됩니다"나 "내가 잘못 생각하지 않았다면 그것은 그렇거나 혹은 그럴 것이다"라는 말을 사용했다. 나의 견해를 남에게 납득시키고 때로는 사람들을 설득하여 나의 계획을 밀고 나갈 때 이 습관은 크게 유익했다고 믿는다.

대화의 주된 목적은 나의 뜻을 남에게 알리거나, 남의 뜻을 듣거나, 남을 즐겁게 해 주거나, 설득을 하는 것이다. 그래서 나는 성의 있고 분별 있는 사람들이 거의 틀림없이 상대를 불쾌하게 해서 반감을 일으키거나 우리에게 주어진 말과 목적, 다시 말해서 지식이나 즐거움을 주거니 받거니 하는 것들을 송두리째 깨뜨려 버리는 독단적이고 건방진 말투를 씀으로써 선행을 할 수 있는 힘을 약화시키지 않기 바란다. 너의 뜻을 알리고 싶을 경우에 건방지고 독단적인 태도로 너의 의견을 제시하면 오히려 반발이 생겨 상대가 순순히 들어주지 않을 것이기 때문이다. 다른 사람의 지식을 통해 가르침을 얻고 향상되기를 바라면서도 너의 현재 의견에 집착하는 태도를 보인다면, 다투기를 좋아하지 않는 점잖고 분별 있는 사람들은 너의 몫을 건드리지 않은 채 그대로 놓아두려고 할 것이다. 그러므로 그러한 태도로 너의 의견을 듣는 상대방을 즐겁게 해 주리라고 희망하는 것은 거의 불가능한 일이고, 너와 한편이 되길 원하는 사람들을 설득할 수도 없을 것이다. 포프는 다음과 같이 사려 깊은 말을 하고 있다.

"가르치지 않은 것처럼 가르쳐야 하고, 상대가 모르는 일은 잊혀졌던 일처럼 말해야 한다. 더 나아가 우리에게 권고하고 있다. 확신이 있더라도 겉으로 망설이는 척하면서 말할 것."

그런데 포프는 이 글의 행을 다른 행과 나란히 두고 있는데, 그것이 별로 적합하지 않은 것 같다. 오히려 다음 행과 나란히 두는 것이 좋았을 것이다.

"왜냐하면 겸손이 부족한 것은 분별력이 모자라기 때문이다."

'왜 별로 적절하지 않은가'라고 네가 묻는다면 나는 다음과 같은 행을 반복할 수밖에 없을 것이다.
**"불손한 말에 대해서는 변명의 여지가 없다. 왜냐하면 겸손이 부

족한 것은 분별력이 모자라기 때문이다."

그런데 "분별력이 모자람"(한 사람이 불행하게도 분별력이 모자라는 경우)은 그 사람의 "겸손의 부족"을 어느 정도 변호하는 셈이 되지 않을까? 따라서 다음과 같이 쓰는 것이 옳지 않은지?

"불손한 말에 대해서는 다만 다음의 변호가 인정될 수 있을 뿐이다. 다시 말해서 겸양의 부족은 분별의 부족이다."

그러나 이것에 대해서는 나보다 현명한 사람들의 판단에 맡기기로 한다.

1720년인가 21년에 나의 형은 신문 발행을 시작했다. 그것은 미국에서 나온 두 번째 발행된 신문이었고, 〈뉴잉글랜드 신보〉라고 이름 지어졌다. 그 이전에 나온 신문은 〈보스턴 신문〉뿐이었다.* 아메리카에서는 신문이 하나면 충분하니 신문을 시작해도 성공할 것 같지 않다며 그만두라고 형의 친구들이 말리던 것을 기억하고 있다. 오늘날에는(1771년) 신문이 25종이나 발간되고 있다. 그러나 형은 신문 발간을 계속했다. 나는 조판하고 인쇄하는 것을 거들은 후에 직접 거리로 나가 지나가는 고객들에게 판매도 했다.

형의 친구들 중에는 유능한 사람이 몇 명 있었다. 그들은 이 신문에 단문을 기고하면서 즐거워했다. 그것이 인기를 끌어 신문은 더욱 많이 팔렸다. 이분들은 자주 우리 인쇄소를 찾아왔다. 그들의 대화를 들으면서 신문이 칭찬을 받고 있다는 말을 듣고, 나는 그 속에 끼어서 내 글을 써 보고 싶은 자극을 받았다. 그러나 나는 아직 어렸고, 내가 쓴 글이라면 형이 자기 신문에 게재하는 것을 반대할 것이라고 생각했다.

결국 나는 필적을 바꾸어 내가 쓴 것을 숨기기로 마음먹고 필자 불명의 글을 써서 밤중에 그 글을 인쇄소 안에 던져 놓았다. 이튿날 아침에 그것이 발견되었고, 여느 때처럼 형의 친구들이 방문했을 때 형은 글을 쓰는 친구들에게 그 원고를 보여 주었다. 그들은 그 원고를 읽고 나서 내가 듣고 있는 데서 즉석 비평을 했다.

나는 그들이 그 글을 칭찬한다는 것, 그리고 누가 그것을 썼는지를 궁금하게 생각하고 있다는 것을 알고는 매우 기뻐했다.

지금 생각해 보면 나는 운이 좋은 편이었고, 그 당시 내가 생각했던 것처럼 그들은 아마 그렇게 훌륭한 사람이 아니었을 것이다. 그러나 어떻든 그 일로 용기를 얻어 몇 편의 글

---

*그런데 이 사실은 프랭클린의 착각인 것 같다. 〈뉴잉글랜드 신보〉는 네 번째이고, 그 이전인 1704년에 〈프린스턴〉신문이 나왔고, 〈보스턴 가제트〉와 〈아메리칸 위클리 머큐리〉의 두 신문이 1719년에 발간되었다.

을 더 써서 지난 번과 똑같은 방법으로 인쇄소에 보냈는데, 그것들도 똑같이 칭찬을 받았다.

나는 이 일을 비밀로 해 두었다. 이런 일을 할 수 있는 나의 얼마 안 되는 사려의 자료가 거의 고갈되었고, 결국 나는 형에게 그 일을 털어놓았다. 그때부터 형은 나를 다시 보게 되었고, 어떤 의미에서 그 일은 형을 즐겁게 하지는 않았다. 형은 아마 당연히 그 일로 내가 건방지게 된다고 생각했을 것이다.

이 무렵부터 우리 형제간의 불화가 시작되었으니, 이 일이 불화의 한 원인이 된 것 같다. 형은 자기는 나의 고용주이고, 나는 그의 도제라고 생각했으므로 다른 도제와 똑같이 일을 해 주어야 한다고 생각하고 있었고, 형제간인 만큼 좀 더 관대하게 대해 주기를 바라는 나는 형이 나에게 요구하는 어떤 일에 대해서는 너무 지나치다는 생각을 하고 있었다.

우리의 말다툼은 자주 아버지 앞에서 일어났다. 내 주장이 옳았거나 나의 호소 방법이 더 좋았는지 아버지는 대개 내 편이 되어 주었다. 그러나 형은 성미가 급해서 가끔 나를 때렸다. 나는 마음이 너무 상했다. 이젠 더 이상 고용살이가 싫어서 빨리 끝내려고 기회를 엿보고 있었는데, 마침내 예기치 않은 방법으로 그 기회가 찾아왔다.

지금 그 내용은 잊었지만 우리가 발행한 신문기사 중 어떤 정치문제가 주 의회의 노여움을 사게 된 적이 있었다. 형은 의장의 영장으로 소환되어 문책을 받고 1개월 간 수감되었다. 아마 형이 필자筆者의 이름을 밝히지 않았기 때문이라고 생각한다. 나도 소환되어 주 의회의 심문을 받았다. 나는 그들에게 어떤 만족스러운 답변을 하지 않았는데도 그들은 나를 훈방조치 하는 데 만족하고 풀어 주었다. 그것은 아마 나를 도제로써 고용주의 비밀을 지킬 의무가 있다고 생각했던 것 같다.

형의 구속 기간 중 우리가 사사로운 불화로 있었을지라도 이 일에 대해 매우 분개한 나는 신문 발행을 계속하며 신문에 대담하게 당국을 비판하는 글을 실었다. 형은 매우 좋아했지만, 다른 사람들은 나를 좋지 않은 눈초리로 바라보면서 욕설이나 잘하고 비방 잘하는 젊은 놈이라 생각하고 있었다. 형은 석방은 되었으나 주 의회의 명령(기묘한 명령)이 덧붙여졌다. 즉, "제임스 프랭클린은 이후 〈뉴잉글랜드 신보〉라는 신문을 발행하지 않아야 한다."는 것이었다. 형과 친구들은 인쇄소에 모여 이 위기를 어떻게 극복할 것인가에 대해 의논을 했다. 어떤 사람은 신문의 명칭을 바꾸어 발행하면 그 명령을 피해갈 수 있을 거라고 제의했다.

그러나 형은 그것보다는 발행자의 이름을 바꾸는 것이 낫다고 판단하여 앞으로는 '벤자민 프랭클린' 이란 명칭으로 발행하는 것이 좋다고 결론지었다. 이전의 고용계약서 이면에 해고했다는 기록을 해서 내게 돌려주고, 필요할 때에만 그것을 제시하고, 내 일자리를 지키기 위해 나를 남은 계약 기간까지 고용살이를 한다는 새 계약서에 서명하지 않으면 안 되었다. 이 일은 비밀에 붙이기로 했다. 지극히 얄팍한 대책이기는 했으나 어쨌든 즉시 실천에 옮겨졌다. 따라서 신문은 몇 달 동안 내 명의로 발행되었다.

 드디어 형과 나 사이에 새로운 불화가 일어났다.

 형이 새로 작성한 비밀 계약서를 감히 내놓지 못할 것이라고 생각했으므로 나는 자유로운 몸이 되었다고 주장했다. 이런 약점을 이용한 것은 올바른 행동이 아니었다. 그렇기 때문에 나는 이 일을 내 일생에 최초의 실수라고 생각하고 있다.

 그러나 형이 지나치게 신경질적이고 자주 때리는 데 격분하고 있었던 만큼 그것이 공정하지 못하다는 것쯤은 그리 문제시 되지도 않았다. 그러나 형은 다른 일에 신경이 거슬렸던 것 같다. 나는 다른 인쇄소를 찾아다녔다. 그러나 형은 내가 나가 버릴 것이라고 짐작하고 다른 인쇄소로 가는 것을 막기 위해 시내의 모든 인쇄소를 찾아다니면서 미리 손을 써 놓았기 때문에 아무도 나를 채용하지 않았다. 그래서 나는 인쇄소가 있는 가장 가까운 뉴욕으로 갈 작정을 했다. 더욱이 내가 벌써부터 관리들한테 미움을 받고 있다는 것을 생각할 때 보스턴을 떠나고 싶었다. 형의 사건이 있었을 때의 주 의회의 횡포로 보아 이곳에 머물다가는 언젠가는 나 자신도 고통을 받을 것 같았다. 그뿐만 아니라 서슴없이 종교적인 논쟁을 한 것 때문에 불신자, 또는 무신론자로 낙인 찍혀 독실한 신자들로부터 겁나는 존재로 지목받기에 이르렀다.

마침내 뉴욕행을 결심하기에 이르렀지만 이번에는 아버지가 형의 편을 들고 있었던 관계로 내가 가겠다고 하면 여러 가지 수단을 써서 방해하리라는 것을 나는 알고 있었다.

그래서 나의 친구인 콜린스와 의논하고 도망칠 궁리를 했다. 그는 뉴욕의 어느 범선의 선장과 상의하여 자기의 젊은 친구 한 사람이 고약한 여자의 꾀임에 빠져, 그 여자의 부모가 억지로 결혼을 강요하기 때문에 내놓고 나다닐 수도 없고 도망칠 수도 없다는 핑계를 대고, 나를 비밀리에 배에 태워 줄 것을 부탁해서 승낙을 받았다. 나는 가지고 있던 책을 팔아서 약간의 돈을 마련한 다음 아무도 모르게 배를 탔다. 다행히 날씨가 좋아 3일 후에 뉴욕에 도착했다.

집에서 3백 마일이나 떨어진 곳인데다가 누구의 추천장을 지닌 것도 아니고, 더구나 아는 사람이라고는 한 사람도 없는 객지였다. 주머니에는 돈도 별로 없었다. 1723년 10월, 내 나이 17세 때였다.

그때는 이미 선원이 되고 싶다던 꿈을 접은 지 오래였다. 그렇지 않았다면, 나는 뉴욕에서 선원이 되었을지도 모른다. 그러나 나는 이미 다른 직업을 익혔고, 그 방면에는 매우 훌륭한 직공이라 생각하고 있었다. 때문에 그곳의 인쇄업자 윌리엄 브래드포드라는 노인을 찾아가 나를 써 달라고 부탁했다.

그분은 펜실베니아에서 맨 처음으로 인쇄업을 시작한 사람이었지만 조지 키드 지사와의 불화로 뉴욕으로 옮겨 왔다. 그는 일거리가 신통치 않고 일할 사람은 많아서 나를 고용할 수 없는 형편이었다. 그러나 그는 필라델피아에 있는 그의 아들 인쇄소에는 최근 가장 일을 잘하는 아퀼러 로우스(필라델피아 태생의 시인. 1695~1723)가 죽었기 때문에 그곳에 가면 그의 아들이 나를 써 줄지도 모르겠다고 말했다.

필라델피아는 백 마일이나 더 가야 되는 곳이었다. 나는 암보이(뉴저지 주의 항구 도시)로 가는 보트를 타고 필라델피아로 출발했다. 내 가방과 짐은 다음 배편으로 보내기로 했다.

그러나 뉴욕 만을 건너는 도중에 배가 돌풍을 만나 돛이 산산조각이 나 버렸다. 그래서 키일 해협에 들어갈 수 없게 되었고, 우리는 롱아일랜드로 떠밀려 갔다. 도중에 승객 중 술취한 네덜란드 사람 한 명이 바다에 빠졌다. 그가 가라앉으려고 할 때 나는 물 속에서 그의 흐트러진 머리를 쥐고 끌어올려 다시 배에 태웠다. 바닷물에 빠졌다 나와서 술이 조금 깬 그는 주머니에서 한 권의 책을 끄집어내더니 말려 달라고 내게 부탁하고는 그대로 잠들어 버렸다. 그 책은 내가 오래 전부터 좋아하던 번연이 지은 《천로역정天路驛程》으로, 네덜란드 판이었다. 용지도 고급이었고, 동판으로 된 삽화까지 있었으며, 인쇄도 훌륭해서, 지금까지 내가 본 그 어떠한 원본 보다도 훌륭했다.

나중에 알게 된 사실이지만 이 책은 유럽의 여러 나라에서 번역되었고, 아마 성서를 빼놓고는 다른 어떤 책보다도 많이 읽혀진 책이었다. 이 진실을 작가 번연은, 내가 알기로는 이야기와 대화를 처음으로 섞어서 쓴 최초의 작가로, 이런 서술법은 독자에게는 대단히 매력적이었다. 가장 흥미진진한 대목에 이르면 독자 자신이 작중의 등장인물이 되어 대화를 하는 것같이 몰입하게 만들었다. 디포는 《로빈슨 크루소》를 비롯하여 《몰 플란더즈》, 그 밖의 작품에서 번연을 모방하는 데 성공했다. 리차드슨(18세기 영국의 대표적인 소설가. 1689~1761)도 《파멜라》 등의 작품에서 그들을 모방했.

우리가 섬에 접근해서 살펴보니 해변은 돌이 많고 큰 파도가 부딪쳐서 배를 댈 장소가 마땅치 않았다. 그래서 우리는 닻을 내리고 밧줄을 육지 쪽으로 던졌다. 그러자 너댓 사람이 해변가로 내려와서 우리를 보고 소리를 질렀다. 우리들도 따라 대답했다. 그러나 바람이 거세고 파도가 너무 높아서 양쪽이 서로 무슨 말을 하는지 알아듣지 못했다. 해변에는 통나무배들이 있었다. 우리들은 몸짓으로 데리러 와달라고 신호를 하고 소리를 쳤다. 그러나 그들은 몸짓이나 말을 알아들을 수 없거나 할 수 없다고 생각했는지 몇 번 소리를 지르다가 그곳을 떠나 버렸다. 우리는 밤이 가까워졌지만 바람이 잘 때까지 기다리는 수밖에 없었다. 그동안에 선원들과 나는 될 수 있는 대로 잠을 자자고 모두 선창船艙에 모였다. 그 자리에는 아까 바다에 빠졌던 네덜란드 사람도 몸이 흠뻑 젖은 채 있었다. 파도가 뱃전으로 넘어들어 잠깐 사이에 우리들도 그처럼 흠뻑 젖은 몸이 되었다. 이런 상태로 우리는 하룻밤을 거의 잠도 못자고 누워 있었다.

그러나 다행히 다음 날은 바람이 멎었기 때문에 우리는 해가 지기 전에 간신히 섬에 배를 댈 수 있었다. 바다 위에서 헤맨 지 30시간이나 되었기 때문에 먹을 것도 없고, 불결한 럼주 한 병밖에 마실 것이 없었다.

그날 밤에 나는 열이 심해서 앓아 누었다. 열에는 냉수를 많이 마시면 좋다는 것을 어느 책에선가 읽은 기억이 나서 그 처방대로 해 보았다. 밤새 땀을 흘리고 나서야 열이 내렸다. 이튿날 아침에 나는 선착장을 지나서 50마일 거리인 벌링톤까지 도보여행을 했다. 그곳에는 필라델피아까지의 남은 여정을 가는 배편이 있었다.

그날은 비가 온종일 내렸다. 나는 옷속까지 흠뻑 젖었고, 정오가 되어서는 매우 피로했다. 그래서 나는 허술한 여인숙에 들어가 그날 밤을 지새우며 집을 떠나온 것을 후회하기 시작했다. 내 몰골이 이상했던지 여러 가지 질문을 받고 알았지만, 내가 도망 나온 것을 고용인으로부터 의심을 받고 체포당할 위험성도 없지 않았다.

그러나 나는 다음 날 무사히 여행을 계속하여 저녁 무렵 벌링톤에서 8~10마일쯤 떨어진, 브라운이라는 의사가 경영하는 여인숙에 도착할 수 있었다. 그는 내가 음식을 먹고 있는 동안에 나와 이야기를 나눴는데, 내가 글이나 읽을 줄 아는 사람인 것을 알고 나서는 매우 친절하게 대해 주었다. 그날 이후 우리들의 교제는 그가 죽을 때까지 계속되었다. 내 생각에 그는 세계 각국을 돌아다닌 순회 의사인 것 같았다. 그는 잉글랜드의 어느 도시나, 유럽의 어느 나라나, 모르는 나라나 도시가 한 곳도 없었다.

그는 학식도 있었고 재능도 있었으나 종교를 믿지 않는 사람으로서 몇 년 후에는 불손하게도 코튼(영국 시인. 1630~1687)이 이전에 버질(로마의 시인)의 시에서 한 것처럼, 성서를 서투른 시 형식으로 고치려고 했다. 이런 방식으로 그는 많은 사실을 웃음거리로 만들었다. 그것이 출판되었다면 일정한 자기의 주장이 없는 사람에게는 해를 끼쳤을 것이라고 생각된다.

그날 밤 나는 그의 집에서 자고, 다음 날 아침에 벌링톤에 닿았으나 유감스럽게도 내가 도착하기 조금 전에 정기여객선이 떠나 버렸고, 다음 화요일까지는 다른 배가 없다는 것이었다. 그래서 배에서 먹으려고 생강을 넣은 빵을 산 시내의 노파한테 가서 어떻게 했으면 좋을지를 상의했다. 그러자 그 토파는 다음 배가 있을 때까지 자기 집에서 묵으라고 권했다.

 나는 걷는 데 지쳐서 노파가 권하는 대로 따르기로 했다. 내가 인쇄공이라는 것을 알고 그 노파는 벌링톤에 남아서 그 사업을 하는 것이 어떠냐고 권했다. 그런 사업을 하는 데 필요한 자본이 얼마나 드는지 그녀는 알지 못하고 있었다. 그녀는 내게 후한 대접을 해 주었다. 그녀가 대단한 호의를 가지고 나에게 소의 혀를 요리해 주었지만, 나는 그 사례로 맥주 한 병밖에는 주지 못했다. 이렇게 화요일까지는 꼼짝 못할 것이라는 생각에 답답했다.

 저녁 때 강변을 거닐고 있노라니 배가 한 척 지나가고 있었는데, 그 배는 몇 사람의 승객을 태우고 필라델피아로 간다는 것이었다. 그들은 나를 태워 주었다. 바람이 없었기 때문에 우리는 계속하여 노를 저었다. 밤중이 되어도 그 도시가 보이지 않자 일행 중 몇 사람이 틀림없이 지나쳤을 것이라고 하여 우리는 더 이상 배를 젓지 않았다. 우리는 어디까지 와 있는지 알지 못했다. 그래서 우리는 육지를 향하여 지류로 들어가서 낡은 울타리 부근에 상륙했다. 10월의 매우 추운 밤이었으므로 우리들은 그 울타리 나무를 뽑아 불을 피우며 그곳에서 날이 샐 때까지 머물렀다. 날이 밝자 일행 중의 한 사람이 이곳은 필라델피아 조금 위쪽에 있는 쿠퍼의 지류라고 말했다. 그 지류를 벗어나자 곧 필라델피아가 보였다. 일요일 아침 여덟 시나 아홉 시경에 필라델피아에 도착하여 시장이 들어선 부두에 상륙했다.

  여기까지의 내 여행에 대해 나는 상세히 기록을 했는데, 이 도시에 처음으로 도착했을 때의 일들도 그렇게 할 것이다. 그 이유는, 나중에 나는 이 도시에서 성공을 했지만 처음 이곳에 도착했을 때는 그런 예측을 전혀 못했다는 것을 마음속으로 비교해 주었으면 해서이다. 나의 좋은 옷들은 배편으로 보내 오기로 되었기 때문에 작업복은 오랜 여행으로 더러워져 있었다. 호주머니에는 셔츠와 양말들이 가득 들어 있었다. 나는 숙박할 장소도 부탁할 사람도 없었다. 나는 여행하는 것, 노를 젓는 것, 그리고 수면 부족으로 지칠 대로 지쳐 있었다. 배가 매우 고팠으나 가지고 있는 돈은 모두 네덜란드 달러로 1달러와 동전 1실링뿐이었다. 그나마 그 동전도 배 삯으로 선원에게 주었다. 처음에 그는 나도 배를 저었다고 해서 안 받으려고 했다. 그러나 나는 꼭 받아 달라고 고집했다. 인간이란 때로는 돈을 많이 가졌을 때보다 조금 가졌을 때 오히려 후해진다. 아마 그것은 조금밖에 가지고 있지 않다는 것을 보이고 싶지 않기 때문일 것이다. 나는 사방을 두리번거리며 걸어가고 있었다. 시장 거리에 가까이 왔을 때 한 소년이 빵을 가지고 있는 것을 보았다. 지금까지 빵만으로 식사를 한 적이 많았기 때문에 나는 어디서 그 빵을 샀느냐고 물어보고 곧 그 아이가 가르쳐 준 2번가의 빵집으로 갔다.

나는 비스켓을 달라고 했다. 보스턴에서 늘 사 먹던 것과 같은 것이라고 생각했다. 나는 3펜스어치의 빵을 달라고 했는데, 그 빵가게는 그만한 가격의 빵이 없다고 했다. 그래서 나는 돈의 차이, 그리고 빵의 값도, 종류도 생각해 볼 수 없거나 모르기 때문에 아무것이나 3펜스어치만 달라고 했다. 그러자 주인은 크게 부푼 빵을 세 개나 주었다. 나는 너무 많은 데 놀랐으나 그것을 받았다. 주머니에는 넣을 수가 없어서 나는 양쪽 겨드랑이에 하나씩 끼고, 또 하나는 먹으면서 걸어갔다.

나는 계속해서 시장 거리를 4가까지 올라가서 후에 나의 장인이 될 리드 아버지의 집 앞을 지나쳐 갔다. 이때 미래에 내 아내가 될 여인은 문간에 서서 나를 보고 보기 흉하고 우스운 꼴의 사나이가 지나간다고 생각했을 것이다. 사실 나는 그런 꼴이었다. 거기서 나는 방향을 바꾸어 체스너트 거리를 지나 월너트 거리로 걸어갔다. 내내 빵을 먹으며 한 바퀴 돌아서 다시 시장 거리의 부두, 내가 타고 온 배 가까이로 갔다.

나는 그 배에 올라가서 물을 마셨다. 빵 한 개로 배가 부른 나는 남은 두 개의 빵을 나와 같이 배를 타고 와서 더 멀리 가려고 기다리고 있는 부인과 그녀의 아이에게 주었다.

이렇게 허기를 면하고 기운을 되찾은 나는 다시 거리로 걸어 올라갔다. 이때에는 이미 많은 사람들이 깨끗한 옷을 입고 같은 방향으로 걸어가고 있었다. 나도 그들과 같이 걸어가다가 이윽고 시장 가까이 있는 커다란 퀘이커교 예배당 안으로 들어갔다. 여러 사람들과 어울려 나도 자리에 앉았다.

잠시 사방을 둘러보았으나 얘기할 상대도 없고, 과로와 전날 밤의 수면 부족으로 어찌나 졸린지 그만 잠이 들어 집회가 끝날 때까지 자고 말았다. 집회가 끝나자 누군가가 친절하게도 깨워 주었다. 그러니까 이 집회 장소가 내가 필라델피아에서 최초로 들어가 보거나 잠을 잔 집이었다.

나는 다시 강 쪽으로 걸어 내려가서 만나는 사람마다 얼굴을 들여다보았다. 그러다가 젊은 퀘이커교도를 만났는데 그의 얼굴이 마음에 들어, 나는 그 사람에게 말을 걸었다. 여기 처음 온 사람인데 어디를 가면 숙박할 수 있는지 알려 달라고 했다. 우리는 그때 '세 선원'이라는 간판 바로 앞에 있었다.

그는 말했다. "여기 타향 사람을 받아들이는 곳이 한 군데 있습니다. 그러나 그곳은 그다지 평이 좋지 않소. 저를 따라오면 좀 나은 데를 가르쳐 드리겠습니다." 하고 말하고 그는 워터 가에 있는 '쿠룩트'라는 여관으로 안내했다. 나는 그곳에서 식사를 했다. 내가 식사를 하고 있는 동안에 여러 가지 질문을 받았다. 왜냐하면 내가 나이가 어리고 몸차림으로 보아 도망쳐 온 자로 보였기 때문이었다.

점심을 먹고 나니 다시 졸려서 침상으로 안내를 받고 옷도 벗지 않은 채 나는 저녁 6시에 저녁을 먹으라고 깨울 때까지 잤다. 저녁 식사가 끝나고 나는 다시 일찍 침상에 들어가서 이튿날 아침까지 실컷 잤다.

아침이 되자 나는 될 수 있는 대로 깨끗이 몸단장을 하고 인쇄업자 앤드루 브래드포드한테 갔다. 인쇄소에 들어갔더니 뉴욕에서 만났던 인쇄소 주인의 아버지인 그 노인이 와 있었다. 그는 말을 타고 왔기 때문에 나보다 먼저 도착했던 것이다.

그는 나를 아들에게 소개했다. 아들은 나를 정중히 맞아주었고 아침 식사도 대접해 주었다. 그러나 그는 최근 한 사람을 채용했기 때문에 당장은 일손이 필요치 않다고 말했다. 그렇지만 이곳에는 요즘 개업한 키머란 사람이 있는데 그곳에서는 채용할지도 모른다는 것이었다. 혹시 그곳에서 채용하지 않는다면 완전한 직업이 생길 때까지 나를 자기 집에 머무르라고 하면서 자질구레한 일거리를 주겠다고 했다. 노신사는 새로 개업한 인쇄소에 함께 가 주겠다고 했다.

우리가 그 주인을 만났을 때 브래드포드는 "안녕하십니까. 전 당신이 하시는 일에 도움이 될 젊은 사람을 한 명 데리고 왔습니다. 아마 당신이 꼭 필요로 하는 사람일 것이라고 생각이 되어서요."라고 말했다. 그러자 주인은 내게 몇 마디 물어보고 활자를 식자하는 스틱을 내주었다. 직접 작업하는 것을 보고는, 당장은 별로 할 일이 없지만 사정이 그러니 곧 써 주겠다고 말했다.

그는 브래드포드 노인을 만난 일이 없었다. 그래서 그는 노인이 다른 인쇄소 주인의 아버지라는 것을 모르고 다만 자기에게 호감을 갖고 있는 이곳 유지일 것이라고 생각했다. 그는 현재의 계획과 장래의 전망 등을 털어 놓기 시작했다. 브래드포드는 그가 다른 인쇄소 주인의 아버지라는 것을 알리지 않고, 얼마 안 있으면 인쇄일의 대부분은 자기 손에 넣을 작정이라는 키머의 말을 듣고는 교묘한 질문도 하고, 약간 미심쩍어 하면서 앞으로의 계획이라든가, 협조를 해 줄 후원자가 누구인지, 어떻게 운영해 나갈 방침인지에 대해서 다 털어놓게 했다. 옆에 서서 그들의 대화를 모두 들은 나는 한쪽은 능글맞은 야심가이고, 또 다른 한쪽은 벌거숭이 신참자라는 것을 한눈에 알 수 있었다. 브래드포드는 나를 키머한테 맡기고 돌아갔는데, 내가 그 노신사가 누구인지를 얘기해 주었더니 키머는 깜짝 놀랐다.

키머의 인쇄소는 오래되어 망가진 인쇄기계와 작고 닳아 빠진 영어 활자 한 벌이 있을 뿐이었다. 그 활자를 주인이 직접 찾고 조판을 해서 아퀼러 로즈의 만가를 짜고 있었다. 로즈는 총명한 청년으로 인품도 훌륭하고 이곳에서 매우 존경을 받고 있는 주 의회의 서기였고, 훌륭한 시인이기도 했다. 키머도 역시 시를 쓰긴 했지만 아주 재미없는 것으로, 시를 썼다고 말할 수 없을 정도였다. 나는 인쇄기를(키머는 이 인쇄기를 쓴 적이 없었고, 인쇄기라는 것을 전혀 몰랐다) 조정하여 움직이게 했다. 나는 그가 만가의 조판을 끝내기만 하면 곧 와서 인쇄해 주겠다 약속하고 브래드포드의 집으로 돌아갔다. 브래드포드는 당분간 할 수 있는 조그만 일거리를 주었다. 나는 그 집에서 숙식하기로 했다.

며칠 후에 키머는 만가를 인쇄하기 위해 나를 불렀다. 가보니 케이스도 한 벌 더 들여놓았고 다시 찍을 팸플릿도 있어서 키머는 내게 그 일을 맡겼다.

이 두 인쇄업자들의 기술이라고 하는 것은 아주 보잘것없는 것이었다. 브래드포드는 본디 인쇄 기술을 배운 것도 아니며 무식했다. 키머는 다소 학식이 있었으나 겨우 식자를 할 수 있을 정도이고 인쇄에 대해서는 아무것도 몰랐다. 그는 프랑스의 신교도로, 열성적인 선교활동을 했다. 이즈음 그는 다소 모든 종교에 대해 약간씩 의견을 얘기할 뿐 어떤 특정한 종교에 대해 의견을 말하지 않았다. 그는 세상 물정에는 어두웠다. 나중에 알게 된 일이지만 그의 기질은 대단히 야만적이었다. 그는 내가 그의 인쇄소에서 일하면서 경쟁자인 브래드포드 집에서 자고 있는 것을 못마땅하게 생각했다. 사실 그는 집을 가지고 있었지만 살림살이가 없어서 나를 기식寄食시킬 수가 없었다. 그래서 그는 앞에서 말한 리드 씨 댁에 나를 하숙하도록 주선해 주었다. 리드는 그의 집주인이었다. 나의 트렁크와 짐들이 이때는 이미 도착해 있었기 때문에 리드 양의 눈에 처음 거리를 지나면서 롤빵을 먹고 있는 꼴을 보았을 때보다는 내 모양이 다소 나아 보였을 것이다.

얼마 지나지 않아 독서를 즐기는 이곳 젊은이들 중에서 친구가 생겨 그들과 매우 유쾌한 밤 시간을 보냈다. 나는 착실히 일하고 절약해서 저축을 했다. 나는 곧 이곳 생활에 만족했고, 보스턴에서 있었던 일은 가능한 한 잊어버리기로 했다. 친구 콜린스밖에는 나의 거처를 알리지 않았다. 콜린스는 내가 있는 곳을 알면서도 비밀을 충실히 지켜 주었다.

그런데 어떤 사건이 일어나서 나는 의외로 빨리 집으로 돌아가게 되었다. 내게는 로버트 홈즈라는 매부가 한 분 계셨다. 그는 보스턴과 델라웨이 사이의 교역에 종사하고 있는 한 범선의 선장이었다. 그는 필라델피아 하류에서 40마일 떨어진 뉴캐슬에 살고 있었는데, 내 얘기를 듣고 편지를 보내 왔다. 그 편지에 내가 갑자기 집을 뛰쳐나갔기 때문에 가족들이 걱정하고 있으며, 그들이 모두 잘 이해하고 호의를 가지고 있다고 했다. 아울러 내가 돌아오기만 한다면 만사 내 뜻에 맞춰 줄 것이 틀림없다면서 매부는 열심히 귀향을 권했다. 나는 그에게 답장을 썼다. 매부의 충고에 감사함을 전하며 내가 보스턴을 떠난 이유가 매부가 생각하고 있는 것처럼 나의 잘못이 아니었음을 잘 이해하도록 상세히 그 이유를 적어 보냈다.

필라델피아 주의 주지사 윌리엄 키드 경은 이때 뉴캐슬에 있었다. 내 편지가 도착했을 때 마침 홈즈 선장과 함께 있었다. 그는 내 이야기를 지사에게 하고 편지를 보여 주었다.

내 편지를 읽어 본 지사는 내 나이를 물어보고 깜짝 놀라는 것 같았다고 했다. 그는 유망한 청년 같으니 격려해 주어야 한다고 말했다. 필라델피아의 인쇄업자는 형편없으니 그는 여기서 개업한다면 반드시 성공할 것이며, 또한 그가 관공서의 일감을 주선해 줄 것이고, 그 밖에도 될 수 있는 대로 도와줄 것이라고 말했다. 이 말은 뒤에 보스턴에서 매부 홈즈한테 들은 것으로 그때까지는 알지 못했다.

어느 날 키머와 내가 일을 하고 있는데 창가로 위세당당한 차림의 지사와 또 한 사람의 신사가(그는 뉴캐슬에 사는 프렌치 대령이었다) 길을 똑바로 건너서 우리 인쇄소로 오는 것이 보였다. 곧 문 앞에서 사람 찾는 소리가 났다. 키머는 자기를 찾아온 줄 알고 바로 뛰어 내려갔다. 그러나 지사는 내가 있느냐고 묻고는 이층으로 올라와 내게 민망할 정도로 겸손하고 정중하게 인사를 하고는, 나하고 친하게 지내고 싶다고 말했다. 그는 이곳으로 왔을 때 왜 알려주지 않느냐고 친절한 말투로 나를 책망하고는 자기는 프렌치 대령과 고급 마데라 주를 마시러 가는 길이니 그곳까지 가 주지 않겠느냐고 말했다. 나는 정말 놀랐다. 키머도 깜짝 놀라 영문을 모르고 눈만 깜빡거리고 있었다. 어떻든 나는 지사와 프렌치 대령을 따라 3가 모퉁이에 있는 술집으로 갔다. 마데라 주를 마시면서 지사는 내게 개업할 것을 권했다. 그는 성공할 가능성을 얘기하고, 자기와 프렌치 대령이 두 주州의 정부 일을 얻도록 도와줄 것이고, 편의도 도모해 주겠다고 확언을 했다. 개업을 하는 경우에 아버지가 나를 협조해 주실지 어떨지 모르겠다고 말하자, 윌리엄 경은 아버지에게 편지를 보내어 개업의 필요성을 잘 설명할 것이고, 그러면 아버지도 꼭 동의해 주실 것이라고 말했다. 그래서 나는 첫 배편으로 아버지 앞으로 쓴 지사의 편지를 가지고 보스턴으로 돌아가기로 했다. 그러나 이 일은 당분간 비밀에 붙이기로 하고 지금까지와 다름없이 키머의 밑에서 일을 계속했다.

지사는 가끔 식사에 초대를 해 주었다. 나는 그의 초대를 영광으로 생각했고, 특히 지사는 대단히 호의적이고 친절한 태도로 마음 편하게 내게 얘기를 해 주었다.

1724년 4월 말경, 보스턴 행의 조그만 배가 있었다. 나는 친구를 만나러 간다고 속이고 키머에게 휴가를 달라고 했다. 지사는 아버지에게 드릴 긴 편지를 써서 주었다. 편지에는 나를 여러모로 칭찬하고 필라델피아에서 개업하면 반드시 크게 성공하고 재산가가 될 것이라면서 강력히 개업을 권하는 내용이 담겨 있었다. 그런데 항해 도중 배가 암초에 부딪쳐 배 밑창에 구멍이 뚫렸다. 큰 소동이 일어나고, 승객과 선원들이 쉴 틈도 없이 계속 물을 퍼냈다. 나도 내 차례가 와서 그 일을 거들었다. 그런 고생 끝에 두 주일 만에 무사히 보스턴에 도착했다.

나는 7개월 간 보스턴을 떠나 있었다. 그러나 가족들은 내 소식을 전혀 모르고 있었다. 왜냐하면 매부인 홈즈가 아직 돌아와 있지 않아 나에 관한 소식을 전한 일이 없기 때문이었다. 내가 갑자기 나타나자 가족들은 깜짝 놀랐다. 형을 빼놓고는 모두 내가 돌아온 것을 크게 환영해 주었다. 나는 형을 만나러 인쇄소로 갔다. 나는 전에 내가 일하고 있었던 때보다 더 멋진 옷을 입고 있었다. 머리에서 발끝까지 고급품으로 치장하고, 회중시계도 늘어뜨리고 있었으며, 호주머니에는 5폰드짜리 은화도 가지고 있었다. 형은 그다지 반가워하지 않았으며, 내 아래위를 훑어보더니 묵묵히 일을 하기 시작했다.

인쇄소 직공들은 내가 어디에 가 있었으며, 그곳이 어떤 곳이며, 얼마나 좋은지 알고 싶어 했다. 나는 그곳을 매우 칭송하고 그곳에서 지냈던 행복한 생활을 자랑하며 꼭 다시 돌아갈 생각이라고 말했다. 직공 중 한 사람이 그곳에서는 어떤 돈을 쓰고 있느냐고 묻기에 나는 한 웅큼의 은화를 끄

집어 내어 그들 앞에 늘어 놓았다. 보스턴에서는 지폐를 쓰고 있었기 때문에 그들이 보지 못했던 은화는 구경거리가 되었다. 내친김에 나는 회중시계까지 자랑삼아 내보였다. 마지막에(여전히 형은 무뚝뚝하고 뾰로통해 있었다) 나는 그들에게 은화를 주어 술 한잔 하라며 작별했다.

그러나 내가 형을 찾아간 것은 형을 몹시 화나게 만들었다. 왜냐하면 얼마 지나서의 일인데, 어머니가 화해하라면서 형제간에 우애있게 지내는 것을 보여 주었으면 좋겠으며, 앞으로 형제답게 지내라고 타이를 때, 형은 그 따위로 자기를 여러 직원들 앞에서 모욕한 것을 잊어버릴 수 없고 용서할 수 없다고 대답했다. 그러나 그것은 형의 오해였다.

아버지는 지사의 편지를 보고 꽤 놀라신 것 같았으나 얼마 동안 그 일에 대해서는 아무 말씀도 하지 않으셨다. 홈즈 선장이 돌아왔을 때 아버지는 편지를 보이면서 윌리엄 키드 경이란 인물을 잘 아는가, 그리고 어떤 인물인가에 대해 물었다. 성년이 되자면 3년이나 있어야 하는 젊은이에게 개업을 권하고 있는 것을 보면 짐작컨대 필시 분별력이 모자라는 사람이 틀림없다는 말을 덧붙였다.

매부 홈즈가 이 계획이 성공할 수 있도록 성심껏 도왔으나 아버지는 확고하게 반대 의견을 내세우면서 결국 거절해 버렸다. 아버지는 윌리엄 경에게 정중한 편지를 써서, 내 자식이 친절한 애호를 받은 데 대해서 감사의 뜻을 표했다. 그러나 아버지된 사람의 의견으로는 개업을 하기 위해서 상당한 금액을 필요로 하는 그런 중대 사업의 경영을 맡기기에는 내가 너무 어려서 아직은 원조 받으면서 독립시킬 생각이 없다고 거절했다.

옛 친구인 콜린스는 당시 우체국 사무원이었는데, 나한테 새로운 고장에 대한 얘기를 듣더니 아주 마음에 썩 든다면서 자기도 그곳으로 가겠다고 결심했다. 내가 아버지의 결단을 기다리고 있는 동안에 그는 한 걸음 앞서서 육로를 이용하여 로드아일랜드로 떠났다.

그는 장서를 남겨 두고 갔다. 그것은 수학과 물리학에 관한 꽤 많은 수집품이었는데, 내 장서와 함께 그가 기다리고 있을 뉴욕으로 나중에 내가 가지고 가기로 약속이 되어 있었다.

아버지는 윌리엄 경의 제의에는 찬성하지 않았으나 그래도 내가 살고 있는 지방의 훌륭한 명사한테서 이렇게 정중한 추천장을 받게 되었다는 사실과 근면과 절약으로 그렇게 짧은 기간에 훌륭하게 몸차림을 할 수 있었다는 것을 기쁘게 생각하셨다. 게다가 형과의 화해도 바랄 수 없기 때문에 아버지는 내가 필라델피아로 다시 돌아가는 데 찬성했다.

아버지는 그 지방 사람들에게 공손하게 처신하고, 일반인의 존경을 받도록 노력하고, 남을 비아냥거리고 비방하는 것을 삼가라고 타이르셨다. 아버지는 내가 그런 성향을 지나치게 많이 가지고 있다고 생각하셨다. 아버지는 언제나 부지런히 절약하면 21세가 될 때까지는 개업하기에 충분한 돈을 저축할 수 있을 것이고, 그런 노력의 결과로 개업할 수 있는 단계에 이르면 모자라는 것은 도와주겠다고 하셨다. 이번에는 부모의 동의와 축복을 받고 다시 뉴욕으로 가는 배를 탔으나 내가 부모한테서 얻은 것은 애정의 표시로 받은 몇 가지 조그만 선물뿐이었다.

범선이 로드아일랜드의 항구에 기항했을 때 나는 존 형을 찾아보았다. 그는 결혼하고 수년 간 거기서 살고 있었다. 그는 항상 나를 귀여워해 주었기 때문에 반갑게 나를 맞아 주었다. 형의 친구 버넌이란 사람은 펜실베이니아에 35파운드나 돈을 빌려 주고 있었다. 그 돈을 내가 대신 받아 주고, 무엇에다 쓸 것인지 연락할 때까지 맡아 달라는 부탁을 받았다. 그는 나에게 위임장까지 써 주었다. 이 일은 나중에 여러 가지 걱정거리가 되었다.

항구에서 뉴욕 행의 손님 몇 사람이 배를 탔다. 그중에는 함께 여행하는 젊은 여자 둘과 하인을 두셋 거느린 기혼 부인 차림의 눈치 빠른 퀘이커교도의 부인이 있었다. 내가 부인을 좀 돕고 친절히 대해 주자 그녀는 내게 호감을 나타냈다. 나와 두 젊은 동행 여인이 날이 갈수록 친해지고, 그것도 여자 쪽에서 적극적으로 접근하려는 것을 보고 부인은 나를 외진 곳으로 부르더니 이렇게 말했다.

"젊은 양반, 당신은 동행도 없는 것 같고 아직 세상 물정이라든가, 젊은 사람에게 뒤따르는 여러 가지 위험한 함정 같은 것을 잘 모르는 것 같아서 난 걱정을 하고 있어요. 틀림없이 저 여자들은 아주 좋지 않은 여자들입니다. 그 여자들이 하는 것을 보면 압니다. 조심하지 않으면 그 여자들은 당신을 틀림없이 위험에 빠뜨릴 것입니다. 당신은 그들의 출신을 잘 모르고 있어요. 젊은이가 걱정되어 말씀드리는 것이니 그들과는 깊이 사귀지 않는 편이 좋을 것이에요."

그들에 대해 그녀가 염려하고 있는 것처럼 내가 나쁘게 생각하지 않고 있는 것을 보고 그녀는 자기가 보고 들은 사실을 몇 가지 얘기해 주었는데, 그것은 내가 알지 못하는 것이었다.

그제야 나도 그녀의 말이 옳다고 믿었다. 나는 그녀의 친절한 충고에 감사하고 그렇게 조심하겠다고 약속했다. 뉴욕에 도착하자 젊은 여자들은 주소를 일러 주면서 한번 찾아오라고 했지만, 나는 찾아가지 않았다. 그것은 잘한 일이었다. 왜냐하면 이튿날 선장이 은수저 한 개와 두서너 가지 물건이 선장실에서 도둑맞은 것을 발견했는데, 그 여자들이 밀매음부들이라는 것을 알았으므로, 그녀들의 집에 대한 수색 허가를 받아 도둑맞은 물건을 찾고 그들을 벌하게 했기 때문이다. 이번 항해 중에 암초에 부딪쳤지만 난파를 면했고, 그녀들의 꾀임에 넘어가지 않은 것은 천만다행이었다.

뉴욕에서 나는 나보다 조금 먼저 도착한 친구 콜린스를 만났다. 우리들은 어릴 적부터 친한 사이라 책을 서로 바꿔 가며 읽었다. 그는 독서와 연구의 시간을 나보다 많이 가졌고, 수학에는 놀라운 재능을 가지고 있었기 때문에 그 방면에서는 나보다 훨씬 우수했다. 내가 보스턴에 사는 동안, 대부분의 시간을 그와 같이 보냈다. 그는 술을 마시지 않았고 부지런한 청년이었다. 학식이 있었기 때문에 목사들이나 그 밖의 많은 사람들로부터 매우 존경을 받았다. 나는 그가 앞으로 훌륭한 인물이 되리라고 생각했다. 그런데 내가 없는 동안에 그가 브랜디를 마시는 습관이 생겨 뉴욕에 도착해서는 매일 술에 취해 있었으며, 이상하게 행동한다는 것을 자신과 다른 사람들의 얘기로 알게 되었다. 그는 도박까지 해서 돈을 잃었으므로, 나는 그의 하숙비를 대 주지 않으면 안 되었고, 여비와 필라델피아 체재비까지도 물어주지 않을 수 없었다. 이것은 내게 큰 짐이 되었다.

당시 뉴욕 주지사이던 버네트(베네트 주교의 아들)는 선장으로부터 젊은 승객 한 사람이 많은 책을 싣고 왔다는 말을 듣고, 나를 만나게 해 달라고 선장에게 부탁을 했다. 나는 선장과 함께 그에게 갔다. 그때 콜린스가 술에 취하지 않았다면 그도 함께 갔을 것이다. 지사는 나를 아주 정중하게 대접해 주었고 자기의 서재도 보여 주었는데 그것은 대단한 것이었다. 우리는 책과 저자들에 관해 많은 이야기를 했다. 이 사람이 나에게 호의를 보여 준 두 번째 지사였다. 그것은 나와 같은 가난한 소년에게는 참으로 기쁜 일이었다.

우리들은 필라델피아로 갔다. 도중에 나는 버넌의 돈을 받았다. 그 돈이 없었더라면 우리는 여행을 마칠 수 없었을 것이다. 콜린스는 어떤 경리사무소에 취직하려고 했으나 술 냄새 때문인지 태도 때문인지, 그가 추천장을 몇 장 가지고 있었음에도 불구하고 그를 술꾼으로 단정하여 취직되지 않았다. 그래서 그는 여전히 나와 한 집에서 나의 도움을 받으며 지냈다. 그는 내가 버넌의 돈을 가지고 있다는 사실을 알고 있었기 때문에 언제나 취직이 되면 갚아 주겠다는 약속을 하고는 내게서 돈을 계속해서 빌려 갔다. 나중에는 너무 많은 돈을 빌려 갔기 때문에 버넌이 돈을 보내 달라고 하면 어쩌나 하고 걱정할 지경에 이르렀다.

그러나 그는 여전히 술을 마셨고, 그것 때문에 우리는 언쟁까지 하게 되었다. 왜냐하면 술이 조금만 취해도 그는 곧 잘 화를 냈기 때문이었다.

언젠가 몇 명의 젊은 친구들끼리 델라웨어 강에서 보트놀이를 하고 있었는데, 그의 차례가 돌아왔는데도 그는 보트를 젓기 싫다면서 거절했다. 얼마 안 가 그가 노를 저어 달라고 말했다. 우리들은 너를 대신해서 보트를 저어 주지 않을 것이라고 내가 말했다. 그러자 그는 "너희들이 저어야 해. 그렇지 않으면 밤새도록 물 위에 있어야 해. 좋을 대로 해." 하고 말했다. 우리가 젓자. "그게 무엇이 대수롭단 말이야!" 하고 다른 친구들이 말했으나 나는 그의 행동에 화가 나서 계속 반대했다.

그러자 그는 내가 보트를 젓게 하든가 그렇지 않으면 나를 물 속에 집어 넣겠다고 화를 내더니 정말 벌떡 일어나서 내 곁으로 다가왔다. 그가 내게 덤벼들었을 때, 나는 잽싸게 내 손을 그의 가랑이 밑으로 넣고 몸을 들어 거꾸로 그를 강물에 던져 버렸다.

나는 그가 헤엄을 잘 치는 것을 알고 있었으므로 조금도 걱정하지 않았다. 게다가 보트에 손을 대려고 그가 헤엄쳐 오기 전에 노를 저어서 그의 손이 미치지 않는 곳으로 도망쳤다. 다시 보트 가까이 접근해 오면 다시 노를 저어 보트를 돌려놓으며, 그래도 배를 젓지 않겠느냐고 따졌다. 그는 화가 나서 숨이 막힐 지경이 되었지만 끝끝내 노를 젓지 않겠다고 버텼다. 그러다가 지친 것 같아서 그를 보트에 끌어올려 흠뻑 젖은 채 집으로 데리고 왔다.

이 일이 있은 뒤부터 우리들은 단 한마디도 점잖은 말을 주고받은 적이 없다. 결국 나는 서인도제도의 어떤 선장이 바아베이도우즈 섬에 있는 한 신사의 아들들의 가정교사를 구해 달라는 부탁을 받았다면서 그곳에 가서 가정교사가 되지 않겠느냐고 그에게 제안했다. 그는 승낙했다. 내게서 빌린 돈은 첫 급료를 받으면 즉시 보내 주겠다고 약속을 하고 떠났다. 그러나 나는 그 후로 그의 소식을 듣지 못했다.

　버넌의 돈을 쓴 것은 내 일생에서 가장 큰 잘못의 하나였다. 내가 아직 너무 어려서 독립적인 사업을 하는 것은 무리라는 아버지의 판단이 그다지 틀린 것이 아님을 나는 이 사실로 알 수 있었다. 그러나 윌리엄 경은 아버지의 편지를 읽고 나서 아버지가 지나치게 세심하다고 말했다. 사람에 따라 큰 차이가 있는 것으로, 분별력은 반드시 나이를 먹는다고 좋아지는 것이 아닌 만큼 젊다고 해서 분별력이 없다고 단정할 수는 없는 것이라고 말했다. 그리고 그는 "아버지께서 개업시켜 줄 의사가 없으시다니 내가 시켜주겠네. 잉글랜드에서 가져오지 않으면 안 될 품목을 적어 주게. 그러면 내가 주문해 주지. 돈은 나중에 갚을 수 있을 때 갚으면 돼. 진작에 이곳에 훌륭한 인쇄소가 하나 있었으면 하고 생각하고 있었네. 자네라면 반드시 성공하리라고 믿네." 하고 말했다. 이 말에는 진실이 엿보이는 것이어서 나는 그의 말을 조금도 의심하지 않았다. 여태까지 나는 개업한다는 얘기를 필라델피아에서는 비밀로 해 왔는데 앞으로도 그렇게 하기로 했다. 내가 지사의 언약을 믿고 있다는 사실이 세상에 알려졌다면, 아마도 지사를 잘 아는 친구 중 누구든 나에게 그 말을 믿지 말라는 충고를 해 주었을지도 모른다. 나중에 들은 얘기지만 그가 약속은 호기 있게 잘하지만 그것을 지킬 생각은 하지 않는 사람이라는 것이었다. 그러나 내가 부탁을 한 것도 아닌데 어찌 그의 관대한 제의를 진정이 아니라고 의심하겠는가? 나는 그를 세상에서 가장 좋은 사람 중 한 명이라고 믿었다.

나는 소규모 인쇄소에 필요한 물품의 품목을 그에게 제출했다. 금액은 내 계산으로는 1백 파운드 가량되었다. 그는 좋다고 말하면서 활자의 형태를 고르고 모든 물품들이 제대로 되어 있는지 보기 위해 내가 직접 영국 현지로 가 보는 것이 좋지 않겠느냐고 물었다.

"자네가 그곳에 가 있게 되면 아는 사람도 생길 것이고, 책 판매나 문방구상 쪽과도 거래를 틀 수 있을 걸세" 하고 덧붙였다. 그게 좋겠다고 나도 동의했다. 그는 애니스 호를 타고 갈 수 있도록 준비를 하라고 말했다. 이 애니스 호는 당시 런던과 필라델피아 사이를 해마다 한 번씩 왕래하는 유일한 정기선이었다. 애니스 호의 출범까지는 수개월이 남아 있었기 때문에 나는 키머 밑에서 계속 일을 했다. 그러면서도 콜린스가 내게서 가져간 돈이 마음에 걸린 버넌이 그 돈을 갚으라고 하지 않을까 하고 날마다 걱정했다. 그러나 몇 년 뒤까지도 그런 일은 없었다.

내가 이야기하는 것을 빠뜨린 것 같은데, 처음 배를 타고 보스턴을 지났을 때 불록 섬 앞바다에서 바람이 자 버리는 통에 배가 움직이지 않게 되자 배에 타고 있던 사람들이 낚시질을 하여 대구를 많이 낚아 올렸다. 그때까지 나는 동물을 먹지 않겠다는 결심을 굳게 지키고 있었다. 이때도 나는 선생인 트라이언과 같이 어떤 종류의 물고기든 잡는 것은 일종의 이유 없는 살생이라 생각하고 있었다. 왜냐하면 물고기라는 것은 잡혀 죽는 것이 당연하다고 할 만큼 인간에게 해를 끼친 일도 없거니와 해를 끼칠 수도 없기 때문이었다. 나는 이 논리를 온당한 것이라고 생각했다. 그러나 사실 예전에는 생선을 참 좋아했다. 프라이팬에서 막 구워 낸 따끈따끈한 대구의 냄새는 기가 막힌 것이었다. 나는 잠시 동안 나의 채식주의 원칙과 생선을 먹고 싶어 하는 마음의 갈등 사이에서 우왕좌왕하다가, 생선의 배를 가를 때 생선의 위장 속에서 잔 생선들이 나오는 것을 보고 너희들이 서로 잡아먹는다면 우리들도 너희들을 먹지 않아야 할 이유가 없다고 생각했던 일을 아직도 기억하고 있다. 결국 나는 대구를 실컷 먹었다. 이따금 채식으로 돌아가기는 했으나 다른 사람과 마찬가지로 생선을 계속 먹었다. 그리고 보면 하고 싶기만 하면 어떤 일에나 이유를 찾아내고, 만들어 낼 수 있으니 이성을 지닌 동물, 즉 인간은 참으로 편리한 동물이다.

키머는 내가 개업하여 자립한다는 것을 꿈에도 몰랐기 때문에 그와 나는 제법 사이좋게 흥허물 없이 지내며 잘해 나가고 있었다. 그는 아직도 젊은 시절의 열정을 고스란히 지니고 있어서 토론하기를 좋아했다. 그래서 우리는 논쟁을 많이 벌였다. 나는 종종 소크라테스식의 논법으로 그를 다루었다. 얼핏 보기엔 당면 문제와 아주 동떨어진 질문으로 너무 자주 그에게 올가미를 씌워서 차츰 논점으로 유도했다. 나는 그를 자주 어려운 모순점으로 빠뜨렸기 때문에 그는 우스울 정도로 조심스러워져서 아주 평범한 질문에도 우선 그 질문으로 '자넨 도대체 어떤 결론을 끌어낼 셈인가?'라고 물어본 다음에야 대답하곤 했다. 그러한 일로 그는 나의 논쟁 방법에 대한 능력을 대단히 높이 평가한 나머지 새로운 종파를 조직하려는 그의 계획에 내가 동료로 참여해 주도록 진지하게 제의했다. 그는 교리를 설파하고, 나는 반대자를 격파하자는 것이었다. 그가 교리를 설명하는 것을 들어보았더니 내가 고집을 부리거나 나의 몇몇 견해를 제시하지 않더라도 반대할 만한 몇 가지 모순들이 발견되었다.

키머는 모세의 율법 어딘가에 "그대 수염의 끝을 손상치 말지어다."라고 되어 있다며 턱수염을 자라는 대로 내버려두고 있었다. 그는 제7일(토요일을 말함. 안식일은 유대인의 풍습으로는 토요일임)을 안식일로 지켰다. 이 두 가지를 그는 소중히 여겼다. 나는 이 두 가지를 다 좋아하지 않았지만 육식을 하지 않는다는 교리를 그가 채택한다는 조건으로 이 두 가지를 인정해 주기로 했다. 그는 자신의 몸이 견디어 낼지 의심스럽다고 말했지만, 나는 그가 견디어 낼 수 있을 뿐 아니라 그것으로 몸이 더 좋아질 것이라고 단언했다. 그는 원래 엄청난 대식가였으므로 그의 배를 반쯤 곯게 하면 상당히 재미있을 것이라고 나는 예상했다. 그는 나도 함께한다면 그것을 실천에 옮기겠다고 동의했다. 그래서 우리는 3개월 동안 계속했다. 우리들의 식사는 근처에 사는 어떤 여자에게 부탁하여 음식을 요리하며 일정한 시간에 가져오도록 했다. 나는 이 여자에게 물고기도, 짐승 고기도, 새고기도 들어가지 않는 40여 종의 요리를 번갈아 가며 만들어야 하는 식단표를 주었다. 이 다양한 식단은 매주 1인당 18펜스 이상 들지 않았으므로 싸게 먹힌다는 점이 한층 더 마음에 들었다. 나는 그 뒤 몇 번의 사순절을 매우 엄격히 지킨 다음 갑자기 보통 식사를 중지하고 채식으로 바꿨다. 그런 다음 다시 채식에서 보통 식사로 바꾸었지만 조금도 불편함을 느끼지 못했다. 그러므로 이런 변화를 아주 천천히 해야 한다는 충고에는 아무 의미도 없다고 생각했다. 나는 즐겁게 계속했으나 키마는 딱하게도 몹시 지쳐서 이 계획에 싫증을 느끼고 진수성찬을 동경한 나머지 새끼 통돼지 구이를 주문했다. 그는 나와 두 여자를 식사에 초대했지만 요리가 식탁에 먼저 나오는 바람에 먹고 싶은 유혹을 견디다 못해 우리가 도착하기도 전에 혼자 모두 먹어 치웠다.

그 무렵 나는 내가 기식寄食하고 있는 집의 딸 리드 양의 환심을 사려고 상당한 노력을 기울였다. 나는 그녀에게 존경심과 애정을 품고 있었고, 그녀도 나와 같은 마음이었다. 그러나 나는 머지않아 장기간 여행을 계획하고 있었고, 그녀의 어머니 또한 둘 다 열여덟 살을 겨우 넘긴 젊은이들인지라 당분간은 너무 깊은 관계를 맺지 않는 것이 현명하다고 생각했다. 결혼을 시킨다 해도 내가 여행에서 돌아와 계획대로 독립해서 사업을 시작한 뒤에 하는 것이 좋겠다고 생각하고 있었던 것 같다.

내가 사귀고 있던 친구들은 찰스 오스본, 조셉 왈슨, 그리고 제임스 랠프였는데, 모두가 독서가였다. 앞의 두 사람은 이곳에서 유명한 공증인 찰스 브로그텐의 서기였고, 다른 한 사람은 상점의 점원이었다. 왈슨은 신앙이 돈독하고, 분별력이 있고, 청렴결백한 청년이었다. 다른 두 사람은 종교상의 교리에 비교적 개의치 않는 편이었다. 그중 특히 랠프는 콜린스처럼 나로 인해 종교에 회의를 품게 되었는데, 그 때문인지 그들 두 사람 모두가 나를 괴롭힌 인물이 되었다. 오스본은 재주도 있고, 솔직담백하고, 진실하며, 우정이 깊은 사람인데 문학적인 문제라면 너무 비판하기를 좋아했다. 랠프는 재주도 있었고 성격도 온유했으며, 게다가 기막힌 능변가였다. 나는 그보다 뛰어난 변론가는 본 일이 없다고 생각했다. 두 사람 다 시를 좋아했고 단편도 쓰기 시작했다. 일요일이면 우리들은 함께 스쿨킬 강 언덕 숲 속을 거닐면서 산책을 즐겼고, 거기서 책도 읽고, 비평도 했다.

랠프는 오직 시 연구에 전념할 생각이었다. 그는 시 연구에 숙달해서 그것으로 재산을 모을 수 있으리라 믿고 있었다. 가장 위대한 시인일지라도 처음에 쓰기 시작했을 때는 자기와 마찬가지로 많은 과오를 범했을 것이 틀림없다고 그는 주장했다. 오스본은 그에게 단념하라고 권하면서 시를 짓는 재주가 전혀 없다고 강력히 주장하고, 자신이 익혀 온 일 이외의 것을 생각하지 않도록 충고했다. 아울러 그는 랠프에게 상업 방면이라면 자본이 없어도 근면과 성실로 대리점을 위탁받을 만큼 신임을 얻게 되면 얼마 후에 독립해서 장사할 수 있는 자본이 손에 들어올 수 있다고 말했다. 나도 가끔 시를 지어서 즐기는 것은 자신의 문장력을 향상시키기 위한 범위 내에서라면 찬성하지만 그것을 넘는 것에 대해서는 반대했다.

이렇게 해서 우리의 다음 모임에는 서로 강평하고, 비평하고, 수정하는 것으로 실력을 향상시켜 나가기 위해 자작시 한 편씩을 가지고 모이자는 의견이 제시되었다.

문체와 표현이 우리가 마음에 둘 대상이므로, 과제는 여호와 하나님의 강림을 묘사한 시편 18편의 번역으로 결정하고, 모든 창작물은 제외했다.

모일 때가 가까워지자 랠프가 먼저 나를 찾아와서 자기 시는 준비되었다고 말했다. 나는 바쁘기도 하고 생각이 안 나서 아직 손도 대지 못했다고 말했다. 그랬더니 그는 자기 작품을 내게 보이면서 나의 의견을 물었다. 그것은 내가 보기에 상당히 잘된 것 같아 많이 칭찬해 주었다. 그러자 그가 말했다.

"그런데 오스본은 내가 쓴 것은 뭐든지 잘된 점을 조금도 인정하려 들지 않고 순전히 시기심에서 무턱대고 깎아내리고 한다네. 그러나 그는 자네 것에 대해서는 그다지 시샘하지 않네. 그러니 이 작품을 자네가 가지고 가서 자네가 쓴 것이라고 말했으면 좋겠네. 나는 바빠서 쓰지 못했다고 할 테니까. 그리고 나서 그가 어떻게 평하는지 들어보기로 하세."

나는 이 제의에 찬동하고, 내가 쓴 것처럼 하기 위해 다시 베껴 썼다.

우리들은 모였다. 왈슨이 쓴 시가 먼저 낭독되었다. 좋은 점도 있었으나 결점도 많았다. 오스본의 것이 낭독되었다. 그것은 훨씬 더 나았다. 랠프는 공정한 비평을 하고 약간의 결점을 지적했으나 어떻든 잘되었다고 칭찬했다. 그 자신은 작품을 내지 않았다. 나는 망설이면서 시간이 없어서 충분히 고치지 못했으니 다음 기회로 미루었으면 좋겠다고 했다. 그러나 변명이 허용되지 않아 작품을 내지 않을 수 없었다. 내가 낸 것을 되풀이해서 읽었다. 왈슨과 오스본은 경쟁을 단념하고 함께 칭찬하는 것이었다. 랠프만은 약간의 비평을 하고 몇 군데 수정하는 것이 좋겠다고 했지만 나는 내 원문을 변호했다. 오스본은 랠프에 반대하고, 랠프는 시를 쓰는 것도 그렇지만 비평하는 것도 마찬가지라고 말했다.

이 두 사람은 집에 돌아가는 도중에, 오스본은 한층 더 열렬히 내 작품이라고 하는 것을 칭찬하고, 아까는 아첨하는 것처럼 생각되는 것이 싫어서 적당히 말했다고 했다.

"그러나 누가 생각이나 했을 것인가. 프랭클린이 그렇게 할 수 있을 것이라고 말이야! 그런 묘사력, 그러한 힘, 그러한 정열 말이야! 그는 원문보다 더 잘 만들었어. 평소에 이야기할 때는 어휘 선택에 주저주저하면서 실수를 저지르기도 하면서, 원 세상에! 어떻게 그가 그 같은 문장을 썼단 말인가!"

하지만 다음 모임에서 랠프와 내가 그를 속여 먹었다는 것을 털어놓자 오스본은 웃음거리가 되었다.

이 일이 있은 뒤부터 랠프는 시인이 될 결심을 굳혔다. 나는 단념하라고 강력하게 설득했지만 포프가 그의 시인병을 고쳐 줄 때까지 형편없는 시를 계속 쓰고 있었다. 그러나 그는 산문 실력은 상당히 좋은 편이었다. 나중에 랠프는 정치와 역사 평론가로서 출세했고, 정부에서 연금까지 받게 되었다. 그에 관한 것은 다음 기회에 더 언급하겠다.

그런데 다른 두 사람에 대해서는 더 쓸 기회가 없을지도 모르기 때문에 여기서 조금 더 소개하겠다. 왈슨은 몇 해 뒤에 내 팔에 안겨서 세상을 떠났다. 우리의 그룹 가운데서 제일 좋은 사람이었기 때문에 우리들은 그의 죽음을 몹시 슬퍼했다. 오스본은 서인도제도로 가서 거기서 유명한 변호사가 되어 돈을 벌었으나 일찍 죽었다. 그와 나는 먼저 죽게 되는 사람이 될 수 있는 대로 살아 있는 사람을 찾아와서 저승의 사정을 알리기로 굳은 약속까지 했지만 그는 아직도 그 약속을 지키지 않았다.

지사는 나와 얘기하는 것이 좋았던지 자주 자기 집으로 나를 초대해서 항상 자기가 나를 독립시킨다는 것이 변함없는 것처럼 말했다. 나는 인쇄기와 활자 용지 등을 구입하는 데 필요한 자금을 만들기 위한 신용장 이외에 그의 친구 앞으로 보내는 추천장을 몇 통 가지고 갈 예정이었다. 그 추천장은 미리 써 둘 것이니 필요하다면 그때그때 와서 찾아가라고 해 놓고는, 내가 필요해서 가지러 가기만 하면 다음에 오라고 했다. 그럭저럭 하는 동안에 마침내 배가 떠나는 날이 다가왔다. 그때 내가 인사도 할 겸해서 추천서를 받으러 갔더니 비서인 바드 박사가 나와서 말하기를, 지사는 지금 급한 용무가 있어서 준비가 되지 않았으니 배보다 먼저 뉴캐슬에 내려가서 편지를 건네주겠다고 했다.

랠프는 결혼해서 아들이 하나 있었으나 나와 이 항해를 함께하기로 결심하고 있었다. 그는 거래관계를 맺어서 위탁판매품을 가지고 올 생각이었다. 그러나 후에 알게 된 일이지만, 그는 처가 식구들과의 불화 때문에 부인은 친정으로 보내고 다시 미국으로 돌아오지 않을 생각을 하고 있었던 것이었다. 나는 친구들과 작별 인사를 하고 리드 양과는 서로 장래를 약속한 다음, 배로 필라델피아를 출발했다. 그 배는 뉴캐슬에 정박했다. 지사는 이곳에 미리 와 있었지만 내가 그의 숙소를 찾아가자 비서를 통해 말하기를, 참 안 되었지만 매우 중대한 일이 있어서 만날 수가 없다며, 그러나 편지를 배로 보내 줄 테니 무사히 여행을 하고 빨리 귀국하기를 바란다고 했다. 나는 좀 어리둥절해서 배로 돌아왔지만 그때까지도 의심하지는 않았다.

필라델피아의 저명한 변호사 앤드루 해밀턴이 그의 아들과 함께 같은 배에 타고 있었고, 퀘이커교도인 상인 데남, 메릴랜드의 철공장 주인 어니언과 러셀도 함께 타고 있었는데, 그들은 커다란 선실을 차지하고 있었다. 배에 탄 사람들 가운데 우리를 아는 사람은 아무도 없었기 때문에 우리들은 보통 승객으로 간주되었다. 그런데 해밀턴은 그의 아들(이름은 제임스, 후에 지사가 된다)과 함께 뉴캐슬에서 필라델피아로 되돌아갔다. 해밀턴 변호사는 막대한 보수를 받고 어떤 차압당한 배를 해결해 주기 위해 불려 갔던 것이다. 배가 막 출항하려고 할 때 프렌치 대령이 왔다. 대령이 어찌나 나를 정중하게 대접해 주었던지 나는 여러 선객들의 눈에 띄게 되었고, 선실이 비었으니 랠프와 함께 상등 선실로 오라는 초대까지 받았다.

우리는 거기로 옮겨 갔다. 프렌치 대령이 지사의 공문서를 배에 가지고 왔다는 것을 알고 있었으므로 나는 선장을 만나 내가 보관할 편지이니 달라고 요구했다. 선장은 모든 서류들을 함께 포대 속에 넣었기 때문에 지금은 꺼낼 수가 없다면서 영국에 도착하기 전에 기회를 봐서 꺼내 주겠다고 했다. 나는 참을 수밖에 없었다. 우리는 항해를 계속했다. 선실에서는 모두가 서로 터놓고 교제를 하며 즐겁게 지냈으며, 해밀턴 변호사가 잔뜩 음식을 사서 넣어 주었기 때문에, 우리는 뜻밖에 포식을 했다. 이 항해 중에 데남과 나는 친교를 맺었는데, 그는 일생을 두고 변하지 않은 신사였다. 날씨가 고르지 못해 다소 고생은 했지만 항해는 참 재미있었다.

배가 영국 해협에 도달했을 때, 선장은 약속을 지켜 지사의 편지를 찾기 위해 큰 포대를 조사할 기회를 주었다. 나는 내게 전해 달라는 부전附箋이 붙은 봉투를 몇 통 찾아낼 수 있었다.

나는 필적을 보고 약속된 편지라고 생각되는 것을 여섯, 일곱 통 골라냈다. 특히 그중의 한 통은 왕실 전용 인쇄업자 바스켓에게, 다른 한 통은 어떤 문방구상에게 보내는 것이어서 나는 약속된 편지라고만 생각했다.

우리들은 1724년 12월 24일 런던에 도착했다. 도중에 나는 먼저 문방구를 찾아가 키드 지사가 보낸 사람이라고 소개하고 편지를 전했다. 그런데 그는 "나는 그런 사람을 모릅니다." 하고 말했다. 그리고 편지를 뜯어 보더니 "아니, 이건 리틀즈덴이 보낸 것이로군. 나는 최근에야 그가 악당이란 걸 알게 됐소. 때문에 나는 그런 사람과는 아무런 관계도 맺고 싶지 않고 어떤 편지도 받고 싶지 않소." 하고 말했다. 편지를 내게 돌려주고 나서 그는 홱 돌아서더니 다른 손님을 접대하기 위해 가 버렸다.

나는 이 편지들이 지사가 직접 쓴 것이 아니라는 것을 알고 놀랐다. 그래서 그동안의 전후 사정을 돌이켜 생각해 보고 지사의 성실성을 의심하지 않을 수 없었다. 나는 지사의 친구인 데남을 만나서 지금까지의 사정을 모두 털어놓았다. 그는 키드의 인간성을 말해 주었고, 그가 나를 위해 추천서를 쓴다는 것은 있을 수도 없는 일이라면서 그를 알고 있는 사람들은 한 사람도 그를 믿지 않는다고 단언했다. 신용이 없기로 이름난 지사가 신용장을 쓴다는 것은 웃음거리라면서 그는 크게 웃었다. 나는 어떻게 해야 할지 걱정이라고 했더니, 그는 지금까지 익힌 인쇄업 계통에서 일자리를 구하는 것이 좋을 것이라고 나에게 충고해 주었다. 이곳 인쇄소에서 잘만 배운다면 착실한 숙련공이 되어서 미국으로 돌아가 개업하는 데 큰 도움이 될 것이라고 덧붙였다.

우리 두 사람은 우연히도 그 문방구상 못지않게 변호사 리틀즈덴이 지독한 악당이라는 것을 알게 되었다. 그는 리드 양의 아버지를 설득해 자신의 보증을 서도록 했다가 리드 양의 아버지를 반쯤 파산시킨 일이 있었다. 이 편지에 따르면 해밀턴(이때 그는 우리와 함께 영국에 건너간 것으로 생각된다)

에게 손해를 끼치게 한 비밀 계획이 진행되고 있었던 모양이고, 키드도 리틀즈덴과 함께 이 음모에 가담하고 있는 것 같았다. 데남은 해밀턴의 친구이기도 했으므로 이 사실을 알려 주지 않으면 안 된다고 했다. 그래서 그 뒤에 곧 해밀턴이 영국에 도착했을 때, 나는 얼마간은 키드와 리틀즈덴에 대한 분노와 악한 감정 때문에, 또 얼마간은 해밀턴에 대한 호의 때문에 그를 찾아가 그 편지를 주었다. 그는 정중히 내게 감사의 뜻을 표했다. 이 편지 내용은 그에게는 아주 중요한 것이었다. 그때부터 그는 내 친구가 되어 그 후 여러 가지 일이 생겼을 때 적지 않은 도움을 주었다.

그런데 소위 지사라는 사람이 이처럼 가소로운 술책으로 순진한 청년을 너무도 심하게 골탕먹이는 이유가 무엇이었을까? 그것은 그의 몸에 밴 습성 때문이었다. 그는 모든 사람을 기쁘게 해 주고 싶었다. 그렇지만 줄 것이 아무것도 없으므로 기대만 안겨 줄 뿐이었다. 그 밖에도 그는 순진하고 사리에 밝을 뿐 아니라 상당한 문장가이기도 하고, 그의 임명자인 영주들에게는 그렇지 않았지만 백성들에게는 좋은 지사였다. 때때로 그는 영주들의 지시를 무시해 버리기도 했다. 우리들의 가장 훌륭한 법률 중 몇 가지는 그의 재임중에 그가 입안해서 통과시킨 것들이었다.

랠프와 나는 끊을래야 끊을 수 없는 친구였다. 우리 두 사람은 당시 형편으로 감당하기 빠듯한 액수인, 일주일에 3실링 6펜스 비용으로 리틀 브리텐에 하숙을 정했다. 랠프는 그곳에서 몇몇 친척들을 찾아냈지만 모두 가난해서 그를 도와줄 형편이 되지 않았다. 그는 그제야 런던에 남아 있을 작정이며, 다시는 필라델피아로 돌아가지 않을 결심이라는 것을 나에게 밝혔다. 더욱이 그는 가진 모든 돈을 그의 여객선 요금으로 지불하는 데 써 버렸기 때문에 한 푼도 가지고 있지 않았다. 내가 15피스톨(스페인의 옛 금화)을 가지고 있었으므로 그는 취직하러 다니는 동안 종종 나에게서 생활비를 빌려 갔다. 그는 배우가 될 소질이 있다고 자부하고 있었기 때문에 맨 처음에 극장에 취직하려고 애썼다. 그러나 그가 부탁한 윌크스(당시 유명한 희극 배우)는 배우로 성공할 가망은 없으니 그런 직업은 생각하지 않는 것이 좋겠다고 솔직히 충고했다. 그래서 그는 페터느스터로우 가의 출판업자 로버트에게 조건으로 〈스펙테이터〉 같은 주간 잡지에 글을 쓰겠다고 제의했다. 로버트는 그것에 응하지 않았다. 결국 그는 템플 법학원 부근의 문방구 점원이나 변호사들에게 정서를 해 주는 일자리를 얻으려고 했으나 그마저도 빈자리를 찾을 수 없었다.

나는 곧 바돌로뮤 사원 경내에 있는 유명한 파머 인쇄소에 일자리를 얻어 일 년 가까이 일을 했다. 나는 꽤 부지런히 일을 했지만 수입의 대부분을 랠프와 함께 연극이나 그 밖의 유흥장에 다니며 소비했다. 내가 가지고 온 15피스톨도 거의 다 없어지고 이제는 그날그날 벌어서 겨우 사는 상태였다. 랠프는 처자식에 대한 것은 아주 잊어버린 것 같았다. 나도 차차 리드 양과의 약속을 잊어버리게 되었다. 나는 그녀에게 딱 한 번 편지를 했을 뿐이었다. 그것은 내가 곧 돌아갈 것 같지 않다는 것을 알리는 편지였다. 이것은 내가 일생에서 저지른 또 하나의 커다란 잘못이었으며, 내가 다시 한 번 일생을 반복한다면 반드시 하고 싶지 않은 큰 실수였다. 사실 우리 두 사람의 경비 지출로 나는 귀국할 배삯을 마련하지 못했다.

파머 인쇄소에서 내가 한 일은 울타스턴의 《자연종교론》의 제2판 조판을 하는 것이었다. 어떤 부분은 그의 이론 전개가 내가 보기에는 근거가 미약한 것 같아서, 나는 그 점을 논평한 철학적인 소논문을 썼다. 그것은 《자유와 필연, 쾌락과 고통에 관한 논문》이란 제목이었다.

나는 그것에 랠프에게 바친다는 헌정사를 붙여서 적은 부수를 인쇄했다. 파머는 내가 팸플릿 가운데서 논한 여러 원리를 못마땅하게 생각하고 나를 맹렬히 비난했다. 그러나 이 팸플릿 때문에 그는 나를 어느 정도 재능 있는 청년이라고 생각하게 되었다. 그러나 이 팸플릿을 인쇄한 것도 또 하나의 잘못이었다.

내가 리틀 브리텐에 하숙하고 있는 동안 이웃에서 서점을 경영하고 있는 윌콕스라는 사람과 알고 지내게 되었다. 그는 꽤 많은 고서를 수집해 놓고 있었다. 당시에는 순회문고라는 제도가 없었지만 어떤 조건인지 지금은 잊었는데, 어떤 적당한 조건으로 서점에 있는 책은 무슨 책이거나 빌려 읽고 되돌려 주기로 서로간에 합의가 되어 있었다. 나는 될 수 있는 대로 많이 이용했다.

이 팸플릿은 어떤 경로를 통해서인지는 몰라도 《인간 판단의 무효성》이라는 책의 저자이자 외과의사인 라이언즈의 손에 들어가게 되었다. 그것을 계기로 우리는 서로 알고 지내게 되었다. 나를 크게 평가했던 그는 가끔 나를 찾아와 이런저런 문제에 대해서 이야기를 나누었으며, 사이드 가의 어떤 골목에 있는 주점 '호온즈'로 나를 데리고 가서 《꿀벌 이야기》의 작가 맨더빌 박사에게 소개해 주기도 했다. 박사는 그곳에서 클럽을 만들어 자신이 중심 인물이 되어 있었는데, 박사는 매우 익살맞고 남을 즐겁게 해 주는 말벗이었다. 라이언즈는 배트슨 커피점에서 펨버튼 박사에게도 나를 소개해 주었는데, 이 사람은 조금 있다가 아이자크 뉴톤 경과 만나는 기회를 만들어 주겠다고 약속해 주었다. 이것은 내게 꼭 이루어졌어야 할 일인데 결국은 이루어지지 않았다.

그 당시 나는 미국으로부터 진기한 물건들을 몇 가지 가지고 왔다. 그것들 중에서 특히 으뜸가는 것은 석면으로 만든 지갑이었다. 그것은 불에 집어 넣으면 깨끗하게 되는 것이었다. 한스 슬론 경이 이 소문을 듣고 나를 찾아와서 볼룸스베리 광장에 있는 그의 저택으로 초청했다. 그는 그곳에서 자신이 소장하고 있는 골동품을 모두 보여 주고는 나의 석면 지갑도 그의 수집품 목록에 추가로 끼어 넣을 수 있게 해 달라고 나를 설득했다. 그는 그에 대한 대가를 후하게 지불해 주었다.

우리 집에 클로이스터스 가에 가게를 하나 가지고 있는 것으로 생각되는 여성 모자 제조인인 젊은 여자가 하숙하고 있었다. 품위 있게 자란 그녀는 분별력 있고 발랄했으며 대화하기에는 더없이 즐거운 여자였다. 밤이면 그녀에게 희곡을 읽어 주어 서로 친해졌다. 그녀가 다른 하숙으로 옮겨가자 랠프도 따라 갔다. 얼마 동안 두 사람이 함께 동거생활을 했지만 그는 여전히 일자리를 잡지 못하고 있었으므로 생활을 꾸려 나가기가 넉넉지 못했다. 그래서 그는 런던을 떠나 지방으로 내려가 학교 교사가 되기로 결심했다. 랠프는 글도 잘 쓰고 산수와 계산을 잘했으므로 교사가 될 자격이 충분히 갖췄다고 자부하고 있었다. 그러나 그 직업을 깔보고 있었던 그는 더 좋은 운이 트일 것으로 확신하면서, 그때 자신이 한동안 그와 같은 천한 직업을 가졌다는 것이 세상에 알려지는 것을 꺼려서 그의 이름을 바꾸어 사용했는데 영광스럽게도 내 이름을 빌려 썼다. 그 사실을 알게 된 것은 그 후 얼마 안 가서 그의 편지 한 통을 받았을 때였다. 그 편지에 그는 어느 작은 버그셔에 있다고 생각되는데 일주일에 6펜스씩을 받고 열에서 열두 명의 소년들에게 읽고 쓰기를 가르치고 있다며 거기에 자리잡고 있다는 것을 티 부인에게 알리고 또한 나에게 그녀를 돌봐 줄 것을 부탁했다. 그리고 답장을 보내려면 이러이러한 곳의 교사 프랭클린 앞으로 편지를 부치라고 했다.

그는 꾸준히 자주 편지를 보내 왔는데 당시 그가 창작중인 서사시의 견본을 많이 보내 와서 나에게 비평과 정정을 해 달라고 요구했다. 나는 때때로 비평과 정정을 해서 보내 주었으나 그것은 그의 일을 단념시키려는 노력에서였다. 그때 영이란 사람의 풍자시 한 편이 발표되었다. 나는 그 시의 많은 부분을 복사해서 그에게 보내 주었다. 그것은 시신詩神의 도움으로 향상되기를 희망하면서도 시신의 뒤를 쫓아다니는 것이 얼마나 어리석은 짓이냐는 것에 초점을 맞춘 것이었다. 그러나 모든 것은 헛된 일이었고, 편지를 부칠 때마다 그는 계속해서 시 원고를 우송해 왔다.

한편 랠프 때문에 친구와 직업을 잃게 된 티 부인은 곤경에 처할 때마다 나에게 사람을 보내어 내가 그녀의 곤경을 거들기 위해 돈을 빌려 줄 수 있는 만큼 빌려 가곤 했다. 나는 그녀와 함께 있는 것을 차츰 좋아하게 됐고, 그때는 종교적인 자제력도 없었던 터라 그녀에게는 내가 중요한 존재일 것이라는 점을 빌미로 가까이 하려고 했다. 그러나 그녀는 그것을 적당히 화를 내면서 뿌리치고 나의 행동을 랠프에게 알렸다. 이것 때문에 랠프와 나 사이가 갈라졌다. 그는 다시 런던으로 돌아오자 자신이 나에게 지고 있는 빚을 모두 탕감해 준 것으로 알겠노라고 나에게 알려 왔다. 그러나 이미 나는 그에게 빌려 주었거나 대체해 주었던 돈을 그가 갚아 줄 수 없다는 것을 알고 있었다. 당시 그에게는 빚을 갚을 능력이 전혀 없었기 때문에 이 사실은 나에게 별로 중요하지 않았다. 우정을 잃어버린 대신 나는 짐을 벗게 되었다.

그제야 나는 돈을 조금씩 저축할 수 있겠다 생각하고, 더 좋은 자리를 기대한 나는 파머 인쇄소를 나와서 큰 인쇄소인 링컨스인 필즈 근처에 있는 와트 인쇄소에서 일하기로 했다. 그 후 런던에 있는 동안은 쭉 여기서 일했다. 처음 이 인쇄소에 들어갔을 때 나는 인쇄일에만 종사했다. 인쇄 작업과 조판 작업이 혼합되어 있는 미국에서 늘 해 왔던 신체적 운동에 비하면 아무것도 아니었다. 나는 물만 마셨지만 50명 가까운 다른 직공들은 대단한 맥주 주당들이었다. 나는 이따금 양손에 하나씩 큼직한 조판들을 들고 계단을 오르내렸지만 다른 직공들은 양손으로 겨우 한 개를 들어 옮길 뿐이었다. 이것과 그 밖의 몇 가지 경우들을 통해서 물을 마시는 미국인 쪽이 이 독한 맥주를 마시는 자기네들보다 더 강하다는 것을 알고 그들은 감탄했다. 공장 안에는 직공들에게 맥주를 갖다 주기 위해 맥주집 종업원이 언제나 대기하고 있었다. 인쇄소 동료들은 아침 식사 전에 1파인트, 아침 시간에도 빵 치즈와 함께 1파인트, 점심 식사와 저녁 식사 때 각각 1파인트, 그리고 하루 일이 끝난 뒤에 1파인트의 맥주를 마셨다. 그것은 매우 나쁜 습관이라고 나는 생각했다. 그들은 노동을 할 만큼 힘이 세려면 독한 맥주를 마시지 않을 수 없다고 생각하고 있었다. 맥주를 마심으로써 생기는 체력은 맥주의 성분이 물에 녹아 들어 있는 보리 알맹이나 가루의 분량에 비례하는 것이고, 1페니어치의 빵 조각에 가루의 분량이 더 많아서 1파인트의 물과 빵 1페니어치를 먹는 것이 1쿼트의 맥주를 마시는 것보다 체력이 더 생긴다는 것을 나는 그들에게 납득시키려고 했다. 그래도 그들은 계속 마셔 대어 토요일 밤마다 그들의 주급에서 술값으로 4~5실링씩 지불해야 했다. 이렇게 해서 그 가엾은 직공들은 가난에서 헤어나지 못하고 있었던 것이었다.

몇 주일이 지나자 와트는 나를 식자부로 돌리려고 했으므로 나는 인쇄부 사람들과 헤어지게 되었다. 식자공들은

---

*화폐 단위와 질량 단위

파운드 : 1파운드는 0.45KG, 영국의 화폐 단위(1파운드는 20실링).

페니 : 1penny = 1/240 pound.

실링 : 1파운드가 20실링, 1971년 2월 15일부터 십진법으로 바뀌어 16세기부터 파운드와 펜스의 중간 단위로써 사용되어 온 실링은 폐지되었다.

파인트(pt) : 야드파운드법에 따른 액체의 분량 단위. 200cc~180cc 정도.

쿼트 : 1쿼트 = (1.4*l*).

새로 들어온 술 친구로, 5실링을 내게 요구했다. 나는 전에 인쇄공들에게 한 번 지불했기 때문에 이것은 부당한 요구라고 생각했다. 주인인 와트도 나와 같은 의견이어서 그는 지불하지 말라고 했다. 나는 2~3주일 동안 완강히 거절했다. 그러자 축출을 당할 처지까지 되어 버렸다. 내가 잠시라도 밖에 나가기만 하면 그들은 활자를 뒤죽박죽 섞어 버리거나, 조판이 끝난 것도 순서를 뒤바꿔 놓거나, 심지어는 부셔 버리는 등 갖가지 심술궂은 짓을 했다. 그들의 말에 의하면 그것은 모두 격식에 따라 입회하지 않은 사람에게 따라다니는 공장귀신의 짓이라는 것이었다. 따라서 나는 주인의 보호를 받고 있었지만 언제나 같이 있어야 하는 사람들과 타협하지 않는 것은 어리석다는 것을 깨닫고 그들의 요구대로 술값을 내놓아야 했다. 마침내 나는 그들과 친한 사이가 되었다.

나는 곧 상당한 영향력을 갖게 되었다. 나는 인쇄소의 규칙 몇 가지를 합리적으로 고치자고 제안하고 온갖 반대에도 불구하고 실천했다. 맥주 1파인트의 값, 즉 반 페니 동전 세 닢만 내면 나와 마찬가지로 후추를 뿌리고, 빵을 뜯어서 섞고, 큼직한 죽그릇에 버터를 조금 넣은 따끈한 죽을 이웃집에서 배달해 먹을 수 있다는 것을 알자, 그들 대부분은 나를 따라 맥주와 빵과 치즈로 된, 머리를 흐리게 만드는 아침 식사를 그만두었다. 내가 제안한 그 아침 식사는 맛도 있고,

값도 싸고, 기분도 좋았고, 머리도 맑게 해 주었다. 그런데도 여전히 하루 종일 맥주에 취해 있는 사람들은 돈을 갚지 않아 술집과 외상 거래가 막혀 버리자 맥주를 사려고 자주 나에게 보증을 서 줄 것을 부탁하곤 했다. 그들의 표현에 따르면 '불이 꺼졌기 때문'이라는 것이었다. 토요일 저녁이면 나는 급료 지불 탁자에 지켜 서서 내가 보증 서 준 돈을 받아 냈다. 그들 때문에 나는 일주일에 약 30실링을 지불한 적도 있었다. 나는 다른 사람을 잘 놀리고, 농담 잘하고 입심 좋은 해학가로 여겨지며, 동료들 간에서 인기 있는 중요한 존재가 되었다. 결근이 없다는 것(일요일에 술을 마셨다 해도 나는 월요일에 쉬지 않았다)이 주인의 마음에 들었을 뿐만 아니라 식사도 남달리 빨라서 급한 일이 있으면 모두 나에게 맡겼는데, 그런 일들은 대개 보수가 좋았다. 나는 그곳에서 아주 즐거운 나날을 보내게 되었다.

얼마 후 리틀 브리텐의 내 하숙은 너무 멀어서 나는 듀크가의 로마교회 건너편에다가 다른 하숙을 구했다. 그 집은 이태리 물품 상점의 뒤쪽 3층집이었다. 한 미망인이 이 집을 관리하고 있었다. 그녀에게는 딸이 한 명, 하녀가 한 명, 그리고 점원이 한 명 있었는데 점원은 통근을 하고 있었다. 그녀는 내가 전에 하숙했던 집에 사람을 보내어 내 인품을 알아본 후에 이전과 같은 하숙비인 일주일에 3실링 6펜스로 나를 하숙시키는 데 동의했다. 남자를 하숙시키는 것이 마음 든든해서 하숙비를 약간 싸게 했다고 그녀는 생색을 냈다. 그녀는 한참 좋은 나이에 과부가 되었고, 목사의 딸로 태어나 개신교 신자로 자랐지만 남편을 따라 가톨릭으로 개종을 했으며, 죽은 남편을 아주 존경하고 있었다. 상류사회에서 오래 살아서 그녀는 찰스 2세 시대까지 거슬러올라가는 많은 명사들의 일화를 알고 있었다. 그러나 무릎의 통풍으로 발이 부자유스러워 그녀는 방 밖으로 나오는 일이 거의 없었다. 그래서 누가 옆에 함께 있어 주기를 바랄 때가 있었다. 그녀와 함께 시간을 보내는 것은 나에게 매우 흥미로운 일이었다. 그래서 그쪽에서 원할 때는 언제나 그녀와 함께 저녁 시간을 보냈다. 우리의 저녁은 버터 바른 빵 한 쪽에 생선 한 토막, 그리고 맥주 한 잔씩에 불과했다. 그러나 그녀의 얘기를 듣는 것은 재미있었다. 나는 밤 늦게 들어오는 법도 없고 다른 하숙인들과 말썽을 부리는 일이 없었기 때문에 그녀는 나와 떨어지려고 하지 않았다. 그런데 내 직장에서 더 가까운 곳에 주 2실링짜리 하숙집이 있다는 말을 들었다고 하자(그때 나는 저축하는 데 열중하고 있었으므로 이만한 차액도 상당한 액수로 여겼다) 그곳으로 옮길 생각은 아예 말아 달라면서 앞으로 일주일에 2실링씩 깎아 준다고 했다. 그래서 나는 런던에 있는 동안 1실링 6펜스로 계속 그녀 집에 있었다.

그녀의 다락방에는 세상을 아주 등지고 사는 일흔 살의

미혼 여인이 있었는데, 집주인은 이 노부인에 대해서 다음과 같은 얘기를 들려주었다. 그녀는 로마 가톨릭교도로, 젊은 시절에 외국으로 가서 수녀가 되려고 수녀원에 들어갔다. 그러나 그 고장이 그녀의 건강에 맞지 않아 다시 영국으로 되돌아왔는데, 이곳에는 수녀원이 없기 때문에 이런 환경에서라도 될 수 있는 대로 수녀 같은 일생을 보내겠다고 결심했다는 것이었다. 그래서 그녀는 전재산을 자선사업에 기부하고 다만 생활비로 일 년에 12파운드만을 남겼다. 그 돈 중에서도 대부분을 자선에 사용하고, 자신은 죽만 먹고 살면서 죽을 끓이는 일 이외에는 불도 사용하지 않았다. 그녀는 오랫동안 그 방에 살고 있었다. 그 집 아래층에 연달아 세들어 사는 가톨릭교도들은 그 부인이 그곳에 사는 것을 하나의 축복으로 생각하고 있었기 때문에 무료로 거기에 그대로 살도록 허락했다. 한 신부가 매일 그 부인의 참회를 듣기 위해 방문했다. 나는 주인에게 그렇게 살고 있는 그 노부인에게 어떻게 참회할 일이 그토록 많을 수 있느냐고 물었더니, '아, 헛된 생각은 버릴 수 없는걸요.' 하고 대답하더라는 것이었다. 나도 한 번 허락을 받고 그녀를 방문한 일이 있었다. 그녀는 매우 쾌활했고, 친절했으며, 즐겁게 얘기를 했다. 방은 깨끗했으나 세간이라고는 이불 하나, 십자가, 한 권의 책을 놓은 테이블, 나에게 앉으라고 내준 의자, 그리고 굴뚝 위에 걸린 성 베로니카(예루살렘의 여인으로 예수를 불쌍히 여겨 손수건을 주었는데 예수가 그것으로 피투성이 얼굴을 닦았을 때 그 천에 그리스도의 얼굴이 새겨졌다고 함)가 손수건을 펴 들고 있는 그림뿐이었다. 손수건에는 피를 흘리고 있는 예수 그리스도의 얼굴이 나타나 있었는데 그녀는 엄숙히 그 내력을 설명해 주었다. 그녀는 창백한 얼굴을 하고 있었지만, 결코 병자는 아니었다. 그야말로 얼마나 적은 경비로 생명과 건강을 유지할 수 있는가를 증명해 주는 한 예라고 할 수 있었다.

와트의 인쇄소에서 나는 와이게이트라는 영리한 청년과 사귀게 되었다. 그에게는 부유한 친척이 있었기 때문에, 대부분의 인쇄공보다는 높은 교육을 받아 라틴어를 어느 정도 알고 있었고, 프랑스 어도 할 줄 알며, 독서도 좋아했다. 나는 두 차례 그와 그의 친구에게 댐즈 강에 가서 수영을 가르쳐 주었는데, 그들은 곧 헤엄을 잘 치게 되었다. 그들은 첼시왕립병원과 돈살테로 골동품 진열소를 구경하기 위해 수로로 첼시구에 갔는데 지바에서 온 몇 사람의 신사를 내게 소개했다. 돌아오는 길에 와이게이트로부터 자극받은 일행의 요청에 따라, 나는 옷을 벗고 강물에 뛰어 들어갔다. 나는 첼시 근처에서 블랙 프라이어즈까지 헤엄을 치면서 물 속과 물 위에서 여러 가지 묘기를 부려 그런 것을 처음 구경하는 사람들을 놀랍고 즐겁게 해 주었다.

나는 유년시절부터 수영하는 것에 기쁨을 느껴 데브노(프랑스의 수영선수. 1620~1692)의 저서에 나오는 몸의 동작과 자세를 전부 연구하고 연습했으며, 거기에다 내가 고안한 실용성과 우아하고 편한 방법을 보탰다. 이런 수영 솜씨를 이 기회를 이용해 동행자에게 보여 주었으며, 그들의 칭찬에 기분이 무척 우쭐해졌다. 수영의 명수가 되고 싶어 했던 와이게이트는 서로 비슷한 학문을 공부했다. 그래서 우리는 더욱더 친해졌다. 마침내 그는 가는 곳마다 우리의 직업인 인쇄일로 돈을 벌어 먹으면서 유럽 전역을 여행하자고 제의했다. 나도 처음 한때는 그럴 마음이 생겼으나, 틈날 때마다 함께 시간을 보냈던 친한 친구인 데남에게 그 이야기를 하자 그는 지금 펜실베니아로 돌아갈까 하는 참이니 나더러 딴 생각 말고 귀국하는 일만 생각하라고 충고하면서 그 생각을 단념하게 했다.

여기서 이 훌륭한 사람의 성격 한 단면을 적어 두어야겠다. 그는 전에 브리스틀에서 장사를 하고 있었는데, 실패해 여러 사람에게 빚을 지고 다 갚지 못한 채 미국으로 건너갔다. 그곳에서 그는 장사에 열중하여 수년 후에는 막대한 재산을 모았다. 그는 나와 함께 배를 타고 영국으로 돌아와서 옛 채권자들을 연회에 초대하여 그들이 관대하게 보아 준 것에 대해서 감사의 뜻을 표했다. 그들은 음식 대접만 받는 줄 알고 있었는데 최초의 요리가 치워지자 그 밑에서 그가 갚지 못한 원금과 이자 전액이 적힌 은행수표가 있는 것을 발견했다.

그때 그는 자기가 필라델피아로 돌아갈 것이며, 그곳에 가서 가게를 열기 위해 많은 상품을 가지고 갈 예정이라고 말했다. 그러면서 자기가 가르쳐 주는 대로 장부를 적고 그의 편지를 복사하며 가게를 돌보는 점원으로 나를 채용하겠다고 제의했다. 거기에 덧붙여 내가 장사에 밝아지는 대로 승진을 시켜 주어 밀가루나 빵 같은 것을 배에 싣고 서인도 제도로 가도록 해 주겠고, 수지 맞음직한 위탁판매 일을 맡겨 주겠으며, 내가 일을 잘 처리해 나가면 훌륭하게 독립시켜 주겠다고 말했다. 이 말을 듣고 나는 기뻤다. 런던에 싫증이 나 있던 나는 펜실베니아에서 지낸 행복했던 시절이 그리워 하루빨리 돌아가기를 원하고 있었다. 그래서 나는 펜실베니아 돈으로 연 50파운드를 받기로 하고 승낙했다. 그 액수는 식자공으로서 현재의 수입보다 적지만 보다 나은 장래를 기대할 수 있는 것이었다.

마침내 나는 인쇄업과는 영원히 작별한다는 생각으로 새로운 일에 종사하게 되었다. 갖가지 상품들을 구입하기 위해 데남을 따라서 상인들 사이를 뛰어다니고, 짐 꾸리는 것을 감독하고, 심부름도 하고, 인부들을 시켜 물품을 발송하는 일 따위를 했다. 모든 선적을 끝마치고 나니 2~3일의 틈이 생겼다.

그런데 어느 날 놀랍게도 윌리엄 윈덤 경 7세가 사람을 보내어 나를 불렀다. 이분은 어떻게 알았는지 내가 첼시에서 블랙 프라이어즈까지 헤엄쳐 간 사실과 몇 시간 내에 와이게이트와 그 친구에게 수영방법을 가르쳤다는 것을 알고 있었다. 그에게는 마침 여행을 떠나려고 하는 아들 두 명이 있었는데 여행에 앞서 아들들에게 수영을 가르쳐 주고 싶어 했고, 내가 두 아들들에게 수영을 가르쳐 준다고 하면 충분히 사례하겠다고 제의했다. 그러나 아직 그의 아들들은 상경하지 않았고, 나의 체재시간도 불확실했으므로 나는 그 일을 맡을 수 없었다. 이 우연한 일로 나는 영국에 눌러 있으면서 수영학교를 연다면 큰 돈을 손에 쥘 수 있으리라는 생각도 해 보았다. 내가 이런 생각에 마음이 움직인 것으로 볼 때 이런 제안이 좀 더 빨리 왔더라면 아마 나는 그토록 일찍 미국에 돌아오지 않았을 것이다.

아들아, 여러 해 전에 너와 내가 윌리엄 윈덤 경의 한 아들이며, 애그먼트 백작이 된 사람과 중요한 관계를 맺은 것을 기억할 것이다. 그 이야기는 나중에 다시 말할 것이다.

그렇게 해서 나는 런던에서 18개월 정도를 보냈다. 나는 대부분의 시간을 직업에만 충실했고, 연극을 보는 것과 책을 읽는 것 외에는 사사로운 시간을 허비하지 않았다.

친구인 랠프 때문에 나는 언제나 가난했다. 그는 나에게 27파운드를 빌려 갔지만 돌려받을 가망이 없었다. 그럼에도 불구하고 나는 그를 사랑하고 있었다. 그에게는 여러모로 상냥한 성격이 있었기 때문이었다. 나는 결코 재산을 모으지는 못했지만 매우 재주 있는 친구 몇 사람을 얻었고, 그 사람들과 이야기를 나누었던 것은 나에게 대단히 유익했다. 나는 독서도 상당히 많이 했다.

우리가 탄 배는 1726년 7월 23일 그레이브샌드 항(런던 동쪽 24마일 지점에 위치한 항구)을 출발했다. 이 항해 중에 생긴 일은 나의 일지를 보아라. 거기에 자세히 기록해 놓았으니 너는 그 사실들을 알게 될 것이다. 그 일지 중에서 가장 중요한 부분은 장래 생활의 규율을 위하여 배 안에서 내가 생각해서 적어 놓은 처세 방안일 것이다. 이것을 만들었을 때 나 자신이 그렇게 젊었다는 것과 노년기에 이를 때까지 꽤 충실히 지켜 왔다는 것을 생각하면 그것은 한층 주목할 만한 값어치가 있는 것이다.

10월 11일 필라델피아에 도착해 보니 그곳은 많은 변화가 있었다. 키드는 벌써 지사를 그만두었고, 고든 소령(1726~1736년까지 펜실베니아의 지사를 지냄)이 그 자리에 취임해 있었다.

나는 한 시민으로 길을 걸어가고 있는 키드를 우연히 만났다. 그는 나를 보자 약간 미안한 듯한 표정을 지었으나, 한마디 말도 하지 않은 채 그냥 지나가 버렸다. 나도 리드 양을 만났으면 그와 마찬가지로 부끄러운 생각이 들었을 것이다. 그녀의 친구들이 나의 편지를 보고 나는 이미 다시 돌아올 사람이 아니니 체념하고, 내가 없는 동안 그녀를 설득시켜 도공인 로저스라는 다른 남자와 결혼시키지 않았더라면 말이다. 그러나 그녀는 그 남자와의 결혼생활이 행복하지 않았다. 결혼 후 얼마 안 되어서 그녀는 그 남자와 헤어졌으며, 그의 성을 따르는 것조차 거부했다. 그 남자에게는 다른 부인이 있었다고 한다.

그는 기술이 뛰어난 도공으로, 그녀의 친구들도 그 점에 홀렸던 것인데, 그는 쓸모없는 사람이었다. 그는 빚에 몰리자 1727년엔가 28년에 서인도제도로 도망쳐서 그곳에서 죽었다. 키머는 이전보다도 훨씬 훌륭한 집을 사서 문방구류와 새로운 활자도 많이 갖추어 놓고, 그다지 유능한 직공은 아니었지만 직공도 몇몇 고용하는 등 사업이 꽹장히 번창하고 있는 것 같았다.

데남이 워터 가에 점포를 구해서 우리들은 거기에 짐을 풀었다. 나는 일을 열심히 했고 부기도 배워서 얼마 뒤에는 물건 파는 일에도 단단히 한몫하게 되었다. 우리는 함께 숙식을 했다. 그는 진정으로 내 일을 걱정해 주고 마치 아버지처럼 자상하게 대해 주었다. 나도 그를 존경하며 흠모하고 있었다. 이대로라면 우리는 매우 행복하게 살아갈 수 있을 것 같았다. 그런데 1727년 내가 21세가 되던 그 해 2월 초, 우리 두 사람이 모두 병에 걸렸다. 나의 병은 늑막염으로 매우 병세가 심해서 자칫 죽을 뻔했다. 나는 고통이 너무 심해서 도저히 회복될 수 없을 것이라 각오하고 있었다. 그러나 병이 조금씩 호전될 기미가 보이자 오히려 나는 맥이 풀리고 이상한 기분이 들었다. 얼마 안 가서 다시 이 불쾌한 병이 재발할지도 모른다는 생각에 오히려 나는 견딜 수 없는 불안에 휩싸이곤 했다. 데남의 병은 무슨 병이었는지 기억이 나지 않지만 오랫동안 그를 괴롭히다가 결국은 그의 목숨까지 앗아가 버리고 말았다. 그는 내게 호의의 징표로 구두 유언에 의해 소액의 유산을 물려 주었다. 그의 가게는 지정 유언 집행인이 관리하게 되었고, 그와 나와의 고용 관계는 취소되었기 때문에 또 다시 나는 넓은 천지에 외톨이가 되고 말았다.

이즈음 필라델피아에 있던 매부 홈즈는 내게 본래의 직업으로 돌아가라고 권했다. 키머는 내게 1년 계약으로 상당한 대우를 할 것이라며 자기 인쇄소 일을 맡아 달라고 청해 왔다. 그는 주로 문방구점 일에 주력하여 규모를 좀 더 확장시킬 생각이었다. 나는 런던에 있을 때, 그의 인품이 좋지 않다는 것을 그의 아내와 친구들을 통해 알고 있었기 때문에 그와 함께 더 이상 일을 하고 싶지 않았다. 나는 점원이 되고 싶어서 그쪽으로 한층 더 일자리를 알아보았지만 그런 자리를 좀처럼 구할 수 없어서 어쩔 수 없이 키머의 청에 따랐다.

이 인쇄소에는 다음과 같은 직공들이 있었다. 휴 메러디스, 그는 웨일즈 계통의 펜실베니아 사람으로 나이는 서른, 농사를 짓고 있다가 전업한 성실하고 상식도 있고 착실히 경험도 쌓고 독서도 좋아하지만 술을 과도하게 즐기는 사람이었다. 스티븐 포트, 그는 겨우 만 20세의 농촌 출신 청년으로, 이상한 천성이 있었고, 매우 명석했으며, 유머도 풍부했지만 조금 게을렀다. 이 두 사람을 키머는 매우 싼 보수로 고용하고 있었는데, 차츰 일을 잘하게 되자 3개월마다 1실링씩 올려 줄 약속을 했다. 훗날에 약속된 보수를 받을 수 있을 것으로 생각하며 두 사람은 키머 밑에서 참고 있었다. 메러디스는 인쇄공으로, 포트는 제본공으로 일하면서 그들에게 키머가 일을 가르쳐 주기로 되어 있었지만, 사실 키머는 두 가지 일에 대해서는 거의 백지 상태였다. 난폭한 아일랜드 사람인 존은 전혀 교육을 받지 못해서 아무 일도 할 줄 몰랐다. 이 사람은 키머가 어느 배의 선장으로부터 사서 4년 간의 고용 계약을 맺고 역시 인쇄공이 된 셈이었다. 조지 웹은 옥스퍼드의 학생으로, 그 역시 4년 간 계약으로 사 온 것이었다. 키머는 그를 식자공으로 만들 작정이었다. 이 남자에 대해서는 다음에 다시 자세히 언급하겠다. 그 밖에 데이비드 헤리라는 시골 소년이 있었는데, 그는 견습공으로 고용된 것이었다.

나는 키머가 지금까지 지급한 적이 없는 파격적인 보수로 나를 채용한 것은 백지 상태인 이들을 형편없는 임금으로 고용해서 내 손을 빌어 쓸모있는 직공으로 만들 생각이었다는 것을 곧 알아차렸다. 일단 내가 그들에게 가르쳐 주기만 한다면 그들은 계약 조건에 얽매여 있기 때문에 내가 없더라도 일을 해 나갈 수 있으리라 생각했다. 그러나 나는 매우 명랑한 기분으로 일했고, 그야말로 지저분한 인쇄소를 깨끗이 정돈한 다음, 직공들에게도 자기가 맡은 일을 잘해나갈 수 있도록 주의도 시키고 가르쳤다.

옥스퍼드의 학생쯤이나 되는 사람이 팔려간 종(당시 영국에서 식민지로 건너가 그 도항비渡航費를 보상하기 위하여 일정 기간 동안 일할 의무를 지닌 사람을 말한다)의 신세가 되어 있는 것은 괴이한 일이었다. 그는 18세도 채 되지 않았다. 그의 성장 과정에 대하여 들어보면 그는 글로스터에서 태어나 라틴어 학교에 다녔다고 했다. 그 학교 학생들이 연극을 했을 때, 자신이 맡은 역할을 멋지게 잘해 보였기 때문에 학생들의 인기를 독차지했다고 했다. 그는 그 밖에 그 지방의 위티 클럽이라는 단체에 가입해 몇 편의 시와 산문을 썼는데 그 작품은 글로스터 신문에도 게재되었다. 그 뒤 옥스퍼드에 입학하여 1년쯤 다녔지만 런던으로 가서 배우가 될 생각을 하고 있던 그에게는 학교생활이 만족스럽지 못했다. 그러다가 3개월 분의 수당 15기니를 받아 빚은 갚지도 않고 그곳을 떠나, 학생복은 잡초 우거진 숲속에 버리고 런던까지 걸어갔다고 했다. 그러나 런던에는 의지할 만한 친구도 없고, 이리

저리 헤매다가 나쁜 친구들과 어울리게 되는 바람에 몇 푼 안 되는 돈마저 탕진해 버렸다. 배우가 되도록 소개해 줄 만한 연줄도 없고 돈도 떨어져 입고 있던 옷을 전당포에 잡히고 나니 그는 당장 빵 한 조각 살 돈도 없었다. 허기진 배를 움켜쥐고 거리를 걸어가고 있을 때 그는 유괴마의 꾀임 쪽지를 우연히 보게 되었다. 그 내용은 아메리카에서 일하겠다는 계약을 하면 당장 음식도 주고 수당도 받을 수 있다는 것이어서 궁한김에 그 길로 계약서에 서명하고 배에 올라 아메리카로 건너 온 것이었다. 이런 사실을 가족에게 알리지도 않았다. 그는 발랄하고 영리했으며 성품도 착하고 유쾌한 청년이었지만, 게으르고 분별력이 없어 지독하게 경솔했다.

아일랜드 출신의 존은 얼마 후에 도망쳤다. 그 밖의 직공들과 나는 사이좋게 지냈다. 키머로부터 그들은 아무것도 배울 수 없었지만, 내게서는 무엇이든 일을 배울 수가 있어서 그들은 나를 존경했다. 그곳의 재능 있는 사람들과의 교제도 많아졌고, 토요일은 키머의 안식일이어서 일을 하지 않았으므로 우리는 일주일에 이틀은 독서를 할 수 있었다. 키머도 아주 정중하게, 아무튼 겉으로는 중요하게 나를 대접해 주어서 버넌과의 빚 문제 외에는 마음에 부담될 일이 전혀 없었다. 여태껏 경제와 잘 운용하지 못해 아직 돈을 돌려주지 못했는데 고맙게도 그는 독촉하지 않았다.

우리 인쇄소에서는 자주 활자가 부족했다. 하지만 미국에는 활자의 주조소가 없었다. 나는 런던에 있을 때 제임스 집에서 활자 주조 과정을 보기는 했으나 그다지 세밀하게 눈여겨보지 않았기 때문에 잘 알지 못했다. 그러나 나는 주형을 고안해서 우리가 가지고 있는 활자를 써서 납에 글자를 박아, 그런 대로 멋지게 부족한 활자를 만들 수 있게 되었다. 이따금 그 밖의 것도 조각해서 썼고, 잉크도 만들었고, 창고지기도 하는 등 무엇이나 다 해냈다. 즉, 만능인이었다.

그러나 아무리 내가 요긴하다 해도 다른 직공들의 기능이 숙달되기 시작하자 나의 용무는 날로 그 중요성을 잃어가고 있었다.

키머가 나의 두 번째 3개월분 급료를 줄 때 그는 그 급료가 너무 힘겹다고 하소연하면서 내가 나의 급료를 감액해 줄 것을 바랐다. 그는 점차 거만해졌고 차차 주인 행세를 하면서 이따금 결점을 찾아내어 흠잡아서 언제라도 좋지 않은 일을 돌발시키려 벼르고 있는 것 같았다. 그래도 그의 빚을 진 형편이 조금은 그 원인일 거라 생각하고 나는 많이 참았다. 마침내 사소한 일로 우리 관계는 깨어졌다. 재판소 근처에서 큰 소리가 들리기에 나는 무슨 일인가 싶어 창문 너머로 내다보고 있었는데, 그때 키머는 거리에 있다가 나를 쳐다보며 욕설을 퍼붓는 것이었다. 사람들 앞에서 그런 모욕을 당하자 나는 울컥 화가 치밀어올랐다. 그때 밖을 내다보고 있던 인근 사람들은 내가 어떻게 취급되고 있는지 다 알아 버렸다. 그는 곧 인쇄소로 올라와서 싸움을 계속했고, 우리는 서로 거친 소리로 욕설을 퍼부어 댔다.

우리는 계약을 해제할 경우 3개월 간의 예고 기간을 둘 것을 정해 놓고 있었는데, 그는 당장 그 통고를 하면서, 이렇게 긴 예고 기간을 정했던 것이 유감천만이라고 말했다. 나는 유감이라고 생각할 필요는 없다며, 이렇게 된 바에야 잠시라도 여기 머물 필요는 없다고 대답하고 모자를 집어들고 밖으로 나와 버렸다. 메러디스가 아래층에서 보고 있었으므로 내 물건을 챙겨서 나중에 하숙 집으로 보내 달라고 부탁했다.

부탁한 대로 메러디스가 저녁 때 나의 하숙으로 짐을 가져왔을 때 우리는 앞으로의 일을 상의했다. 그는 나를 아주 존경하고 있었으므로 자기는 그대로 남아 있는데 내가 인쇄소를 그만두는 것을 퍽 섭섭해 하고 있었다. 나는 고향으로 돌아갈까 생각한다고 하자 그가 극구 말렸다. 그의 말에 의하면, 키머는 지금 사용하고 있는 시설을 거의 빚을 내어 구입했기 때문에 돈을 빌려 준 사람들이 걱정을 하기 시작했다고 했다. 상점 경영은 서툴고, 현금이 궁할 때는 밑지면서 팔아넘기며 가끔 장부에도 달지 않고 외상을 주는 등, 아주 형편없다고 했다. 그러니까 그는 틀림없이 실패할 것이니 이 기회에 한번 나서 보라는 것이었다. 그러나 나는 돈이 없다고 반대했다. 그러자 그가 말하기를, 자기 아버지가 나를 매우 좋게 보고 있으며 지금까지 아버지의 말을 새겨 보면, 자기와 내가 짝이 된다면 개업에 필요한 자금쯤은 당장에 융통해 줄 것이라고 했다. 그는 계속해서, 자기와 키머와의 계약 기간은 봄이 되면 끝나며, 그때까지는 인쇄기와 활자를 런던에서 사 올 수 있을 것이라고 했다. 또한 그는 아직 숙련공이 못 되고, 자신도 그것을 잘 알고 있다고 했다. 그러니 나만 좋다면 자신이 자금을 대고, 나는 일을 맡고 이익을 각각 반으로 나누자고 했다.

그 제안이 마음에 들어 나는 승낙했다. 그의 아버지는 그곳에 와 있었는데 이 제안에 찬성했다. 그는 내 말이 그의 아들에게 미치는 영향력이 크다는 것을 이미 알고 있었다. 오랫동안 나는 그를 설득하여 그의 못된 술버릇을 고치게 했다. 그의 아버지는 그런 사실로 인해 더욱 동업에 찬성했고, 우리 둘 사이가 깊은 관계로 맺어졌을 때 아들의 나쁜 습관마저 아주 버릴 수 있기를 기대했다. 나는 그의 아버지에게 필요한 인쇄 자재의 품목을 적어 건네자 그는 즉시 상인에게 가지고 갔다. 주문은 했으나 그것들이 도착할 때까지는 일체 비밀에 붙이기로 했다. 그동안에 할 수만 있다면 나는 다른 인쇄소에서 일하려고 했다. 그러나 마땅히 빈 자리가 없어서 며칠 놀고 있는데, 키머가 느닷없이 정중하게 말을 전해 왔다. 그는 뉴저지 주의 지폐 인쇄일을 맡게 될 형편이었는데 그 일에는 커트라든가 그 밖에도 여러 가지 활자가 필요하며, 그것을 만들 수 있는 사람은 나밖에 없다는 것을 알고 있었다. 그리고 만일 경쟁자 브래드포드가 나를 고용해서 그 일을 그에게서 가로챌지도 모른다는 걱정을 하기에 이르게 되었다. 그는 오랜 친구 사이에 한때의 노기 怒氣로 몇 마디 언쟁한 것을 가지고 갈라서서야 되겠느냐며, 부디 다시 돌아와 주었으면 한다는 말을 전했다. 메러디스도 승낙하라고 권했다. 그렇게 되면 내게서 일을 더 배울 수 있을 것이라는 것이었다. 그래서 나는 되돌아가서 카머와는 이전보다도 다소 사이좋게 얼마 동안 지내게 되었다.

뉴저지 주의 지폐일을 맡았으므로 나는 동판 인쇄도 연구했다. 그것은 이 나라에서는 최초의 것이었다. 나는 지폐의 장식 도안과 여러 가지 모양의 선도 조각했다. 우리는 함께 벌링턴에 갔고, 나는 일 전체를 만족스럽게 끝냈다. 그는 이 일 덕택에 거액을 손에 넣었으므로 당분간 빚지지 않고 지내게 되었다.

벌링턴에서 나는 그 지방의 유력자들과 가까워질 수 있었다. 그중의 몇 사람은 주 의회에서 임명한 위원이었다. 그들은 법률로 정해진 수량을 초과하지 않도록 인쇄하는 곳에 가서 감독하는 임무를 띠고 있었다. 그렇기 때문에 차례로 그들은 돌아가면서 한 사람씩 우리 인쇄소에 왔다. 그런데 그들은 대개 한두 사람을 얘기 상대로 데리고 왔다. 책을 많이 읽었기 때문에 나는 키머보다는 머리가 깨어 있었다. 내 말이 존중받는 것은 그 때문이었다. 그들은 나를 자기네들 집으로 초대한다든지 다른 친구를 소개해 주는 등 대단한 친절을 베풀었다. 키머는 주인인데도 약간 소홀한 대접을 받았다. 사실 그는 기묘한 데가 있었다. 그는 세상 물정엔 전혀 관심이 없고 상식적인 의견에는 덮어놓고 반대하기 좋아했으며, 게으르기 때문에 더럽고, 종교적인 면에서는 열광적인 경향이 있었지만, 그러면서도 불량한 점이 있었다.

우리는 3개월 가까이 벌링턴에 머물렀다. 그 3개월 동안에 가까이 지낸 사람들은 알렌 판사, 주의 서기관인 사무엘 버스틸, 아이자크 피어슨, 조셉 쿠퍼, 주 의회 의원인 스미드 가家의 몇몇 사람, 그리고 측량 감독관인 아이자크 디코우 등이었다. 마지막에 언급한 디코우는 예민하고 영리한 노인이었다. 그의 지난 이야기를 들으면, 젊어서 독립했을 때 흙을 수레로 실어다가 벽돌공에게 운반해 주면서 측량 기술을 익혀, 근면하게 일한 덕분에 지금은 훌륭한 지위와 재산까지 모으게 되었다고 했다.

"자네는 머지않아 이 사람의 일을 빼앗아서, 필라델피아에서 한 재산 톡톡히 모을 것일세."

그 순간 그는 그렇게 말했지만, 내가 필라델피아든 그 밖의 어느 곳이든 독립할 계획을 세우고 있다는 것은 전혀 눈치채지는 못했다. 이 친구들이 훗날 내게 큰 도움이 되었으며, 때로는 내가 그들을 돕는 경우도 있었다. 그들은 모두 내게 경의를 표했다.

사업으로 세상에 발을 내딛는 이야기를 하기 전에 내 생활의 원칙과 도덕관에 관한 당시의 정신 상태를 말해 두는 것이 좋을 것 같다. 그렇게 되면 그런 것들이 어느 정도 그 후의 여러 일들에 어떤 영향을 미쳤는지 알 수 있을 것이다. 나의 부모님은 일찍이 내게 신앙심을 일깨워 주셨고, 유년 시절을 통해 경건히 비국교 파의 방향으로 인도하려고 했다. 그러나 여러 가지 책을 읽은 결과, 몇 가지 부분에서 이론異論이 있었으므로 그 교파의 교의가 차츰 의심스러워졌고, 겨우 15세가 되었을 때는 성서 자체에 대한 의구심까지 생겼다.

마침 자연 신교를 논박한 몇 권의 책이 입수되었는데, 그 책들은 보일[1]의 기념 강연에서 연설한 설교의 골자를 베낀 것이었다. 그런데 그 책들은 본래의 목적과는 달리 정반대의 영향을 내게 주었다. 왜냐하면 논박을 위해 인용한 자연 신교의 논의가 내게는 논박하는 쪽보다는 정론으로 유력하게 생각되었기 때문이다. 그래서 나는 그만 자연 신교자가 되어 버렸다.

나의 지론 때문에 다른 몇몇 사람들도 배교자가 되었다. 특히 콜린스와 랠프가 그러했다. 이 두 사람은 내게 크게 신세를 지고 있으면서도 전혀 뉘우치지 않았다. 키드(그도 자유사상가의 한 사람이었다)의 나에 대한 태도라든가, 버넌이나 리드 양에 대한 태도(이는 나를 자주 괴롭힌 일이지만) 등을 생각해 볼 때, 이 교의는 진실일지는 모르겠지만 그다지 유용하지 않다는 의심이 들기 시작했다.

1725년에 런던에서 인쇄한 나의 팸플릿[2]에는 드라이든[3]의 다음과 같은 싯구가 표어로 실려 있다.

> 존재하는 것은 모두가 옳은 것이다.
> 그러나 무지한 인간은
> 사슬의 일부 중 가장 가까운 거리만을 보고,
> 무릇 윗고리의 균형을 맞추는
> 저 저울대에는 눈이 닿지 않는구나.

무한한 지혜, 자비심, 그리고 능력을 하나님의 속성에서 생각해 본다면 이 세상에 악이라는 것은 있을 수 없는 것이다. 미덕과 악덕은 구분할 필요도 없을뿐더러 그런 것은 존재하지도 않는다고 결론을 내렸다.

---

1) 보일 : Robert Boyle 1627~1691. 아일랜드의 물리학자, 화학자. '화학의 아버지'라 불리며, 일생 동안 독실하고 경건한 청교도로 연구와 강연에 열심이었다.
2) 팸플릿 : 《자유와 필연, 쾌락과 고통에 대한 논문》을 가르킨다.
3) 드라이든 : 17C 후반 영국의 계관시인. 위의 인용구는 비극 《에디파스》에서 인용, 원시와는 많은 차이점을 보인다.

하지만 지금은 이전에 생각했던 것만큼 그 논문이 지혜로운 논문이라고는 생각하지 않는다. 형이상학 문제의 추리에 흔히 있듯이 나의 지론에도 미처 깨닫지 못한 오류가 있었기 때문에, 나는 그 이후의 것도 다 틀리지 않았을까 하고 의심했다.

나는 인간과 인간 사이의 교제에서 진실, 성실, 그리고 강직성이 인간 생활의 행복에 가장 중요하다는 것을 믿게 되었으며, 평생 그렇게 실천할 생각으로 결심한 바를 기록해 두었다. 그것은 지금도 나의 일지에 남아 있다. 성서는 그 자체로는 내게 중요하지 않다. 그러나 나는 어떤 종류의 행위가 성서에서 금하고 있기 때문에 악이 되는 것이 아니고, 성서에서 명령하고 있기 때문에 선이 되는 것이 아니라, 확실히 그런 행위는 모든 환경을 고려한 후에 본디부터 우리에게 해롭기 때문에 금지된 것이고, 유익하기 때문에 그렇게 하는 것이라는 생각을 지니고 있다.

하나님의 섭리 때문일까, 수호천사의 도움에서일까, 우연히 환경의 덕을 본 것일까, 또는 그 모든 것의 덕을 본 것일까, 이러한 신념을 지녔기 때문에 아버지의 감독과 교육 하에 있지 않고 멀리 모르는 사람들 틈에서 때때로 위험한 경우에 빠졌음에도 불구하고, 나는 이 위험성 많은 청년기를 통해서 종교심의 결여에서 자칫하면 빠지기 쉬운 '어쩔 수 없는' 천박한 부도덕이라든가 비행을 범하지 않고 지낼 수 있었다. 내가 '어쩔 수 없는'이라고 특별히 내세우는 것은 이미 언급한 것처럼 나의 몇 가지 과실이 내가 젊고 경험이 부족한 탓에 행해진 것도 있었겠지만, 상대가 파렴치한이었다는 것을 상기하면 어느 정도 부득이한 것이었다고 생각한다.

아무튼 이렇게 해서 내가 드디어 자립할 때 나는 상당한 견식도 갖추게 되었다. 나는 이것을 소중히 간직하고 언제까지나 지켜 나가기로 결심했다.

우리가 필라델피아에 돌아온 얼마 후에 런던으로부터 활자가 도착했다. 우리는 키머와의 관계를 청산하고, 그가 우리의 계획에 대해 전해 듣기 전에 그의 승낙을 받아 떠났다. 우리는 시장 근처에 세놓은 집을 빌렸다. 나중에는 집세가 70파운드까지 올라갔지만 그 당시에는 일 년에 24파운드였던 집세를 줄이기 위해 우리는 유리 장수 토머스 고드프리의 가족을 끌어들였다. 집세의 상당한 부분을 그들이 부담했고, 우리의 취사도 그들이 맡아 주었다.

우리가 활자를 꺼내고 인쇄기를 정돈하자마자, 나와 알고 지내는 조지 하우스가 거리에서 인쇄소를 찾고 있던 시골 사람을 만나, 그를 데리고 왔다. 필요한 여러 가지 비품을 구입하느라 가지고 있던 현금이 바닥나 있던 참이라, 이 시골 사람이 지불하고 간 5실링은 적당한 때에 손에 들어온 것이며, 최초의 수입이어서, 그 기쁨은 그 뒤에 벌었던 크라운 은화와는 비교도 할 수 없을 만큼 대단한 것이었다. '그래서 그러는구나'라고 생각할 만큼, 조지 하우스에 대한 감사의 뜻으로 나는 지금까지도 젊어서 독립한 사람들에게 자진해서 원조하고 있다.

어느 나라에나 불길한 예언자들이 있다. 이런 자들은 언제나 불길한 예언을 퍼뜨리고 다니는데, 필라델피아에도 그런 사람이 있었다. 그는 현인과 같은 얼굴에 제법 정중한 말투를 구사하는, 이름이 나 있는 나이가 지긋한 사람이었다. 그의 이름은 사무엘 미클리였다.

나와는 안면이 없었는데, 이 신사가 어느 날 문 앞에 멈추어 서서 내게 최근에 새로 인쇄소를 개업했다는 젊은이냐고 물었다. "그렇습니다."라고 내가 대답하자, 그는 "그것 참 안 됐구료. 꽤 자본이 많이 든 것 같은데, 그 자본은 손해 볼 거요. 왜냐하면 필라델피아는 이제부터 쇠퇴하기 시작한 곳이기 때문이오. 이곳 사람들은 반쯤은 파산하든가 그렇지 않으면 그저 그런 상태를 면하지 못하고 있지요. 지금 신축 건물도 들어서고 집세가 오르고 해서, 얼핏 보기엔 그 반대로 보일 수도 있지만 내가 알기로는 그것은 희망적인 것이 아니오. 사실 그런 일들이 우리를 파멸시키고 있어요."라고 말했다.

그리고 그는 현재 일어나고 있거나 앞으로 일어날 여러 가지 불행한 일들을 상세하게 이야기했다. 그 때문에 그가 떠나간 뒤에 나는 우울증에 사로잡혀 지냈다. 사업을 시작하기 전에 그를 만났더라면, 아마 나는 무서워 이 일을 시작하지 않았을지도 모른다.

그는 쇠퇴해 가는 이 지방에 계속 살면서도 언제나 그 따위 말을 퍼뜨리고 다녔고, 모두가 파멸하리라고 예언하며 몇 해 동안 이곳에서 집을 사지 않고 있었다. 그러나 마침내 처음 불길한 말을 퍼뜨렸던 때보다 5배나 더 비싼 값을 주고 그가 집 한 채를 산 것을 보고 나는 쾌재를 부르지 않을 수 없었다.

이야기는 전후가 뒤바뀐 감이 있지만 작년(1727년) 가을에 나는 유능한 친구들을 불러 놓고 상호 발전을 위하여 '잔토'라는 클럽을 만들었다. 우리는 매주 금요일 저녁에 모였다. 회칙도 내가 기초했는데, 그것에 의하면 각 회원은 차례로 윤리, 정치, 그리고 물리학상의 문제에 관하여 적어도 한 가지 정도는 회원들과 토론을 갖기로 했다.

3개월에 한 번씩은 어떤 제목이라도 상관없이 회원은 자기가 논문을 써서 제출하여 낭독하기로 결정했다. 토론도 의장의 사회 아래 의논을 위한 의논이나 논박을 위한 토론이 아니라 진리 탐구라는 진지한 목적으로 진행하기로 했는데, 토론이 싸움조로 진행되는 것을 피하기 위하여 독단적인 말이나 전면 반대론 등은 금지하기로 했으며, 그 금지 조항을 지키지 않은 사람은 소액이지만 벌금을 내도록 규정했다.

 최초의 회원은 다음과 같았다.

 조셉 브렌트널은 공증인의 증서 대필가였다. 그는 솔직한 성품으로 친구를 크게 생각해 주는 중년 남자였다. 시를 굉장히 좋아했고, 책이라면 무엇이건 닥치는 대로 읽는데다 스스로 글을 쓰기도 했다. 그는 자질구레한 장신구를 만드는 재주가 있었고, 말솜씨도 이만저만이 아닌 영민한 사람이었다.

 토머스 고드프리(1704~1749)는 독학한 수학자였다. 그는 이 방면에 있어서는 대가이며, 후에 '해들리의 사분의'라고 하는 것을 발명한 사람이다. 그런 그는 자기 전문 이외의 것은 아는 바가 거의 없고, 사람들이 좋아하는 편도 아니었다. 내가 알고 있는 위대한 수학자들이 대개 그러하듯이 그도 다른 사람의 말에 대하여 보편적인 정확성을 요구했고, 언제나 사소한 일로 부정해 본다거나 구별지어 보는 등 여러 사람의 이야기 진행을 가로막아 못 견딜 지경이었다. 그는 얼마 안 되어 탈퇴해 버렸다.

 니콜라스 스컬은 측량사인데, 나중에 측량 감독관이 되었다. 그는 책을 좋아했고 이따금씩 시도 썼다.

 윌리엄 파아슨은 원래 구둣방 직공이었다. 독서를 좋아해서 처음에는 점성학을 연구할 목적으로 수학을 열심히 공부하여 상당한 대가가 되었지만, 후에는 그것이 비웃음만 샀다. 그도 역시 측량 감독관이 되었다.

윌리엄 모리지는 아주 뛰어난 기술을 지닌 가구공家具工으로, 착실하고 영리한 인물이었다.

휴 메러디스, 스티븐 포트, 조지 웹의 인물됨에 관해서는 앞에서 말했다.

로버트 그레이스는 다소 재산을 가진 청년 신사로, 호방한 성격에 원기가 넘치며, 기지奇智가 있고, 화술이 뛰어났으며, 친구 사귀기를 좋아했다.

그리고 윌리엄 콜맨은, 당시 어떤 상인의 최고참 점원으로, 나이는 나와 비슷했다. 내가 아는 사람 중에서는 가장 침착하고 명석한 두뇌와 선량한 마음과 엄숙한 도덕관을 지닌 사람이었다. 그는 훗날 유명한 상인이 되었고, 우리 주의 판사가 되기도 했다. 나와의 친교는 그가 죽기까지 40년 이상 계속되었다.

이 클럽 역시 그때까지 존속했는데, 당시 주 안에서 가장 우수한 철학, 도덕, 그리고 정치를 토론하는 학교라 해도 과언이 아니었다. 왜냐하면 클럽에서 낭독되는 문제는 일주일 후에 토론에 붙여져서 자연히 우리가 그동안에 상당한 이야기를 나눌 수 있도록 그때그때의 문제에 관하여 주의 깊게 공부하도록 했다. 그러한 연구와 토론은 회칙에 의해 진행되었고, 상대방을 불쾌하게 만드는 발언은 서로가 피했으므로, 우리에게는 점잖은 대화 습관이 생겼다. 클럽이 오래 계속된 것도 그 때문이었다. 이 클럽 얘기는 앞으로도 가끔 언급이 될 것이다.

그러나 내가 여기서 이 얘기를 하는 것은 그 당시 내 주위에 어떤 후원자가 있었는지 소개하고 싶기 때문이고, 그들은 모두 애를 써서 내게 일을 얻어 주곤 했기 때문이다.

특히 브렌트널은 퀘이커교도가 그들의 역사를 쓴 40매를 인쇄하는 일을 알선해 주었다. 나머지는 키머가 하기로 되어 있었다.

이 일은 인쇄비가 싸서 우리로서는 힘이 들었다. 그것은 파이카 활자로 본문을, 긴 프라이머 활자로 주석을 단 2절판 책이었다. 내가 하루에 한 장씩 조판을 하고 메러디스는 그것을 인쇄해 갔다. 작업을 다 마치고 나면 종종 밤 11시, 더러는 더 늦은 날도 많았다. 다음 날의 작업을 위한 활자의 해판解版을 하기 전에 다른 친구들이 가끔 얻어 주는 자질구레한 일 때문에 일은 예정보다 더 늦어졌다. 그러나 나는 하루에 한 장씩은 반드시 하겠다고 굳게 결심했다.

그러던 어느 날 밤엔가는 조판을 모두 끝마치고 오늘 하루 일도 끝났다고 생각했을 때, 어찌된 셈인지 한 판이 망가져서 두 페이지 분을 못 쓰게 된 적이 있었다. 나는 즉시 해판했다. 모두 재조판이 끝나기 전에 자리를 뜨지 못했다.

이러한 나의 부지런함이 이웃사람들의 눈에 띄어 나는 차츰 평판도 좋아지고 신용도 얻게 되었다.

특히 나는 이런 얘기도 들었다. 상인들이 매일 밤 모이는 클럽에서 새로 개업한 인쇄소 얘기가 나왔을 때, 이곳에는 이미 키머와 브래드포드라는 두 인쇄소가 있기 때문에 우리 인쇄소는 반드시 실패할 것이라는 소문이 자자했다고 했다.

그렇지만 베어드 박사(훨씬 뒤에 스코틀랜드의 세인트 앤드루스에서 너와 내가 함께 만난 사람이다*)의 의견은 정반대였다. "왜냐하면 저 프랭클린처럼 일하는 사람을 나는 여태껏 본 적이 없어요. 그는 내가 클럽에서 집으로 돌아갈 때까지도 일을 하고 있고, 아침에는 다른 사람들이 일어나기도 전에 벌써 일을 하고 있기 때문이지요." 하고 그는 말했다.

이 말이 다른 사람들을 감동시켜, 그 뒤 얼마 안 되어 문방구를 제공하겠다는 사람이 나타났다. 그러나 우린 아직 소매상을 할 생각이 없었다.

자신의 근면성을 자세하게 늘어놓는 것이 마치 내 자랑같이 보이겠지만, 이 글을 읽을 내 후손들이 이야기를 통해서 근면의 효과가 나에게 얼마나 유리했던가를 알 때, 그들이 근면의 효용을 알게 될 거라 생각하고, 나는 이 근면을 보다 더 자세하고 스스럼없이 이야기하고자 한다.

조지 웹은 돈을 빌려 주는 친구가 생겨서 그 돈으로 키머와의 남은 고용 계약을 해약하고 일용직이라도 좋으니 자

---

*프랭클린은 스코틀랜드의 항구 도시에 위치한 세인트 앤드루스대학에서 법학박사 학위를 받게 되어, 1759년에 아들 윌리엄과 함께 이곳을 방문했다.

기를 채용해 달라고 우리 인쇄소에 찾아왔다. 그때 형편으로는 그를 고용할 수 없었지만 나는 경솔하게도, "이건 비밀이지만 머지않아 우리가 신문을 하나 시작할 작정이니까, 그때는 자네도 함께 일할 수 있을 걸세." 하고 털어놓고 말았다. 내가 그에게 이런 말을 한 만큼 이 계획은 희망적이었다.

그 당시의 신문이라고는 브래드포드가 발행하는 단 한 가지뿐이었다. 그 신문은 보잘것없는 신문으로, 유치한 내용에 경영도 부실했고, 재미가 없다는 평을 듣고 있었다. 그런데도 수지가 맞는다고 하니 그보다 훨씬 충실한 내용의 좋은 신문을 만든다면 환영받지 못할 것 없다고 나는 간단히 생각하고 있었다.

나는 웹에게 다른 사람한테는 이런 얘기를 비밀에 붙여야 한다고 당부했는데도, 그는 키머에게 이 말을 해 버렸다. 그러자 키머는 선수를 써서 자기가 신문을 발행할 계획이 있다고 공표해 버렸다. 웹은 그 일을 하기 위해 채용되기로 약속받았다.

이쯤 되자 나는 속이 몹시 상했지만, 당장 우리가 신문을 발행할 수 없었기 때문에 방해 공작으로 '날뛰는 자'라는 제목으로 재미있는 얘기를 몇 편 써서 브래드포드 신문의 여흥란에 게재했다.

브렌트널이 그 뒤를 이어 몇 개월인가 계속 게재했다. 이 때문에 세상 사람들의 이목이 신문에 집중되었고, 키머의 계획은 우리들이 익살과 비웃음으로 무시당하고 말았다.

그러나 키머는 신문을 9개월 가까이나 계속해서 발간했다. 하지만 독자가 기껏해야 90명이어서 마침내 그는 헐값으로 그 권리를 내게 양보하겠다고 했다. 나는 이전부터 인수할 준비를 하고 있었기 때문에 즉각 인수받았다.

몇 해 뒤부터는 이 신문*은 큰 흑자를 보게 되었다.

우리들은 아직 공동으로 일을 하고 있었지만, 나는 어쩐지 '나'라는 단수의 말이 자꾸 나온다. 사실 일의 실제적인 운영은 내 손에 달려 있었던 것이다. 메러디스는 식자 기술이 전혀 늘지 않았고, 인쇄도 서투르고, 날마다 술에 취해 있었다. 내 친구들은 이 사람과는 동업을 유감으로 생각하고 있었지만, 나로서는 다른 방법이 없었다.

우리의 첫 신문은 지금까지 이 주州에서 나왔던 것과는 확실히 달랐다. 활자도 좋았고 인쇄도 깨끗했다. 게다가 당시 버닛 지사와 메사추세츠 주 의회 사이에 논쟁이 벌어졌는데, 내가 거기에 대한 비평을 써서 게재한 것이 주요 인물들의 주의를 끌어서, 신문과 신문의 경영자에 대한 것이 화제가 되었고, 2~3주일 뒤에는 그 사람들 모두가 구독자가 되어 주었다.

많은 사람들이 잇따라 구독 신청을 해 왔기 때문에 신문

---

*1729년 9월 25일부터 프랭클린은 신문을 발행했다. 이 신문의 이름은 〈펜실베니아 가제트〉였다.

발행부수가 부쩍부쩍 늘어 갔다. 이 일은 내가 이전부터 조금씩 글을 써 왔기 때문에 도움이 된 최초의 예가 되었다. 또 한 가지는, 이 신문은 상당히 논조가 날카롭기 때문에 주요 인물들은 나를 적극 후원하고 격려해 주는 것이 훗날에 자신들에게 유리할 것이라고 생각했기 때문일 것이다.

브래드포드는 여전히 의사록이나 법조문, 그 밖에도 관청관계 서류를 인쇄하고 있었다. 그는 주 의회가 주지사에게 제출하는 건의서를 인쇄한 적이 있었는데, 볼품이 없고 오자 투성이었다. 우리는 그것을 깨끗이 정확하게 인쇄하여 각 의원에게 한 부씩 보냈다. 이것으로 잘하고 못하고가 가려져서 의원들 중에는 나를 옹호하는 세력이 불어나게 되었고, 그 이듬해에는 우리가 주 의회 지정 인쇄소로 선택되었다.

주 의회에 있는 내 친구들 중에, 앞에서 말한 해밀턴을 잊어서는 안 될 것이다. 그는 당시 영국에서 돌아와 주 의회에 의석을 가지고 있었는데, 나를 위하여 크게 힘을 써 주었다. 그 뒤에도 여러 차례 나는 그의 신세를 졌다. 그는 죽을 때까지 나를 힘껏 도와준 사람이다.

이즈음, 버넌은 재촉하지는 않았지만 빚 얘기를 해 왔고, 나는 잘 알고 있으니 조금만 시간적 여유를 달라고 솔직하게 말을 전했다. 그는 승낙해 주었다. 나는 빚을 갚을 준비가 되자 즉시 원금에 이자까지 가산하여 깊은 감사의 뜻을 담아 돈을 전했다. 그래서 나의 과실은 다소 벌충이 된 셈이었다.

그러나 이번에는 생각지도 못한 다른 귀찮은 일이 생겼다. 메러디스의 아버지는 나와의 약속에 의해 이 인쇄소의 비용을 지불해 주도록 되어 있었는데, 백 파운드의 현금밖에 융통이 되지 않았다. 그 돈은 이미 지불되어 있었지만 나머지 백 파운드는 상인으로부터 빌려 쓰고 있었다. 상인은 참다 못해 우리를 상대로 소송을 걸어 왔다. 나는 보증금을 내고 일시적으로 연기는 했지만 기한 내에 빚을 갚지 못하고 소송이 진행되어, 재판을 받고 그 다음에는 강제 집행에 들어갈 수밖에 없는 상황이었다. 그렇게 되면 장래성 있는 이 사업도 우리와 함께 파멸이 될 수밖에 없었다. 채무 이행을 위해서는 반값으로나마 인쇄기나 활자를 다른 사람의 손에 넘겨 주지 않을 수 없는 상황이었다.

이런 곤경에 빠져 있을 때, 내 진실한 친구 두 사람이 각자 나를 찾아와서 될 수만 있다면 이 사업을 나 혼자 인수하면 어떻겠느냐며, 거기에 필요한 자금은 얼마든지 융통해 주겠다고 내가 부탁한 적도 없는데 말하는 것이었다.

이 두 사람의 친절은 지금까지 잊은 적이 없으며, 앞으로도 나의 기억력이 쇠진하지 않는 한 잊지 않을 것이다. 그들은 내가 메러디스와 동업하는 것을 좋아하지 않았다. 메러디스는 술에 취해 거리를 헤매 다녔고, 술집에서 저속한 도박을 일삼는 등 인쇄소의 신용까지 떨어뜨리고 있다는 얘기가 나돌았다. 이 두 친구는 윌리엄 콜멘과 로버트 그레이스였다. 나는 그들에게 이렇게 말했다.

"메러디스 부자에게 계약상의 의무가 조금이라도 남아 있는 동안은 내쪽에서 헤어지자는 얘기를 끄집어 낼 수는 없소. 왜냐하면 지금까지 그들이 내게 베풀어 준 것과, 될 수만 있다면 앞으로도 잘해 주리라고 보는 것과, 거기에 대해 내가 대단한 은혜를 입고 있다고 생각하기 때문이오. 그러나 저쪽에서 아무래도 의무를 이행할 수 없어서 동업이 불가능하게 된다면 그때야말로 자유롭게 당신들의 협조를 받아들일 수 있을 것이오."

이렇게 되어 이 이야기는 당분간 잠잠했는데, 어느 날 나는 나의 동업자 메러디스에게 말을 해 보았다.

"자네 아버지는 우리의 동업에서 자네가 맡고 있는 역할이 신통치 않으니까 자네를 위해서 낼 수 있는 돈이라도 우리를 위해서 더 내는 것은 싫으실 것이네. 그렇다면 솔직하게 말해 주게. 나는 이 사업을 모두 자네에게 양도하고, 따로 다른 사업을 시작할까 생각한다네."

그러자 그가 말했다.

"그런 건 아닐세. 아버지는 정말로 당신의 사업이 생각대로 잘 되지 않아서 돈을 낼 수 없는 형편이 되신 거라네. 나도 이 일이 내 성격에 맞지 않는다는 것을 깨달았어. 본디 나는 농사일이나 했던 것인데, 서른 살이나 되어 도회지로 나와서 남의 집 고용살이까지 해 가며 일을 익히려고 한 것은 어리석은 짓이었다는 걸 깨달았네. 우리 웨일즈 인들은 대개 땅값이 싸기 때문에 북캐롤라이나로 이주하려는 사람들이 많이 있는데, 나도 그들과 함께 가서 농사일을 할까 생각 중이네. 자네에게는 도와줄 사람들이 얼마든지 있지 않나. 자네가 동업의 채무를 인수하고 아버지가 융통한 백 파운드를 갚고, 내 개인적인 약간의 빚을 대신 해결해 주고, 삼십 파운드와 새 말안장을 마련해 준다면 내 몫을 포기하고 자네에게 전부 넘겨 주겠네."

나는 이 제안에 찬성하고 즉시 서류를 작성하여 서명 날인을 했다. 나는 그가 요구한 대로 들어주었다. 그는 얼마 지나지 않아 캐롤라이나로 갔는데, 그 이듬해에 두 통의 긴 편지를 보내 왔다. 그 지방의 기후, 땅의 성질, 농업에 관한 것이 상세하게 적혀 있었다. 나는 이것을 나의 신문에 실었는데, 독자들에게서 큰 인기를 얻었다.

그가 이곳을 떠난 후 나는 두 친구의 도움을 받았다. 내가 그 중 한 사람만을 선택하여 다른 친구의 기분을 상하게 하는 일은 없어야 하기 때문에, 나는 두 사람에게서 절반씩 자금을 융통받았고, 동업 정리의 사실을 광고하고 내 명의로 사업을 계속해 나갔다. 이것이 1729년인가, 아마 그 전후였던 것으로 생각된다.

이즈음 일반 시민들 사이에서 지폐를 증발增發하라는 요구가 일어났다. 그 이유는 주 내에는 겨우 1만 5천 파운드의 지폐가 발행되어 있을 뿐이고, 그것도 얼마 안 있으면 상환될 것이기 때문이었다. 부자들은 지폐의 증발을 반대했다. 그들은 뉴잉글랜드의 경우처럼 지폐의 가치가 하락한다면 모든 채권자가 손실을 볼 것이라고 걱정했다.

한편 우리 잔토클럽에서도 이 문제를 토론했는데. 나는 증발 찬성론자였다. 그 이유는 1723년에 주조된 최초의 소액 화폐가 많은 이익을 가져다 주었고, 그 덕에 주 내의 상거래와 기업이 증대됐고, 인구 수도 증가했다고 믿고 있기 때문이었다.

지금은 오래된 집에도 전부 사람들이 들어가 살고 있고 새 집도 많이 늘었지만, 내가 롤 빵을 씹으면서 필라델피아 거리를 처음 돌아다녔을 때에는, 지금도 확실히 기억하고 있지만 월너트 1가와 2가 사이에는 문간에 세 놓을 집이라는 쪽지가 나붙은 집이 많았고, 체스너트 가라든가 그 밖의 다른 거리도 비슷해서 이 거리의 주민은 차츰 한둘씩 사라져 버리는 것이 아닌가 하고 생각했을 지경이었다.

이런 존쟁이 계속되고 있는 동안에 나는 이 문제에 몹시 열중해서 〈지폐의 성질과 필요성〉(1729년 4월에 발표함)이라는 제목으로 익명의 팸플릿을 인쇄했다. 그것을 시민들에게 배부했더니 대체로 평판이 좋았다. 그러나 부자들은 싫어했다. 이유는 이 팸플릿 때문에 지폐 증발을 요구하는 소리가 차츰 높아졌기 때문이었다. 그런데 부자들 측에서는 나의 논지에 반대할 만한 인물이 한 사람도 없었기 때문에 그들의 반대는 기세를 올리지 못하고, 증발안은 다수의 찬성으로 주 의회에서 통과되었다. 주 의회에 내 친구들은 나의 공적이 상당히 컸었다는 것을 인정하고, 그에 대한 보답으로 지폐 인쇄를 내게 맡기는 것이 좋다고 생각했다. 이 일은 매우 이윤이 많은 일거리여서, 덕택에 나는 큰 이윤을 남겼다. 이것이 내가 글을 쓸 수 있었기 때문에 얻을 수 있었던 또 하나의 이익이었다.

지폐의 효용은 시간이 흐르고 실제적인 성과가 나타남으로써 아주 명백해졌으므로, 그 뒤에는 그 기초 원리에 관하여 그다지 반론이 일어나지 않았다. 그 때문에 지폐는 5만 5천 파운드로, 1739년에는 8만 파운드가 되었다. 그동안에 거래량, 호구 수, 인구 수도 계속 불어났다. 하지만 지폐 발행고에는 한계가 있으며, 그 이상을 발행하면 해로울 것이라고 나는 지금도 생각하고 있다.

그 뒤 얼마 안 되어 친구 해밀턴을 통해서 뉴캐슬 주의 지폐 인쇄일도 맡게 되었다. 이 일도 당시의 내게 있어서는 좋은 일거리였다. 대단치 않은 처지에서는 자그마한 일거리라 하더라도 크게 보이는 법인데, 이 일거리들은 실제로도 큰 이익을 내게 가져다주었다. 그 때문에 일에 큰 활력을 얻었다. 해밀턴은 또 뉴캐슬 주 정부의 법문이라든가 의사록의 인쇄일까지도 얻어 주었다. 그 일거리는 내가 이 사업을 그만둘 때까지 계속되었다.

나는 새로 조그만 문방구점을 시작해서 각종 서식용지를 갖추었다. 종래 이곳에서는 그러한 정식 서류는 구할 수 없었다. 이 일에는 친구 브렌트널의 도움을 받았다. 나는 종이 양피지 행상인용의 값싼 책 등도 비치해 두었다.

화이트 매쉬라는, 내가 이전에 런던에서 알게 된, 기술이 뛰어난 식자공이 이즈음 내게 와서 쭉 나와 함께 부지런히 일을 하게 되었다. 나는 애퀼러 로우즈의 견습생으로 두었다.

나는 인쇄소 때문에 진 빚을 차차 갚게 되었다. 상인으로서의 신용도 얻고 평판을 좋게 하기 위해 나는 실제로 일도 잘하고 근검절약하는 생활을 지켰을 뿐만 아니라, 어떤 일이 있어도 그와 반대되는 일은 피하도록 노력했다. 옷은 수수한 차림이었고, 유흥 장소에는 절대로 얼굴을 내밀지 않았으며, 낚시나 사냥에도 결코 나가지 않았다. 어쩌다 책에 빠져 일을 태만하게 한 적은 있었으나 그것은 그다지 흔한 일은 아니었으며, 남들이 모르는 일인 만큼 나쁜 평은 듣지 않았다.

나는 건실하게 장사를 한다는 것을 남에게 보여 주기 위해 여러 가게에서 산 종이를 손수레에 싣고 끌고 돌아오는 일마저 가끔 있었다. 이와 같이 해서 부지런하고 유망한 청년으로 인식되었다. 구입한 물건 대금은 즉시 지불했기 때문에 문방구의 수입 상인이 거래를 신청해 오는 사람도 있었고, 책을 도매값으로 제공하겠다는 사람도 있어서, 나의 상점은 점점 더 번창해 갔다.

한편 키머의 인쇄소는 나날이 신용이 떨어지고 판매가 부진하게 되어, 마침내 채권자에게 돈을 갚기 위해서는 인쇄소를 팔지 않으면 안 되게 되었다. 그는 바베이도스로 가서 여러 해 동안 매우 가난한 형편 속에서 살았다.

키머의 도제인 데이비드 해리는 내가 키머의 인쇄소에서 일할 때 기술을 가르쳐 준 적이 있는 사람이었다. 그는 키머의 인쇄소 도구들을 사들여 필라델피아에서 개업했다. 처음에 나는 해리의 친구들이 매우 유능하고 후원자들도 꽤 많았으므로 그가 강력한 경쟁자가 될 것이라고 염려했다. 그래서 그에게 공동 경영을 제의했으나 운 좋게도 그는 비웃으며 거절했다. 그는 굉장히 거만하고, 신사 차림을 하고, 사치를 일삼았으며, 집에 붙어 있는 법 없이 밖으로만 나돌아다니며 유흥가에 발을 들여놓아 빚만 지고, 장사는 거의 돌보지 않았다. 그러니 자연히 일거리는 없어지고, 하는 수 없이 그도 키머를 따라 바베이도스로 건너가고 인쇄소도 그곳으로 옮겼다. 그곳에서 지난날의 견습공은 그때의 옛 주인을 일용 일꾼으로 고용했는데, 그들은 매일 싸움만 일삼고 있었다. 헤리는 매일 빚에 쪼들려서 마침내 활자도 팔아 넘기고 펜실베니아로 되돌아와 농사일을 하게 되었다. 그 활자를 산 사람이 다시 키머를 고용해서 운영했지만, 이삼 년 뒤에 그는 세상을 떠났다.

바로 그 무렵 필라델피아에는 늙은 브래드포드 외에 나와 경쟁할 사람은 한 사람도 남아 있지 않았다. 부유하고 성격이 태평한 그는 뜨내기 기술자들을 고용해서 때때로 소규모의 인쇄일을 했으나 사업에는 별로 신경을 쓰지 않았다. 그러나 그는 우체국을 경영하고 있었기 때문에 뉴스를 얻는 일에는 보다 더 유리한 기회를 가지고 있었다. 또한 그의 신문이 우체국을 통해 더 많은 곳으로 보급된다는 사람들의 생각 때문에 나의 신문보다 그의 신문이 광고효과가 더 좋은 것으로 평가되었고, 그는 나보다 훨씬 더 많은 광고 신청을 얻고 있었다.

결국 나도 우편 배달을 하는 기수에게 넌지시 돈을 쥐어 주고 은밀히 신문을 날랐다. 하지만 브래드포드는 몰인정하게 그렇게 하는 것을 못하게 했다. 그것 때문에 나는 화가 났다. 나는 그것이 비열한 행동이라고 생각되었기 때문에, 뒤에 내가 그의 위치에 있게 되었을 때 나는 그런 짓을 하지 않으려고 조심했다.

그때까지 나는 계속해서 고드프리와 같이 살고 있었다. 그는 처자와 함께 우리 집 한쪽에서 살면서, 가게를 얻어 유리 장사를 하고 있었다. 그런데 그는 장사일을 등한시 한 채 언제나 수학 공부에만 열중했다.

고드프리 부인은 자기 친척의 딸과 나를 결혼시키려고 종종 우리들을 함께 있게 하려고 했다. 그러다가 나는 그 여자가 대단히 마음에 들었기 때문에 진지하게 구혼을 했다. 그녀의 부모도 자주 저녁 식사에 나를 초대해 주었고, 우리 두 사람을 함께 있게 해 주었다. 고드프리 부인이 중간에 끼어 우리의 양쪽을 주선했다.

나는 그녀에게 인쇄소를 차릴 때 진 빚의 나머지를 갚을 만한 액수의 지참금을 그 아가씨가 가져오기를 기대한다고 말했다. 그 액수는 당시 100파운드를 넘지 않았던 것으로 생각된다. 그 아가씨의 부모는 그만한 돈의 여유가 없다고 고드프리 부인이 전해 왔기에, 나는 그들의 집을 담보로 잡히고 대금 취급소에서 돈을 빌리면 어떻겠느냐고 말했다. 며칠 후에 회답이 왔다. 이 결혼은 그들이 찬성할 수 없다는 것이었다. 이유인 즉 브레드포드에게 인쇄업에 대해 물어보았더니 인쇄업은 돈을 벌 수 있는 직종이 아니고, 활자는 쉽게 망가지는 것이기 때문에 자꾸 새것을 사들이지 않으면 안 되며, 키머나 데이비드 헤리가 차례로 실패했듯이 나도 얼마 안 있어 그들처럼 될 것이라고 알려 주었다는 것이었다. 그 후 나는 그 집의 출입을 금지당하고, 그 처녀도 집 안에 갇혀 버렸다.

이 일은 진실로 그들의 마음이 변해 버렸는지, 그렇지 않다면 이제는 두 사람의 사랑이 헤어질 수 없을 만큼 깊어져 슬그머니 결혼해 버릴지도 모르니, 그렇게 되면 지참금은 안 주어도 좋다는 생각으로 단순히 계약을 쓴 것인지 나는 알 수가 없었다. 그러나 나는 후자가 아닌가 생각하고 화가 나서 더 이상 찾아가지 않았다. 나중에 고드프리 부인이 찾아와서 그쪽이 한 행동에 대해 좋게 해명하면서 다시 나를 끌어들이려고 했다. 그러나 나는 그 가족들과 더 이상 관계를 맺고 싶지 않다는 내 결심을 분명히 보여 주었다. 그러자 고드프리 부부가 나의 이런 말에 분개하여 우리 사이는 벌어지고 말았다. 결국 고드프리 부부까지 나를 넓은 집에 홀로 남겨 두고 이사를 가 버렸다. 그 후로 나는 동거인은 두지 않기로 작정했다.

그러나 이 일로 결혼해야겠다는 생각을 굳힌 나는 내 주위를 둘러보고 다른 곳에다가 줄을 놓아 보려고 했다. 하지만 인쇄업이란 별 희망이 없는 직업이라고 일반인들이 생각하고 있었기 때문에, 지참금이 딸려 있다는 것 말고는 마음에 드는 구석이 없는 그런 여자가 아니면 지참금 조건의 아내를 기대할 수 없다는 것을 알게 되었다. 그러는 사이에 억제하기 힘든 젊은 정열을 이기지 못해 오다가다 만나는 비천한 여자들과 불륜의 관계를 갖곤 했다.

그런 관계는 돈이 들 뿐만 아니라 불편하기도 했으며, 특히 내가 두려워했던 불결한 병으로 건강을 해칠 위험성도 뒤따랐다. 그러나 대단히 운 좋게도 나는 그것을 모면했다.

한편, 나와 리드 부인 가족과의 사이에는 이웃으로 뿐만 아니라 오랜 친구로서 친숙한 관계가 계속되고 있었다. 내가 처음 그 집에 하숙하기 시작한 이후, 리드 양 집안의 사람들은 내게 호감을 가지고 있었다. 나는 자주 식사 초대도 받았고, 그들의 집안 일에도 의논 상대가 되는 등 더러는 도움이 될 때도 있었다.

나는 리드 양의 불행한 처지를 동정했다. 그녀는 항상 기운 없이 다녔고, 좀처럼 쾌활한 빛을 보이지 않았으며, 남과 어울리는 것도 회피했다. 나는 런던 체류 중에 내가 저지른 무분별과 불성실이 그녀의 불행에 커다란 원인이 되었다고 생각했다. 그러나 그녀의 어머니는 내가 런던으로 건너가기 전에 우리의 결혼을 방해했고, 내가 없는 중에 다른 사람과 결혼을 권했기 때문에 잘못은 오히려 자기 쪽에 있다고 너그럽게 생각해 주었다.

우리 두 사람의 사랑은 다시 회복되었으나 우리가 다시 결합하는 데는 어려운 점들이 많았다. 전 남편이 영국에 살고 있다는 소문 때문에, 실제로 그녀의 결혼은 무효로 간주되었다. 하지만 너무 먼 곳이어서 그것을 증명하기가 쉬운 일이 아니었다. 그것이 사실이라면 전 남편은 많은 빚을 남겨 놓고 갔기 때문에 그 뒤를 맡는 사람은 그 돈을 지불해 달라는 청구를 받을지도 모르는 일이었다.

 그러나 나는 그런 모든 장애를 무릅쓰고 1730년 9월 1일에 그녀를 아내로 맞아 들였다. 그런데 걱정했던 일들은 일어나지 않았다. 그녀는 착하고 충실한 나의 반려자로서 가게에도 자주 나와서 나를 도와주었다. 우리들의 사업은 차츰 번창해 갔고, 서로가 상대를 행복하게 해 주려고 노력했다. 결국 나는 내가 저지른 그 커다란 잘못을 내가 할 수 있는 한 시정해 나간 셈이었다.

 이 무렵에 우리의 클럽은 술집이 아니라 그레이스가 따로 떼어 놓은 조그만 방에서 모이고 있었는데, 나는 한 가지를 제의했다. 여러 가지 문제에 관한 우리의 논문 중에는 각자가 가지고 있는 서적들이 인용되므로, 필요할 때 서적을 참고할 수 있도록 우리가 모이는 장소에 그 서적들을 모아 두자는 것이었다. 이렇게 각자의 장서를 합쳐서 하나의 공동 도서실을 꾸미게 되므로, 우리는 그것들을 한 곳에 모아 둘 의사가 있는 한 서로 다른 모든 회원의 장서를 이용하는 편의를 얻을 수가 있었다. 따라서 이것은 각자가 전체의 서적들을 갖고 있는 것과 같은 혜택을 얻게 된 것이었다.

 모든 회원은 이 제안이 좋다고 찬성했다. 그래서 방 한쪽 구석을 우리가 제일 내주기 수월한 책들로 가득 채웠다. 책은 기대했던 만큼 많지 않았다. 매우 유익하긴 했지만 그것들을 적절히 관리할 대책이 없어서 이런 저런 불편함이 생겨 결국 1년 후에는 이 문고가 해체되어 각자 자기 책들을 다시 가져가게 되었다.

이리하여 나는 공공의 성격을 지닌 최초의 가입자 전용 도서관 설립이라는 계획에 착수했다. 나는 초안을 작성하여 우리 마을의 훌륭한 공증인인 브록덴에게 부탁하여 이것을 정식 문서로 만들었고, 잔토클럽 친구들의 도움으로 50명의 가입자를 얻었다. 처음에는 1인당 40실링, 그 다음에는 우리 단체가 존속할 예정 기간인 50년간 해마다 10실링씩을 출자하는 조건이었다. 사람 수가 1백 명으로 늘어났기 때문에 그 후 우리는 법인체로 인가를 받았다.

이것은 현재 헤아릴 수 없이 많은 북아메리카의 모든 가입자 전용 도서관의 모체가 되었다. 그것은 그것 자체가 대단한 사업화의 수준을 향상시키고, 보통 상인이나 농부라도 다른 나라에서 온 대부분의 신사와도 같이 교양을 갖게 하며, 그들의 권익옹호를 위해 식민지 전역에서 궐기했던 독립항전에도 어느 정도 기여했을 것이다.

메모 : 이상은 서두에서 말한 의도에 따라서 기술한 것이고, 다른 사람들에게는 중요하지 않은 하찮은 가족 이야기들이 얼마간 포함되어 있다. 그런데 다음 부분은 다음에 제시하는 편지들 속에 기술된 조언에 따라 그때부터 수년 후에 쓴 것이다. 따라서 그것은 일반 독자를 대상으로 한 것이다. 그때 독립전쟁이 일어났기 때문에 도중에 중단하지 않을 수 없었다.

이 책을 읽으면 도움이 되는 미국의 개척사

■ 영국 인과 아메리카 개척사

영국은 15세기 말부터 아메리카 대륙과 관련을 갖게 되었지만 식민지 건설을 위한 실질적인 진출은 16세기 중엽 콜럼버스 시대에 헨리 7세에 의해 이루어졌다. 그러나 스페인이라는 강국이 버티고 있는 남아메리카에 식민지 건설은 마찰을 거듭했고, 엘리자베스 여왕 때에 이르러 영국인들은 북아메리카로 눈을 돌리기 시작했다. 그러나 이마저도 초기 개척은 굶주림과 풍토병 등으로 모두 실패로 돌아가고 말았다.

이에 영국은 동인도회사처럼 국왕으로부터 특허장을 받은 후 여러 사람들에 의해 제공된 자본으로 회사를 설립하여 식민지 사업을 시작하는 방식을 도입했다. 특허장을 받아 낸 회사는 런던 회사와 플리머스 회사였다. 런던 회사는 북아메리카 대서양 연안에, 플리머스 회사는 당시에 버지니아로 불린 지역으로, 북쪽의 메인으로부터 남쪽의 노스캐롤라이나에 이르는 광활한 지역을 개척했다. 그러나 이 또한 초기의 개척처럼 처참했다. 더욱이 그들이 찾아 헤매던 금과 은이 발견되지 않자 수익은 기대할 수조차 없었다.

그런데 뜻밖의 변화가 불어 왔다. 바로 담배 재배의 성공이었다. 1617년 당시 영국에는 담배 수요가 급증하여 식민지로부터 2만 파운드의 담배를 수입하는 정도가 되었다.

그러나 담배 재배에는 많은 노동력이 필요했다. 이에 런던 회사는 이민을 끌어들이기 위한 수단으로, 회사의 주식을 사는 사람에게는 1인당 50에이커의 토지를 주겠다는 인두권 제도를 발표했다. 이에 영국의 가난한 사람들은 아메리카로 건너와 자영농이 되었다.

그럼에도 불구하고 담배 농장의 일손은 턱없이 부족했고, 이에 돈벌이를 하려는 청부업자들에 의해 정치범, 폭동 주모자, 절도범 등 갖가지 사람들이 아메리카로 이주하였다. 또한 1619년에는 네덜란드 선박에 의해 흑인 노예가 유입되기도 했다. 이것이 바로 미국 노예제도의 시초였다.

한편 영국 정부는 더욱 식민지 정책을 강압적으로 했고, 이에 회사와 식민지 인들의 불화는 갈수록 더해 갔다. 결국 찰스 1세는 런던 회사의 특허장을 취소함과 동시에 회사를 해체하고, 1624년에 버지니아를 국왕의 직할지로 했다. 그러나 식민지 인들의 불만은 식지 않았다.

■ 신교도들의 자유와 자치를 위한 개척

 1632년에 이르러서는 개인에게도 식민지 개척을 위한 특허장이 주어졌다. 이들은 대부분 미 북동부 연안에 터전을 이뤘는데, 메릴랜드의 자유와 자치를 위한 하나의 실험장이 되었다.

 한편, 1629년 청교도들은 영국의 찰스 1세로부터 특허장을 얻어 내어 메사추세츠 만에서의 통치 권한을 이양받았다. 당시로서는 매우 예외적이었던 이 특허장에 의해, 이듬해 메사추세츠의 찰스타운에 도착한 청교도 인들은 정착 후 얼마 안 되어 보스턴 지역으로 생활권을 확대해 나갔다. 그 후 그들은 10여 년에 걸쳐 메사추세츠로 건너온 이주민과 협력하면서 메사추세츠 식민지를 크게 발전시켰다.

 그러나 그들은 다른 종교를 갖거나 비종교 인들을 엄격히 구분하여 비민주적인 사회를 형성했다. 이에 반대하는 사람들이 뉴잉글랜드 지방의 새로운 식민지인 로드아일랜드를 건설했다. 한편, 또 다른 불만 세력이 코네티컷 강의 기름진 땅으로 이주하여 코네티컷 식민지를 건설했다. 이로 미루어 보면 초기 청교도 인들 사회에 다른 신교도 인들이 이주하면서(사실 이들은 모두 신교도였지만 서로 교리가 틀렸다) 그들과의 불화가 생겨나고, 이로 인해 새로운 개척지가 넓혀지는 형태를 띠는 것이었다.

 이후 펜실베니아는 윌리엄 펜이라는 퀘이커교도에 의해

건설되었다. 퀘이커교도는 앞서 주석에서 설명했듯이 신교를 극단적으로 실천하는 종파로써 영국에서 박해를 받고 있었으므로, 아메리카는 그들의 종교적 피난처였다. 그러나 영국에서의 청교도를 포함한 신교도 인이 종교박해를 피해 아메리카로 이주했다는 것은 옳은 상식이 아니었다. 이들은 영국에서 신앙의 자유를 보장받고 영국인으로서의 권리를 인정받는 것과 함께 식민지에서 그들만의 종교적인 공동체를 이루려고 했던 것이었다.

사실 종교적으로 다른 유럽에 비해 신교 박해가 심하지 않았기 때문이었다. 결론적으로 미국 개척사에서 신교도의 역할은 매우 큰 비중을 차지했다.

■유럽의 식민지 전쟁과 미국 독립선언

차츰 북아메리카에서의 개척이 활기를 띠자 유럽 각국의 식민지 쟁탈전이 벌어졌다. 1653년 영국은 네덜란드와의 전쟁에서 뉴암스테르담을 얻었다. 이후 찰스 2세가 뉴암스테르담을 동생 요크 공에게 선물로 주어, 뒤에 뉴욕으로 이름을 바꾸었다.

이후 영국은 프랑스와 북아메리카 지배권을 가지고 전쟁에 휘말렸다. 무려 4차에 걸쳐 전쟁이 일어났다. 제1차 윌리엄 왕의 전쟁(1689~1697), 제2차 앤 여왕의 전쟁(1702~1713), 제3차 조지 왕의 전쟁(1744~1748), 제4차 프랜치-인디언 전쟁이 그것이다. 프랭클린 자서전에 기술된 전쟁은 제3차, 제4차 전쟁이다. 프랭클린이 직접 관여한 '올버니 계획'은 제4차 전쟁에서 나온다. 영국은 프랑스와의 대접전을 위해 뉴잉글랜드 지방의 식민지들과 뉴욕, 펜실베니아, 메릴랜드 식민지 대표들에게 회의 소집을 명령하여 뉴욕 올버니에서 소집되었다. 이참에 전쟁의 직접 당사자인 식민지 인들은 그들의 권리를 보장받으려고 했다. 그러나 영국 왕과 식민지 영주들의 반대로 계획 자체가 백지화되었다. 아무튼 제4차 전쟁은 극적인 영국의 승리로 끝났다. 이후 파리조약을 통해 영국은 캐나다로부터 플로리다에 이르는 미시시피 강 동쪽의 광대한 영토를 획득했고, 북아메리카 대륙의 지배를 위한 발판을 마련했다.

영국 정부는 오랜 전쟁으로 늘어난 국가 채무로 인해 골치를 앓고 있었다. 이에 영국은 식민지들에게 세금 징수를 늘려 갔다. 그 대표적인 것이 인지세법이다. 인지세법은 아메리카에서 사용되는 모든 서류, 증권, 은행권, 광고 등에 1/2페니에서 1파운드에 이르는 인지를 의무적으로 첨부하도록 한 것으로, 이로 인해 아메리카 전 식민지 인들이 거센 반대운동을 일으켰다. 이후 타운센드법, 차세법 등으로 이어지는 영국 정부 세금 징수에 항의한 식민지 인들의 조직은 더욱 커지고, 영국은 이에 강경 진압만을 일삼았다. 마침내 1776년 6월 대륙회의는 버지니아 대표 리처드 헨리 리리의 동의에 따라 독립선언에 관한 구체적인 문제를 논의했다. 토머스 제퍼슨, 존 애덤스, 벤자민 프랭클린, 로저 셔먼, 로버트 리빙스턴으로 구성된 위원회로 하여금 독립선언서를 작성했고, 이후 7월 4일 마침내 독립선언을 하게 되었다.

제2부

1771년에 벤자민 프랭클린이 식민지 대표로서 영국에 있었을 때 당시 뉴저지 주지사였던 아들 윌리엄에게 보내는 서신 형식으로 쓴 것이다. 그러나 미국 독립운동이 맹렬하게 진전되었기 때문에 프랭클린은 조용히 자서전을 집필할 수 있는 여가가 없었다. 그래서 그의 자서전은 오랫동안 방치되어 있었다. 그러나 친구들의 자서전 완성을 촉구하는 권고와 요청이 많았다. 더구나 그동안에 프랭클린의 명성은 차츰 높아졌고 그의 자서전 출판은 국민적 의의가 있다고 생각되었기 때문에 서신으로 집필 요망이 쇄도했다. 프랭클린은 그 요망에 따르기로 결심하고, 1784년 집필을 중단한 지 13년 만에 파리의 근교 퍼시에서 다시 쓰기 시작했다. 프랭클린은 원고 첫머리에 그의 자서전 완성을 요망하는 친구(아벨 제임스와 벤자민 보간)의 편지를 싣고, 서문으로 글을 시작했다.

제2부

내 생애의 비망록(파리에서 받았던 것)이 동봉된 아벨 제임스의 편지

나의 경애하는 친구에게

나는 당신에게 편지를 쓰려고 종종 생각했으나 사실 그 생각대로 할 수 없었습니다. 내 편지가 영국군의 손에 들어가기라도 한다면 어느 인쇄업자나 호사가가 그 내용의 일부를 공표하는 일이 있을지도 모릅니다. 그렇게 되면 나의 벗인 귀하에게 고뇌를 드리고, 내 자신도 책망을 받을 우려가 있기 때문이었습니다.

그런데 매우 기쁘게도 얼마 전에 당신이 아드님 앞으로 보낸 당신 집안의 내력과 1730년까지 자신의 생애에 관해 서술하신 자필 원고 약 23매, 그리고 역시 당신이 직접 쓰신 노트가 내 손에 들어왔습니다. 그 노트의 사본을 여기에 동봉합니다. 이것은 당신이 후반 시대의 일까지 계속 집필하려고 할 때 앞부분과 뒷부분을 연결시키는 데 도움이 되리라고 생각합니다. 속편을 착수하지 않으셨다면 주저하지 마시고 즉시 착수하시기 바랍니다. 〈전도서〉의 저자가 설교했듯이 인생은 덧없는 것입니다. 친절하고 인도적이고 자애로운 벤자민 프랭클린이 매우 재미있고 유익하며, 일부 소수 사람들 뿐만 아니라 수백만의 사람들에게도 쓸모 있고 흥미 있는 저작을 친구들이나 이 세상을 위해 남기지 않고 그만둔다면 세상 사람들이 뭐라고 하겠습니까? 이런 종류의 저작이 청소년의 정세에 끼치는 영향력은 매우 큽니다. 그중에서도 당신과 같은 공중의 벗이 쓰신 일지에는 제가 보기에는 평범한 구석이라고는 한 군데도 보이지 않을 것이라고 생각됩니다. 그러한 저작은 젊은이로 하여금 자신도 알지 못하는 사이에 노력해서 이 일지의 필자와 같이 훌륭하고 뛰어나게 되겠다는 결심을 품게 할 것입니다. 예를 들어 귀하가 쓰신 것이 발표되었을 때(나는 꼭 발표되리라고 생각합니다) 젊은이들은 그것을 읽고 귀하의 청소년기의 부지런함과 절제를 본받게 될 것입니다. 현존하는 사람들, 아니 현존하는 여러 사람들을 합쳐도 당신만큼 아메리카 청년들에게 젊어서부터 일에 열중하는 근면, 검소, 그리고 절제의 정신을 더욱 크게 고양시킬 수 있는 힘을 가진 인물을 저는 달리 알지 못합니다. 그렇다고 저는 당신의 저작이 이 세상에서 그 밖의 다른 가치나 쓸모없는 것이라고 생각하는 것은 아닙니다. 결코 그런 뜻은 아닙니다. 다만 제가 말씀드리고자 하는 것은 첫 번째 말한 것의 중요성이 너무나도 크기 때문에 저는 그것에 필적할 만한 것을 아무것도 찾아낼 수 없다는 것입니다.

당신을 사랑하는 아벨 제임스* 드림

앞의 편지와 동봉한 메모를 한 친구가 보게 되어 나는 그에게서 다음과 같은 편지를 받았다.

벤자민 보간으로부터의 편지
1783년 1월 31일 파리에서

친애하는 선생님
선생님의 퀘이커교도인 친구께서 선생님을 위해 되찾아 드렸다는, 선생님 생애의 중요한 사건을 적은 메모를 읽고

---

*아벨 제임스 : Abel james. 필라델피아의 퀘이커교도 상인. 독립전쟁이 일어난 이듬해(1776년)에 프랭클린은 프랑스의 원조를 요청하는 문제로 파리로 가게 되었고, 그때 자서전의 원고와 노트, 서류, 편지 등 일체를 친구인 걀로웨이에게 부탁하고 떠났다. 그 후 걀로웨이는 국왕당 파에 가담해 그 지방을 떠나고 남게 된 그의 부인이 재산을 관리하다가 세상을 떠나게 되었는데, 그녀의 유언에 의해 아벨 제임스가 프랭클린의 자서전 자료와 그 외의 것들을 맡아 지켜 주었다.

프랭클린 자서전 | 143

저도 그분이 원하시는 것처럼 선생님의 자서전을 완성하여 출판하는 것이 유익하다고 생각하고, 그 이유를 편지로 써서 보내기로 약속했습니다. 그러나 얼마 동안 여러 가지 볼일이 중복되어 편지를 쓸 여가가 없었지만, 썼다고 해도 기대에 어긋나는 것이 되지 않았을까 생각합니다. 이제야 겨우 여유가 생겨 펜을 들었지만 이것도 다만 제 자신의 흥미에서 나온 것이고, 저에게 공부가 된다고 생각되어서 이 편지를 씁니다. 그런데 제 말투가 선생님 같은 분의 기분을 상하게 할지도 모르겠기에, 역시 훌륭하고 위대하지만 선생님만큼은 겸허하지는 못한 어떤 다른 분에게 보내듯이 쓰려고 합니다. 저는 아래와 같은 동기로 선생님의 생애에 관한 이야기를 듣고 싶다고 그분에게 말하고 싶습니다.

선생님의 생애에 관한 이야기는 참으로 주목할 만하기 때문에 선생님께서 직접 쓰시지 않는다면, 반드시 다른 어떤 사람이 쓰게 될 것입니다. 그렇게 되면 유익할 일들이 오히려 많은 해가 될 가능성이 있을지도 모릅니다.

선생님께서 직접 쓰신 저서라면 귀하의 나라인 아메리카 국내 사정에 관한 간편한 안내서가 될 것입니다. 그것은 고결하고 용감한 사람들에게 이주의 결심을 불러일으키는 데 큰 도움이 될 것입니다. 그들이 이런 지식을 갈구하고 있다는 사실과 선생님의 쟁쟁하신 명성을 생각할 때 선생님의 자서전이 주는 것보다 더 유효한 광고는 없을 것이라고 확신합니다. 선생님이 겪은 모든 일들은 신생 국민인 아메리카 인들의 풍습과 환경에 관한 자세한 내용과도 연결이 되어 있습니다. 이러한 관점에서 볼 때 시저나 타키투스의 저작이라 할지라도 인간의 본성과 사회를 올바르게 판단함에 있어 선생님의 자서전보다 흥미로운 점을 더 많이 내포하고 있지 못할 것이라고 생각됩니다. 제 견해로는 이상과 같은 이유도 아래와 같은 이유에 비하면 대단한 것이 못됩니다.

다시 말해서 귀하의 자서전은 먼 훗날 위대한 인간 형성에 영향을 줄 것이며, 《덕에 이르는 길》과 함께 개인 성격의 특징들을 향상시키고, 결과적으로 공사를 막론하고 모든 이의 행복을 증진시키는 데 도움이 될 것이라는 점입니다. 제가 말한 두 가지 작용은 독학의 훌륭한 법칙과 사례를 제시해 줄 것입니다. 학교 교육이나 그 밖의 다른 교육은 언제나 잘못된 방침으로 시행되어 왔으며, 열악한 조직으로 잘못된 목표를 추구해 왔음을 보여 주고 있습니다. 그러나 선생님이 사용하신 방법들은 간단하고 목표가 명확합니다. 그뿐 아니라 부모님들이나 젊은이들이 인생의 적절한 행로를 판단하여 결정하고 그것에 대한 준비를 갖추는 데 필요한 올바른 방법을 갖지 못하고 있을 때, 문제의 열쇠는 대체로 개인의 손에 쥐여져 있다고 하는 선생님의 발견은 참으로 시의적절한 것입니다. 각 개인의 성격에 대해 차후에 미치는 감화는 시기가 너무 늦고 강력하지도 못합니다. 우리가 주요한 습관이나 편견을 지니는 시기는 젊은 시절입니다. 우리가 직업이라든가 학술적 연구나 결혼 같은 사항들에 참여하게 되는 것도 젊은 시절입니다. 따라서 인생의 전기가 청년기에 주어지는 것입니다. 우리의 다음 세대의 교육까지도 젊은 시절에 받게 되며, 개인적인 성격은 물론 공공심도 젊은 시절에 결정되어집니다.

인생이란 말은 청년기부터 노년기까지의 연장에 불과하기 때문에 인생은 젊은 시절부터, 특히 우리가 주요 목표에 대한 선택을 하기 전에 잘 시작해야 합니다. 그런데 선생님의 자서전은 단순히 독학하는 사람들에게만 가르침을 줄 뿐만 아니라 현명한 사람을 길러내게 될 것입니다. 아무리 최고의 현인이라 할지라도 또 다른 현인의 구체적인 행실을 보면 그것에 의해 깨우침을 받아 더욱 계발되어 진보하고 발전될 것입니다. 그렇다면 우리 인류가 지금까지 거의 한 사람의 길잡이도 없이 아득한 옛날부터 어둠 속을 헤매며 우왕좌왕하고 있는 것을 보면서 지혜가 모자라는 사람에게 그와 같은 도움을 주지 말아야 할 이유가 어디 있겠습니까? 선생님께서는 아들들과 그들의 아이들에게 보여 주십시오. 현명한 사람은 선생님과 같이 되라고 권하고, 다른 사람들은 현명해지도록 이끌어 주십시오.

정치가들이나 군인들이 얼마나 인류에게 잔인한 짓을 저지르고 저명인사가 그의 친지들에 대해 얼마나 불합리한 짓을 하는가를 목격하고 있는 가운데, 한편에서는 화평하고 온순한 태도를 취하는 사람들도 늘어나고 있다는 실례를 보는 것은 참으로 교육적이라 할 수 있습니다. 위대하면서도 가정적이며, 부러움을 받는 신분이면서도 남들에게 친절한 것이 어떻게 양립할 수 있는가를 보는 것도 교육적일 것입니다.

우리들은 일상적인 사건에서도 신중한 처신법을 무엇보다 더 필요로 하기 때문에 역시 선생님이 이야기해 주셔야 할 사소한 개인적인 사건들마저도 매우 유용할 것입니다. 말하자면 그것은 일종의 인생의 길잡이와 같은 열쇠가 될 것이며, 모든 사람들이 한번은 들어야 할 많은 일들을 설명해 주고 선견지명에 의해 현자가 될 기회를 주게 될 것입니다.

자기 자신의 체험에 가장 가까운 것은 남의 신상 이야기를 흥미로운 형태로 우리 눈앞에 전개시키는 것인데, 이것은 선생님의 필력으로써 틀림없이 가능한 일입니다. 선생님의 신상에 일어난 일과 그 처리 방법이 단순해 보이기도 하고 거만함을 부리는 것 같기도 하겠지만 아무튼 감명을 주게 될 것은 의심할 여지가 없습니다. 선생님은 정치나 철학에 대한 토론을 벌이듯 독창적인 방법으로 자신의 인생을 처리해 오신 것으로 저는 굳게 믿고 있습니다. 인간의 생활 이상으로 실험과 체계를(그 중요성과 그것이 빚어내는 잘못을 생각한다면) 세울 만한 가치가 있는 것이 또 무엇이 있겠습니까? 세상에는 옛날부터 덕은 있으나 무모하고, 사색은 하되 쓸데없는 공상에 빠지고, 머리는 영리한데 나쁜 목적에 쓰는 사람들이 많습니다. 선생님이 자서전을 쓰신다면 현명하고 실행 가능하며 좋은 일만을 말씀해 주실 것으로 믿습니다. 선생님의 자서전은(왜냐하면 제가 마음에 그리고 있는 프랭클린 박사와 흡사한 인물은 성격뿐만 아니라 개인적인 이력으로도 선생님을 닮은 것처럼 생각되기 때문입니다) 자신의 출신을 조금도 부끄러워하지 않는다는 것을 분명히 밝히시겠지만 이 점이 한층 더 중요합니다. 이것은 어떠한 출신 성분도 행복, 덕행, 또는 위대성에 대해서는 전혀 필요하지 않다는 것을 증명해 주기 때문입니다.

목적은 수단 없이는 달성되지 않기 때문에 선생님 같은 분도 하나의 정연한 계획을 세워서 그것에 의해 드디어 유명한 인물이 될 수 있었다는 것을 우리는 깨닫게 될 것입니다. 그러나 그와 동시에 그 결과가 마음에 든다 할지라도 그 수단은 지혜가 만들어 낼 수 있을 만큼 단순하다는 것을, 즉 그것은 사람의 본성, 덕성, 그리고 습관에 기초를 두고 있다는 것을 이해할 수 있을 것입니다. 또 한 가지 명백하게 밝혀 주게 될 것은 모든 사람에게는 세상이라는 무대에 등장하기 위해 저마다 적당한 시기를 기다려야 한다는 것입니다. 우리의 지각은 순간순간에만 고정되는 경향이 강하므로 사람들은 더 많은 순간들이 잇따라 찾아온다는 사실과 사람은 자신의 전체 인생에 알맞게 행동을 조절해야 한다는 것을 잊기 쉽습니다.

선생님의 성격은 선생님의 인생 속에 반영된 것으로 보이며, 인생의 순간순간들을 어리석은 초조감이나 후회로, 괴로움으로 받아들이는 대신 만족과 기쁨으로 활기찼던 것 같습니다. 이러한 처신 방법은, 많은 경우에 인내심이 그 특징으로 나타나는, 참으로 위대한 사람을 본받아 덕행을 쌓고 점잖게 행동하는 사람에게는 쉬운 일입니다. 선생님에게 편지를 보낸 그 퀘이커교도는(여기서도 저의 편지 상대는 프랭클린 박사를 많이 닮은 사람으로 해 둡니다) 선생님의 검약, 근면, 그리고 절제를 찬양하면서 이것들은 모든 청년들의 귀감으로 생각하고 있으나, 겸손하면서도 공평하고 사사로움이 없는 선생님의 덕을 잊고 있는 것은 이상한 일입니다. 이 두 가지 미덕이 없이는 선생님은 장래의 입신, 출세 기회를 참고 기다리지도 못했을 것이고, 그동안 주어진 상황에 만족하는 경지도 허락할 수 없었을 것입니다. 이것은 명예를 탐하지 않고 담백한 마음과 마음의 절제가 어떤 것인지를 보여 주는 강력한 교훈이 됩니다. 그 편지를 하신 분이 선생님의 명성이 어떻게 얻어졌는가의 본질을 나만큼이나 잘 알고 있다면 그도 이렇게 말했을 것입니다. '선생님이 전에 쓰신 글들과 처신들은 선생님의 《자서전》이나 《덕에 이르는 길》에는 그것들이 선생님의 글과 과거의 행적들에 관심을 갖게 하는 요인이 될 것입니다.' 바로 이것이 다양한 성격을 가진 사람들에게 따르는 유리한 점입니다. 또한 세상에는 자기 의지나 인격을 향상시킬 시간이나 의욕이 없는 사람보다는 그것을 어떤 방법으로 하면 좋을지 모르는 사람들이 더 많기 때문에 거기에도 더욱 도움이 될 것입니다.

그러나 또 한 가지 결론으로 생각할 수 있는 것은 하나의 단순한 전기 작품으로써도 선생님의 자서전은 가치가 있음을 보여 주고 있다는 점입니다. 이와 같은 저술 형식은 약간 유행에 뒤떨어지는 것 같습니다만 아직은 매우 쓸모 있는 형식입니다. 선생님께서 전기적 저술의 본보기가 될 만한 것을 써 주신다면 악명 높은 잡다한 살인자들, 음모가들, 어리석은 수도승 같은 자학가들, 자만심만 강한 삼류 문인들 같은 사람들의 생애와는 대조를 이루게 될 테니 쓸모가 있다고 생각합니다. 선생님이 쓰신 글에 자극되어 같은 종류의 저작이 더 많이 쓰이게 되고, 자신도 자서전을 쓸 만한 생애를 보내고자 하는 사람들이 늘어나면 선생님의 자서전은 《플루타르크 영웅전》에 나오는 모든 전기들을 합친 것만큼의 가치를 지닐 것입니다.

이 세상에 단 하나밖에 없는 한 분만이 가진 모든 특징을 갖춘 가상의 인물을 상상하며 쓰는 편지도 이제 슬슬 지겨워집니다. 그분을 직접 칭찬해 드릴 수도 없으니 말입니다.

그래서 이 편지는 여기서 끝을 맺고 선생님에게 직접 쓰겠습니다.

  부탁은 부디 선생님의 본질적인 인품의 여러 특징을 세상 사람들에게 보여 주시기 바라는 것입니다. 그렇지 않으면 전쟁으로 세상이 소란스러워져서 선생님의 인품이 잘못 전해지거나 중상모략하는 사람이 나타날지도 모릅니다. 선생님의 지긋하신 나이와 신중한 인품, 그리고 독특한 사고방식을 고려할 때 선생님 말고 다른 어떤 사람이 선생님 일생에 일어난 일들과 마음속에 품고 있는 뜻을 속속들이 알 수 있을 것 같지 않습니다. 게다가 지금은 큰 혁명이 일어나고 있는 시기여서 우리는 그 혁명의 중심이 된 인물에 주목해야 합니다. 그 혁명에 도덕적 원리들이 표방되어 있다면 그것이 실제로 영향력을 발휘했음을 밝혀 주는 것은 더없이 중요합니다. 선생님 자신의 인품은 세상 사람들이 꼬치꼬치 따져서 알려고 하는 표적이 되기 때문에 그 인물을 영원히 존경받을 가치가 있게 하는 것은 당연한 일입니다(영국과 유럽뿐만 아니라 광대한 신흥국인 선생님의 조국에 끼치는 영향력을 생각해서라도). 인류의 행복을 증진시키기 위해서 저는 언제나 인간이란 것이 오늘날과 같은 세상일지라도 사악하고 역겨운 동물만은 아니라는 것을 입증할 필요가 있을 뿐만 아니라 적절히 지도하면 그러한 인간들을 혁신시킬 수도 있다는 것을 입증할 필요가 있다고 생각해 왔습니다. 똑같은 이유에서 인류의 많은 사람들 중에는 훌륭한 성품을 지닌 사람들도 있다는 견해가 확고히 뿌리내리는 것을 보았으면 하는 것이 저의 간절한 소망입니다. 왜냐하면 인간은 예외 없이 모두 구제할 수 없는 존재라고 한다면 선량한 사람까지도 어차피 절망으로 끝날 텐데 하며 노력을 포기하게 될 것입니다. 그렇다면 자기도 추악한 인간들의 쟁탈전에 끼어들어 볼까, 또는 적어도 인생을 오직 자기만 즐겁게 살아 볼까 하는 생각도 하게 되기 때문입니다. 그렇기 때문에, 선생님 더욱 빨리 자서전 집필을 시작해 주십시오. 선생님의 좋은 점을 그대로 보여 주시고, 선생님의 절제하는 성격도 그대로 보여 주십시오. 무엇보다도 선생님 자신은 어려서부터 정의, 자유, 그리고 협동을 사랑하셨습니다. 그렇게 본다면 과거 17년 동안에 우리가 보아 알고 있는 그런 행동을 하신 것은 매우 당연한 일이고, 시종일관했다는 것을 밝혀 주십시오. 영국 인들이 선생님을 존경할 뿐만 아니라, 사랑하도록 만들어 주십시오. 그들이 선생님 조국의 사람들에게 좋은 생각을 갖게 된다면, 그들이 선생님 나라에 대해서도 더욱 친근한 호의를 지니게 될 것입니다. 선생님 생각을 영어를 사용하는 사람들에게만 그칠 것이 아니라 더 널리 전파하십시오. 자연현상이나 정치에 관한 많은 문제들을 해결하신 후에, 인류 전체의 복지 향상에 관해 생각해 주십시오. 저는 지금 논제로 삼고 있는 그 자서전을 본 적이 없고, 그 자서전의 주인공이신 선생님만을 알고 있기 때문에 제가 쓰고 있는 글이 갈팡질팡하는 경향이 있을지도 모릅니다. 그러나 선생님의 자서전과 앞에 말한 논문 《덕에 이르는 길》은 반드시 저의 기대를 만족시켜 주리라고 확신합니다.

위에서 언급한 몇 가지 의견에 맞는 방법을 채택하여 이 일에 착수해 주신다면 더욱더 그렇게 되리라고 확신합니다. 선생님을 열렬히 존경하는 사람들이 기대하는 만큼의 성공을 거둘 수 없다 하더라도, 적어도 선생님은 인류 정신에 유익을 주는 단편을 만들어 놓게 될 것입니다. 그러므로 선생님께서는 이 편지에서 선생님에게 드리는 제 기도에 귀를 기울여 주시리라 굳게 믿으며, 저 자신부터 예약해 주시기를 원합니다.

1783년 1월 31일 파리에서
벤자민 보간

자서전의 속고
1784년 파리 근교 파시에서 착수함

앞에 적은 편지들을 받은 뒤 상당한 시일이 흘렀다. 그러나 지금까지 나는 너무 바빠 그 편지 속에 들어 있는 요구에 응할 생각조차 할 여유가 없었다. 어차피 집필한 자료들이 있는 고국에 돌아가서 하는 것이 훨씬 더 잘 쓸 수 있을 것이다. 기록들이 있으면 기억이 흐려진 부분을 보충하고 날짜를 확인하는 데 도움이 되기 때문이다. 그러나 언제 귀국하게 될지 아직도 확실치 않다. 마침 약간 여가도 생겼으니 기억을 되살려 가며 할 수 있는 한 써 보려고 한다. 살아서 귀국하게 되면, 그것은 그때 그곳에서 정정, 가필될 수 있을 것이다.

지금까지 쓴 것의 사본을 가지고 있지 않으므로 나는 어디까지 이야기했는지 잘 모르겠다. 처음에는 작았으나 지금은 아주 훌륭해진 필라델피아 도서관을 설립하던 경위의 이야기로 끝냈는지 확실치 않다. 그러나 그 일을 착수했던 무렵(1730년)까지의 이야기는 썼던 것으로 기억하고 있기 때문에 나는 그 이야기부터 시작한다. 이미 이야기한 것이 틀림없으면 그것은 나중에 지우게 될 것이다.

내가 펜실베니아에서 개업했을 당시, 보스턴 이남의 식민지에는 좋은 서점이 하나도 없었다. 뉴욕이나 필라델피아

등지에서는 인쇄소가 문방구점을 겸하고 있었다. 그런 가게는 다만 종이류, 달력, 민요집, 그리고 몇 종류의 평범한 교과서류 등만 팔고 있었다. 그래서 독서 애호가들은 읽고 싶은 책들을 영국에서 가져와야 하는 형편이었다. 잔토클럽의 회원들은 각자가 다소의 장서를 갖고 있었다. 우리들은 초기에 모이던 맥주집을 나와서 새로 방 하나를 빌려 그곳을 집회 장소로 삼았다. 나는 우리 회원 모두가 그 방에 자기 장서를 가져온다면 회의에서 토론할 때 즉시 그 자리에서 이용할 수 있는 이점이 있고, 집에서 읽고 싶은 책을 빌려 갈 수 있는 이점도 있을 것이라고 제안했다. 이 제안은 그대로 실행에 옮겨져 한동안 모두를 만족케 했다.

이 보잘것없는 서적 수집의 이점을 발견하자 나는 공중 회원제 도서관을 설립하여 독서의 이익을 더 넓혀 갈 것을 제안했다. 나는 그 계획안과 필요한 회칙을 초안하여 유능한 공증인 찰스 브록덴에게 의뢰해서 즉각 회원들의 신청을 접수할 수 있도록 그것을 정관 형식으로 만들었다. 정관에 의하면, 각 회원은 최초의 도서 구입비로 일정액을 납부하고, 그 다음에는 추가 구입비로 매년 일정한 금액을 기부하도록 약정되어 있었다. 당시 필라델피아에서는 독서 인구가 매우 적었고, 우리들 대부분은 매우 가난했다. 나는 부지런히 노력했지만 이 목적을 위해 처음에 40실링씩 지불하고, 뒤이어 1년에 10실링씩 지불할 능력이 있는 사람을 50명 이상 모집할 수는 없었다. 그들 대부분은 젊은 장사꾼들이었다. 이렇게 작은 자본으로 우리는 시작했다. 책을 사들여 온 뒤 회원들에게 빌려 주기 위해 일주일에 한 번씩 열었다. 회원은 기한 내에 책을 반납하지 않으면 정가의 2배에 해당하는 벌금을 지불하겠다는 서약 증서를 써 놓고 책을 빌려 갔다. 이런 공공도서관 제도가 유익하다는 것이 곧 판명되자 다른 도시나 식민지에서도 많이 모방하게 되었다. 도서관들은 기증 도서가 늘어나서 확장되어 갔으며, 독서가 유행처럼 번져 갔다. 사람들은 공부하는 데 열중하는 것 외에는 달리 대중적인 오락이 없었으므로 수년 후에 이 나라의 국민은 다른 나라의 같은 계층 사람들에 비해 대체로 높은 교양을 지니게 되었고, 보다 많은 지식을 풍부하게 가지고 있는 것으로 외국인들에게 평가받게 되었다. 우리가 우리들 자식과 우리 후계자들에게 50년 동안 적용될, 앞서 말한 공공도서관 설립에 관한 정관에 서명하려 하자 공증인 찰스 브록덴은 "당신들은 지금 젊으나 이 증서에 기재된 기한 만료까지 살아 있을 사람은 거의 한 분도 없겠습니다." 하고 말했다. 그러나 우리들 가운데 여러 명은 아직도 살아남았다. 하지만 수년 후 이 협회가 법인체로 바뀌어 영구히 존속하게 되었으므로 증서 자체는 법인체 면장에 대체되어 무효가 되었다.

내가 이 협회에 가입을 부탁하려고 돌아다니면서 부딪친

반대와 저항으로 깨달은 것이 있다. 내가 어떤 계획을 달성하기 위해 남의 도움을 필요로 할 때 자신을 그 유익한 제안자로 내세우는 것은 자신의 명성을 다소나마 주위 사람보다 높이기 위한 것으로 간주될 가능성이 있으므로 부적절하다는 것이다. 그래서 나는 될 수 있는 대로 나 자신을 눈에 띄지 않게 하고, 모든 것은 몇몇 친구들이 세운 계획이며, 그 친구들이 독서 애호가라고 생각하는 사람들에게 가서 제안하라고 나에게 부탁한 것이라고 말했다. 이런 방법으로 했더니 나의 일은 한층 수월하게 진척되었다. 나는 그후 언제나 같은 경우에 같은 방법을 적용했다. 이 방법은 번번이 성공을 거두었으므로 나는 그것을 권장하고 싶다. 당신의 자만심이 당장에는 조금 희생되더라도 나중에 충분히 보상받게 될 것이다. 그 공적이 누구에게 돌아갈 것인지 한동안 결정되지 않은 채, 불확실한 경우에는 당신보다 허영심이 더 많은 어떤 사람이 그 공적을 자기 것이라고 주장하려는 충동을 받게 될 것이다. 그렇게 되면 당신을 시기하는 사람조차도 그의 거짓된 명예를 박탈하여 그것을 정당한 주인에게 되돌려 주어 당신을 공정하게 대접해 주려는 마음을 갖게 될 것이다. 아무튼 나는 이 도서관에서 꾸준히 공부하여 진보할 수 있었다. 결국 매일 한두 시간씩 공부하여 지난날 아버지께서 내게 해 주시려고 하셨지만 이루지 못한 고등교육을 어느 정도까지는 보충할 수 있었다. 실제로 독서만이 나의 유일한 즐거움이어서 술집 출입도 도박도 즐기지 않았고, 그 밖의 어떤 놀이에도 시간을 허비하지 않았다.

한편, 나는 일에는 여전히 근면해서 결코 쉬지 않았다. 사실 나는 그렇게 할 수밖에 없었다. 왜냐하면 나는 인쇄소 때문에 빚을 지고 있었고, 곧 어린 것이 생기면 교육도 시켜야만 할 것이고, 나보다 먼저 개업한 두 라이벌과도 경쟁을 하지 않으면 안 되었기 때문이었다. 그런데도 나날이 살림살이는 호전되어 갔다. 본디부터 그랬지만 나는 지금도 절약 생활을 꾸준히 하고 있다. 내가 어렸을 때 아버지께서 여러 가지 교훈들을 자주 들려주셨는데 그중에서, '그대 자신의 생업에 부지런한 자를 볼진대, 그런 자는 왕 앞에 설지언정 미천한 사람 앞에는 서지 않을 것이니라' 라는 솔로몬의 가르침을 나는 자주 머릿속에 되풀이하여 상기했다. 그때부터 나는 부지런함을 부와 명예를 얻는 수단이라 생각하고 이 말에 고무되었다. 하긴 나는 글자 그대로 왕 앞에 서게 되리라는 생각을 했던 것은 아니지만, 나중에는 그것이 사실로 나타났다. 나는 다섯 분의 왕 앞에 나갔고, 덴마크 왕과 같이 앉아 만찬을 나누는 영광까지 얻었다.

영국 속담에 '성공하고 싶은 사람은 아내의 의견을 물어야 한다' 는 것이 있다.

나처럼 부지런하고 검소한 아내를 맞이한 것은 행운이었다. 아내는 팸플릿을 접기도 하고, 철하기도 했고, 가게를 지키기도 하면서 제지업자들을 위해 린넬 누더기를 사들이면서 나를 도와주었다. 우리는 필요하지 않는 하인은 한 사람도 두지 않았다. 식탁은 검소하고 간편했다. 가구는 가장 값싼 것이었다. 예를 들면 아침 식사는 오랫동안 빵과 우유였다(차는 마시지 않았다). 그것을 2펜스짜리 도기 죽그릇에 담아 수저로 떠 먹었다. 그리고 이러한 근본 방침에도 불구하고 사치라는 것이 어떤 식으로 스며 들어와 퍼지느냐에 대해 주의했다. 어느 날 아침 식사를 하라고 해서 가 보니 식사가 사기 주발에 담겨져 있고 은수저가 놓여 있었다. 그것들은 아내가 나 몰래 23실링이라는 큰 돈을 주고 나를 위해 산 것들이었다. 그것에 대해 아내는 아무런 변명이나 사과를 하지 않았다. 아내는 자기 남편도 이웃 사람들 누구 못지않게 은수저와 사기 주발을 사용할 자격이 있다고 생각하고 있었을 뿐이었다. 이것이 사기 그릇과 금속제의 식기가 우리 집에 최초로 나타난 일이었지만, 그 뒤로는 재산이 늘어가자 해마다 차츰 숫자가 늘어나서 마침내 수백 파운드에 달할 만큼 되었다.

나는 장로교회 파 신자로서 종교적인 교육을 받아 왔다. 그런데 이 교파의 교리 중의 어떤 것들은 예를 들면, 하나님의 영원한 섭리, 하나님의 선택, 하나님의 정죄라고 하는 것 등등은 이해할 수 없는 것으로 생각되었고, 그 밖에도 의심스러운 점들이 있었다. 초기에 나는 이 교파의 공중집회에 나가지 않았으나 일요일에는 교리를 공부했다. 그렇다고 결코 내가 종교의 어떤 주의를 갖고 있지 않은 것은 아니었다. 예를 들면 하나님의 존재를 결코 의심해 본 적이 없고, 하나님이 이 세상을 만드시고 당신의 섭리로 이 세상을 다스리고 계시며, 하느님을 가장 기쁘게 해 드리는 일은 타인에게 선을 행하는 것이고, 영혼은 불멸한다는 것, 모든 죄는 현세나 내세에서 반드시 벌을 받고 덕행은 보답을 받는다는 것을 결코 의심한 적이 없었다. 이런 것들은 모든 종교들 속에서 발견할 수 있으므로 나는 모든 종파를 존경했다. 그러나 그들 속에도 정도의 차이는 있을망정 도덕심을 고무시키고, 촉진하고, 확고히 하기보다는 분열과 적대심을 주로 조장하는 다른 교리들이 섞여 있음을 발견했기 때문에 그들에 대한 나의 존경심의 정도에는 차이가 있었다. 그러나 나는 아무리 나쁜 종교일지라도 어느 정도는 좋은 측면이 있다 생각하고 이처럼 모든 종교에 대해 신앙심을 해치는 논박은 피했다. 우리 주에도 차츰 인구가 불어나서 새 교회당이 계속 필요해졌다. 대부분은 자발적 기부금으로 세워지고 있었는데, 나는 종파에 무관하게 그런 목적을 위한 기부를 결코 거절한 적이 없다.

나는 어떤 공적인 예배에도 거의 출석하지 않았지만 예배가 올바르게 행해지면 그것은 정당하고 이롭다는 견해를 갖고 있었다. 때문에 나는 필라델피아에 하나 밖에 없는 장로

교회 파 목사와 그 집회를 지원하기 위하여 해마다 헌금을 내고 있었다. 이 목사는 친구로서 이따금 나를 찾아와서 예배에 나오라고 설득했으므로, 때로는 설득당하여 출석하기도 했다. 어떤 때는 5주간 계속 일요일마다 참석한 적도 있었다. 그가 훌륭한 설교자라고 생각했더라면 공부를 하기 위해 일요일의 여가가 필요하긴 했지만 아마 계속 출석했을지도 모른다. 그러나 그의 설교는 주로 신학상의 논쟁이라든가 이 종파의 독특한 교리의 설명뿐이었다. 그 설교는 내게 무미건조하고 흥미가 없을 뿐만 아니라 교화를 받을 점도 없었다. 왜냐하면 그는 도덕상의 원리에 관한 설교는 도외시했다. 그의 설교의 목적은 선량한 시민을 만든다는 것보다 장로 파의 교인을 만드는 것에 있는 것 같았다.

드디어 그는 설교 제목으로 빌립보서 제4장에서 다음과 같은 구절을 선택했다.

'끝으로 형제들아, 모든 것에 참되며, 정결하며 사랑할 만 하며, 무슨 덕이 있든지, 이것들을 생각하라.' 나는 이러한 구절의 설교에는 반드시 어떤 도덕적 이야기가 빠질리 없다고 기대했다. 그러나 그는 사도 바울이 말하고자 했던 다섯 가지에만 이야기를 한정시켰다. 즉, 그것은 첫째 안식일을 거룩하게 지킬 것, 둘째 성서를 부지런히 읽을 것, 셋째 공식 예배에는 규칙적으로 출석할 것, 넷째 성찬식에 참석할 것, 다섯째 하나님의 종인 성직자들을 온당하게 대할 것이었다.

 이런 것들은 모두 훌륭한 일이긴 하겠지만, 내가 이 성경 구절에서 기대한 그런 선행은 아니었다. 나는 다른 어느 구절에서도 그런 선행을 만나리라는 기대를 잃고 실망해서 그의 설교에는 더 이상 참석하지 않았다. 수년 전(1728년)에 나는 내 개인용으로 〈신앙 조항과 종교적 행위〉라는 제목의 조그만 기도문, 즉 기도 형식을 만들어 두었다. 나는 이것을 다시 쓰기로 하고, 그 이후로는 일절 공식적인 집회에는 출석하지 않았다. 나의 행위는 비난받아야 할지도 모르지만 이 이상의 변명은 하지 않겠다. 왜냐하면 지금 나의 목적은 사실을 이야기하고자 하는 것이지 변명을 하자는 것은 아니기 때문이다.

 내가 도덕적으로 완전함에 이르겠다는 대담하고도 힘든 계획을 품은 것은 바로 이 무렵이었다. 나는 언제나 어떤 과오도 범하지 않고 살기를 원했다. 타고난 성미나 습관이나 친구 때문에 내가 저지를지도 모르는 여러 가지 과오를 극복하고 싶었다. 나는 옳고 그름을 알고 있고 그것을 판단할 수 있다고 생각했다. 때문에 내가 늘 옳지 않은 것을 피하지 못할 이유가 없다고 생각했다. 그러나 곧 생각했던 것보다 훨씬 곤란한 일에 손을 댔다는 것을 깨닫게 되었다. 어떤 잘못을 저지르지 않으려고 경계하고 있다가 무의식중에 다른 잘못을 저지르곤 했다. 마음을 놓고 있으면 습관이 그 허점을 틈타 나타나기도 했다. 이성으로 이기기에는 때로는 그 성벽이 너무도 강했다. 드디어 나는 완벽하게 덕을 유지하는 것이 이롭다는 단순한 순이론적인 믿음만으로는 우리의 실수를 막는 데 충분치 못하다는 것과 나쁜 습관을 버리고 좋은 습관을 몸에 단단히 붙이지 않으면 확고하고 일관성 있는 행동을 언제나 기대할 수 없다는 결론에 도달했다. 이 목적을 위해서 나는 다음과 같은 방법을 생각해 냈다.

나는 독서를 통해 발견한 덕목들을 여러 가지로 나열해 보았다. 서로 다른 저자들의 책에는 덕의 항목으로 포함시키는 사상들이 어느 책은 많았고, 또 어느 책에는 적은 것도 있었다. 그래서 그 덕목의 수가 많기도 하고 적기도 하다는 것을 알게 되었다. 예를 들어 절제의 덕을 음식에 국한시킨 저자도 있었고, 그 의미를 넓혀서 모든 쾌락, 식욕, 성격, 성욕, 격정, 그 밖에 탐욕이라든가 야심까지도 포함한 모든 것에 적절히 절제해야 한다는 뜻으로 풀이한 저자도 있었다. 하지만 나는 명확하게 하기 위하여 소수의 명칭에 여러 의미를 포함시키는 것보다 많은 명칭으로 분류해서, 각각이 포함하는 의미의 범위로 좁게 한정시키려고 했다. 그래서 나는 내게 필요하기도 하고 바람직하다고 생각되는 모든 덕을 13개 조의 명칭에 포함시키고, 거기에다 짧은 계율을 붙였다. 그것에는 덕의 범위가 확실히 나타나 있었다.

그 덕의 명칭과 계율은 다음과 같다.

1. 절제
머리가 둔해질 정도로 먹지 마라. 정신이 몽롱할 정도로 마시지 마라.
2. 침묵
피차 유용하지 않은 말은 피하라. 쓸데없는 말을 하지 마라.
3. 규율
모든 물건은 제자리에 두라. 모든 일을 알맞은 때에 하라.
4. 결단
해야 할 일은 결단을 하고 이행하라. 결심한 일은 실패 없이 이행하라.
5. 절약
피차에 이득이 없는 일에 돈을 쓰지 마라. 즉, 낭비하지 마라.
6. 근면
시간을 허비하지 마라. 언제나 유익한 일에 종사하라. 모든 불필요한 행동을 하지 마라.
7. 정직
다른 사람을 기만하여 해치지 마라. 악의가 없고 정당하게 생각하라. 말을 할 때도 그렇게 하라.
8. 정의
남을 해치거나 네가 해야 할 의무가 있는 은혜를 베풀지 않는 과오를 범하지 마라.
9. 중용
극단을 피하라. 참을 만한 가치가 있다고 생각할 때까지 분노로 인한 위해를 참아라.
10. 청결
신체·의복·주택의 불결을 묵인하지 마라.
11. 평정
사소한 일, 흔히 있을 수 있는 일이나 피치 못할 일로 평정을 잃어서는 안 된다.
12. 순결
성 행위는 오직 건강이나 자손을 위해 행할 것. 도가 지나쳐서 머리를 멍하게 하거나, 몸을 쇠약하게 하거나, 자기나 타인의 안녕과 명예를 해치는 일은 결코 없게 하라.
13. 겸손
예수와 소크라테스를 본받아라.

 내가 하고 싶었던 것은 이 덕목들을 모두 습관적으로 몸에 지니는 것이었다. 그러나 한꺼번에 전부를 다 하려고 하다가 산만해지지 않도록 한 번에 한 가지씩 집중하여 습득한 후, 한 가지가 완성되면 다음 것으로 옮겨 감으로써 결국 13가지 모두를 습득하는 것이 좋겠다고 판단했다. 덕을 하나 먼저 습득해 두면 또 다른 덕을 익히는 것도 쉬우리라는 생각으로, 나는 위에 열거한 것과 같은 순서로 덕을 배열했다.
 절제는 과거의 습관과 사라질 줄 모르는 유혹이 끌어당기려 할 때, 그것에 대해 언제나 경각심을 유지하고 방어태세를 유지하는 데 있다. 이 절제가 맨 처음에 좋은 것은, 절제가 매우 필요한 두뇌의 명석함과 냉정성을 가져다 주는 경향이 있어서였다. 절제를 완전히 몸에 지니게 되면, 과묵은 한결 습득하기 쉬워진다. 나는 수양을 쌓음과 동시에 지식 얻기를 바라고 있었다. 내가 침묵을 두 번째로 놓은 것은 여기에 있다.

무릇 지식은 대화에서 사용하는 것보다 오히려 귀를 사용함으로써 얻어진다는 것을 알고 시시한 친구들에게나 호감을 줄 뿐인 쓸데없는 소리, 신소리, 농담 지껄이는 버릇을 버렸다. 다음의 규율, 또는 질서는 나에게 계획이나 공부에 열중할 시간을 더 만들어 줄 것으로 기대했다. 결단은 한 번 습관이 되어 버린다면 그 다음에 따라오는 모든 덕을 체득하기 위한 나의 노력을 계속 확고히 해 주었다. 절약과 근면은 나로 하여금 아직도 남아 있는 빚을 갚을 수 있도록 해 주고, 부와 자립을 얻게 해 줄 것이고, 정직과 정의의 실현을 더 쉽게 해 주었다.

다음에 나는 피타고라스의 금언집* 속의 충고에 따라 매일 검사해 보는 것이 필요하리라고 생각되어 그 검사 방법을 다음과 같이 고안해 냈다. 나는 조그만 수첩을 만들어서

---

*피타고라스는 제자들에게 도덕률을 부과하고 매일 아침저녁으로 하루의 일을 반성해 보고 그가 가르친 훈언에 따르지 못한 점이 없는가 다시 생각해 보라 했다.

하나하나의 덕에 대해 한쪽 면씩을 할당했다. 각 쪽에 붉은 잉크로 줄을 그어서 세로 칸을 7개 만들고, 한 칸을 각 요일의 첫머리 글자를 적어 넣었다. 다음에 이 세로 칸을 건너서 붉은 줄을 13줄 긋고, 그에 해당하는 칸에 그날의 덕에 대해 범한 과실을 검사하여 검은 점으로 적어 넣기로 했다.

나는 차례로 이러한 덕을 하나씩 각 요일의 과제로 정하고 엄중히 주의하기로 결심했다. 그래서 처음 1주일 동안은 적어도 절제에 위반되는 행위는 하지 않도록 철저한 주의를 기울이도록 하고, 다른 덕은 평소와 같이 해 두었다. 다만 매일 밤이면 그날의 과실을 해당란에 적어 넣었다.

이렇게 해서 첫째 요일에 '절제'라고 기록된 윗줄에 검은 표시가 있지 않다면, 이 덕의 습관은 대단히 강화되는 반면에 부절제의 버릇은 약화될 것이다.

이런 식으로 좀 더 주위를 넓혀서 그 다음의 덕으로 나아가 다음 주간에는 양쪽의 줄 모두가 검은 표시가 없도록 할 수 있다고 나는 생각했다.

| 표 |

	일	월	화	수	목	금	토
절제							
침묵	●	●		●		●	
규율	●	●			●	●	●
결단		●				●	
절약				●			
근면							
정직							
정의							
중용							
청결							
평정							
순결							
겸손							

 이와 같이 하여 최후까지 나아가면 13주간이라는 긴 코스를 한 바퀴 돌고, 1년에 네 번을 반복할 수 있었다. 정원의 잡초를 뽑을 때도 한꺼번에 다 뽑아 버리려고 하지 않는다. 단번에 다 하려면 힘에 부치기 때문에 한 번에 한 귀퉁이를 뽑고, 그 일이 끝나면 다음 귀퉁이로 옮겨 가는 것인데, 나도 이런 식으로 검은 점 표시를 줄에서 지워 가면서 각각의

페이지에 덕이 진보해 가는 것을 보고 더욱 힘을 얻어 여러 번 반복할 수 있었다. 마침내 13주간을 날마다 검사하면서 수첩에 검은 점이 하나도 없도록 하고 싶었다.

이 조그마한 수첩에는 에디슨*의 《카토오》* 중에서 다음과 같은 한 구절을 적어 놓았다.

나는 이것을 지키련다.
우리 위에 진정
하나님이 계시다면(만물이 소리 높여 계시다 한다)
하나님은 덕을 좋아하시니
하나님이 좋아하시는 것이라면, 행복한 것이 아닌가.

다른 또 하나의 구절은 키케로의 말에서 인용했다.

오오, 인간 세상의 길잡이가 되는 학문이여! 덕을 구하되 꾸준히 하고, 여러 가지 악덕을 쫓아내는 학문이여! 그대의 교훈대로 덕스럽게 보낸 하루는 죄에 싸인 영생보다 나으리라.

또 하나는 솔로몬의 《잠언》으로, 지혜와 덕에 대해 말한 것이다.

---

* 영국의 수필가, 〈스펙테이터〉 지(紙) 창간 발기인의 한 사람.
* 로마의 정치가인 카토오의 최후를 다룬 비극, 인용된 구절은 5막 1장.

그 오른손에는 장수가 있고, 그 왼손에는 부귀영화도 있나니, 그 길은 즐겁기 한이 없고, 그 첩경은 모두가 평강이니라.
―시편 3장 16절, 17절

하나님은 지혜의 원천이기 때문에 지혜를 얻기 위해 하나님의 도움을 구하는 것은 당연한 일이고 또 필요한 일이라고 생각했다. 이런 목적으로 나는 다음과 같은 짧은 기도문을 만들어서 매일 이것을 외우기 위하여 점검표의 첫머리에 써 놓았다.

오, 위대하신 하나님이시여, 은혜로운 아버지시여, 자비심이 충만하신 지도자시여, 참으로 유익한 것을 발견할 수 있는 지혜를 더욱더 많이 주소서. 나와 같이 당신의 다른 아들들에 대한 나의 인정있는 임무를 다하게 하여 주소서. 그것은 당신의 끊임없는 은혜에 대해서 저희가 할 수 있는 오직 하나의 보답이옵니다.

나는 또 가끔 톰슨의 시에 나오는 짧은 기도문도 사용했다. 그것은 다음과 같다.

빛과 생명의 아버지, 내 최고의 하나님이여!
오, 저에게 선이란 것을 가르쳐 주시고, 당신의 모습을 보여 주소서.

어리석은 일, 허무한 일, 악한 일에서, 모든 비천한 일에서 저를 구해 주시고, 지혜와 마음의 평화와 맑은 덕으로, 저의 영혼을 채워 주소서.
거룩하고 실속 있고 시들지 않는 축복을 내려 주소서.

규율이란 덕목에 부가된 계율은, 일이란 모두 시간을 정해서 하라고 명하고 있다. 그래서 나의 조그만 수첩에는 하루의 24시간을 어떻게 쓸 것인가를 작정한, 다음과 같은 계획을 적어 둔 한 페이지가 있다.

| 시간표 |

아침	오늘은 어떤 선행을 할 것인가.	5~7	일어나서 세수하고, 전능하신 하나님께 기도드림. 하루의 계획을 세우고 결심을 함. 현재의 연구를 계속함. 아침 식사를 함.
		8~11	일을 함
낮		12~1	독서 또는 장부를 살펴볼 것. 점심 식사.
오후		2~5	일을 함
저녁	오늘은 어떤 선행을 하였는가	6~9	정돈, 저녁 식사, 음악감상, 오락 혹은 잡담, 하루의 반성.
밤		10~4	수면

나는 이런 자기반성의 계획에 대한 실천을 기록했으며, 가끔은 중단된 때도 있었지만 오랫동안 계속했다. 그랬더니 생각했던 것보다 과실이 많아서 나 자신도 놀라지 않을 수 없었다. 그러나 차츰 그 과실들이 줄어들어 가는 것에 나는 만족했다.

나의 조그만 수첩에는 새로운 코스에 들어가서 새로 범한 과실을 표시하느라 그 전의 표시를 지워 버리곤 했기 때문에 구멍이 많이 생겨서 가끔 새 것을 만들지 않으면 안 되었다. 그것이 귀찮아서 나는 비망록으로 사용하는 넓은 상아판에 표와 계율을 옮겨 적었다. 줄을 긋는 데는 붉은 잉크를 써서 잘 지워지지 않게 하고, 과실을 기록할 때는 검은 연필을 사용했다. 과실의 기호는 스펀지에 물을 적셔서 간단히 지워 낼 수가 있었다.

그러나 이 작업도 얼마 후부터는 1년에 1회 꼴로, 그 뒤로는 몇 해에 한 번밖에 실행하지 못했다. 그러다가 나중에는 아주 그만두었다. 해외로 다니고, 여러 가지 일에 쫓겨서 할 수가 없었다. 그래도 나는 이 조그만 수첩만은 늘 가지고 다녔다.

규율 있게 살아가겠다는 계획은 내게 있어 가장 귀찮은 일이었다. 그 사람의 직업이 자기 마음대로 시간을 쪼갤 수 있는 경우에, 이를테면 고용살이하는 인쇄공의 경우라면 실행할 수 있는 일이지만, 주인 처지에서는 시간을 엄격하게 지킬 수 없을 것이다. 주인의 입장에서는 세상 사람들과 교제도 해야 되고, 자기들이 원하는 시간에 이야기하러 오는 손님의 접대도 해야만 하는 등 일이 많기 때문이다. 종이와 그 밖의 물건을 제자리에 두는 규칙적인 생활도 내게는 어려운 일이었다.

나는 어려서부터 무질서에서 야기되는 불편을 느낀 적이 없었다. 따라서 나는 이 항목들을 지키는 데 이만저만 고생이 아니었다. 규율을 위반하는 과실이 많아 신경이 많이 쓰이기도 했지만 교정되지 않고 오히려 언제나 역효과를 빚는 형편이었다. 결국 나는 이 계획을 단념하고 마치 다음 얘기에 등장하는 사람처럼, 규율이라는 점에서는 나 자신의 성격에 결점이 있으니 도리 없다는 결론에 이르렀다.

어떤 사람이 근처 대장간에서 도끼를 사서 도끼의 표면 전체를 날과 같이 번쩍거리게 해 달라고 부탁했다, 대장장이는 숫돌의 바퀴만 돌려 준다면 원하는 대로 빛나게 해 주겠다고 말했다. 그 사람은 바퀴를 돌렸다. 그러나 대장장이가 도끼의 넓은 표면을 숫돌 위에 꼭 밀어 붙이자 바퀴를 돌리는 일이 매우 힘들게 되었다. 그 사람은 가끔 바퀴를 돌리다 말고 얼마나 번쩍이는지를 보았다. 그러나 원하는 대로 되지 않자 마침내 그는 더 이상 가는 것을 중단하고 그냥 도끼를 가져가겠다고 말했다. 그러자 대장장이는, "아니 되오, 좀 더 힘껏 돌리시오. 차츰 더 훌륭하게 빛날 것입니다.

아직은 겨우 군데군데만 빛이 날 뿐입니다." 하고 말했다. 그러나 그 사람은, "아니오, 나는 지금처럼 조금만 빛나는 도끼가 가장 좋은 것 같아요." 하고 돌아섰다.

이런 경우는 여러 사람에게도 있으리라고 생각한다. 그러나 그들은 내가 실천한 방식을 모르기 때문에 단지 덕과 부덕의 문제로 좋은 습관을 익히려 할 것이고, 나쁜 습관을 버리는 것이 어렵게 되면 그렇게 스스로 싸우는 것을 단념하고 '어느 정도만 번쩍이는 도끼가 가장 좋다'는 결론을 내리고 말 것이다.

나의 경우도 이와 다르지 않다는 생각으로, 나는 이것이야말로 이성의 소리라고 여겼다. 즉, 내가 나 자신에게 강요하는 극단적인 엄격성은 일종의 도덕적 겉치레와 같은 것이니, 남이 알게 된다면 웃음거리가 될 것이다. 완전무결한 인격은 때때로 질투와 미움을 받는 등 여러 가지 이롭지 못한 일이 따른다. 친구가 체면을 잃지 않도록 약간의 결점은 남겨 두는 것이 어진 사람이라고 말이다. 사실 나는 정돈한다는 점에 있어서 나의 나쁜 버릇은 고칠 수 없었다. 나이를 먹어 기억력조차 흐려진 지금에 와서도 나는 이러한 덕의 결핍을 뼈저리게 느끼고 있다. 대체로 나는 나 자신이 진정으로 바라던 도덕적 완성을 보기는커녕, 그 근처에도 미치지 못했다. 그러나 그나마 노력한 보람이라도 있어, 나는 그런 시험을 하지 않은 경우보다는 나은 인간이 되었고 행복하게 살았다. 마치 필법 책을 표본 삼아서 완벽한 필법을 배우고자 한 사람이 쓴 만큼 필체가 좋아져서 깨끗하고 또박또박하게만 쓴다면 그런 대로 볼품이 있는 것과 마찬가지의 결론이 나온다.

이렇게 내가 지난 얘기를 쓰고 있지만, 79세가 된 오늘에 이르기까지 내가 항상 받게 된 행복은 오직 하나님의 은혜와 이 조그만 방법을 생각해 냈기 때문이다.

나의 자손들이여! 이것을 잘 분별해서 머리에 새겨 두라. 앞으로 남은 생애에 어떤 불행이 닥쳐올지 그것은 하나님만이 아실 것이지만, 불운이 내게 덮치더라도 지금까지 내가 누린 행복을 돌이켜 본다면, 체념도 쉬운 일이며 불운을 견디는 것도 어렵지 않으리라 본다.

오랫동안 건강을 유지하고 지금도 강건한 체격을 자랑할 수 있는 것은 절제의 덕이다. 또한 젊은 시절부터 궁핍한 생활은 하지 않았고 재산도 얼마간 쌓았으며, 여러 가지 지식도 얻고 유용한 시민이 되어, 학식 있는 사람들 중에서도 명성을 얻게 된 것은 근면과 절약의 덕이다. 국민의 신망을 얻고 영광스러운 임무까지 맡게 된 것은 오로지 정직과 정의의 덕분이다. 나는 언제나 평온한 심정이고 타인과의 대화에서 늘 명쾌했다. 그렇기 때문에 오늘날에도 친교를 맺고자 하는 사람들이 많으며, (단지 나는 이러한 덕을 불완전하게 내 것으로 만들고 있는 데 지나지 않았지만) 젊은 친구들의 귀한 사랑을 받게 된 데에는 모두가 덕의 종합적인 힘에 의한 것이다. 그러므로 나의 자손이라면 이것을 본받아서 그와 같은 이점을 얻을 수 있기를 나는 진심으로 바란다.

나의 이 계획이 종교와 전혀 관계가 없었던 것은 아니지만 특정 종파의 독특한 교리 같은 것에서는 전혀 흔적도 찾을 수 없을 것이다. 그것은 내가 일부러 그것들을 피했던 이유이다. 나는 이 방법이 좋고 유효하고 모든 교파의 사람들에게 소용되는 것을 확신하며 훗날에 이것을 책으로 꾸밀 생각을 하는 터이라, 그 사람의 교파 여하에 따라 편견을 조장하여 이것을 반대시킬 일은 하고 싶지 않았다. 나는 그 덕 하나하나에 대해서 짤막한 주석을 달고, 그 덕을 갖추면 얻게 될 이익과 그 반대의 악덕에 따르는 해독을 제시할 작정이었다. 그리고 나는 그 책 제목을 《덕에 이르는 길》이라고 붙일 작정이었다. 나는 그 책에서 덕에 이르는 수단과 방법을 쓸 생각이었다. 왜냐하면 수단에 관해서는 가르치거나 언급하지도 않으면서 오직 '착한 사람이 되라'는 식의 훈계를 늘어놓는 것과는 근본적으로 다르게 하고 싶었기 때문이다. 그런 식의 훈계는 마치 입을 것도 없고 먹을 것도 없는 사람들에게 어디 가서 어떻게 해서 옷과 음식을 얻을 것인가를 가르쳐 주지는 않으면서 다만, 배부를 줄 알고 옷을 입을 줄 알라고 훈계한 저 《야곱서》에 나오는, 말뿐인 인자와 같은 것이다.

이 주석을 써서 출판하려는 나의 계획은 실현되지 않았다. 하지만 그 속에 넣기 위해 감상이나 추론 등의 단편적인 생각을 이따금 메모해 둔 것의 일부는 지금도 내게 보관되어 있다. 그런데 젊었을 때는 자신의 사업에, 나중에는 공직 쪽으로 전력을 집중시키지 않으면 안 되었기 때문에 이 계획은 자꾸 연기되고 말았다. 나는 이 일을 어떤 대규모 계획의 일부라 생각하고 있지만, 그 계획의 실천에는 한 사람이 전적으로 매달리지 않으면 안 되는 일인데다 뜻밖의 일들이 속출하는 바람에 마침내 오늘날에 이르기까지 그대로 방치되고 있는 것이다.

 이 책에서 내가 설명하고 강조하고 싶은 것이 있다.

 인간의 본성만으로 볼 때, 모든 옳지 못한 행실은 금지되기 때문에 해로운 것이 아니라, 해롭기 때문에 금지되고 있다는 것이다. 그렇기 때문에 내세의 행복을 염원하는 사람뿐 아니라 현재의 행복을 바라는 자에게도, 덕행을 쌓는 것만이 유리하다는 가르침이다.

 나는 다음과 같은 이유에서, 즉 이 세상에는 일을 정직하게 해 줄 수 있는 인물을 구하고 있는 상인, 귀족, 국가 혹은 제후들이 언제나 있지만 그들이 바라는 그런 정직한 인물은 매우 희귀하다는 이유에서, 정직과 정의는 가난한 사람을 행복하게 할 가능성이 짙은 덕이라는 것을 젊은 사람들이 깨달을 수 있게 하려고 노력했다.

이 도덕표는 처음에는 12항목밖에 되지 않았다. 그런데 퀘이커교도인 친구가 친절하게 조언해 준 바에 의하면, 내가 다른 이에게 교만하다고 생각되어지며, 그 교만성이 대화 도중에도 튀어나온다고 했다.

 논쟁을 할 때는 자기 쪽이 옳다는 정도로는 만족하지 않고 무조건 압도하려는 불손한 태도가 있다는 것이었다. 그래서 나는 다른 악덕이나 어리석은 짓과 함께 이것을 고치려고 생각한 끝에, 겸손의 덕을 도표에 첨가하여 그 말에 넓은 의미를 부여했다.

 나는 이 겸손이라는 참다운 덕성을 내 것으로 했다고 자부하진 못하지만, 표면적으로는 상당히 성공했다고 생각한다. 타인의 연설에 정면으로 반대를 한다든지 나의 의견을 단정적으로 주장하는 따위는 삼가기로 했다. 잔토클럽 옛 규칙에 따라서, 나는 '확실히'라든가, '틀림없이' 등의 단정적인 견해를 나타내는 어구는 쓰지 않기로 결정하고, 그 대신에 '나는 이렇게 생각한다'라든지, '나는 이렇게 해석한다', 혹은 '현재의 나로서는 이렇게 생각된다'라는 식의 표현을 쓰기로 했다. 잘못이라고 생각되는 말을 타인이 주장하고 있을 때라도, 나는 처음부터 반박한다거나 갑자기 그의 말이 부당하다고 지적함으로써 쾌감을 느끼는 짓을 피하고, 그런 경우 대답으로는 우선 "때와 장소에 따라서는 그 견해가 옳을 것입니다만, 현재에 있어서는 다소 그른 점이 있는 것 같습니다"라든가 "내겐 그런 생각이 듭니다"는 등의 표현을 구사하기 시작했다. 이렇게 태도를 바꾼 효과는 당장에 나타났다. 왜냐하면 타인과 대화할 때 이전보다는 훨씬 기분 좋게 진행이 되었기 때문이다. 겸손한 태도로 자신의 의견을 말하기 때문에 오히려 쉽게 타인이 이해를 해 주고, 반대는 적어졌다. 자신의 의견이 틀렸을 경우에도 심한 창피를 당하지 않았고, 어쩌다가 자신이 정당한 말을 했을 때는 한층 쉽게 타인을 설득하고 그 오류를 고치게 해서 자기의 의견에 동의하도록 만들 수가 있었다.

이런 태도는 타고난 나의 천성은 아니어서, 처음에는 다소 무리하게 해 본 것이지만 나중에는 자연스레 그렇게 되었고 습관화되었다. 아마 과거 50년 이래, 나의 입을 통해서 단정적인 언사가 나온 것을 들을 수 있었던 사람은 단 한 사람도 없었을 것이다. 내가 새로운 제도와 구 제도의 개선을 제안했을 경우에 나의 의견이 동포와 시민 사이에서 일찍이 중요시된 것도, 또한 여러 가지 공적인 회의의 의원이 되어 상당한 세력을 가진 것도 바로 이러한 습관 덕택(나의 성실한 성격 때문이었다)이었다고 생각한다. 나는 본디 말주변이 없고, 말 잘한다는 이야기를 들은 적도 없었다. 또한 무슨 말을 할 것인지 우물쭈물한다든지 말의 조리도 서지 않는 틀린 말도 많았다. 그럼에도 불구하고 대개 내 의견은 그럭저럭 통했던 것이다.

실제로 우리들의 자연적인 감정 중에서 자부심만큼이나 억제하기 어려운 것도 없으리라. 아무리 감추려고 하더라도, 그것과 싸우거나 숨통을 막아 죽이거나 하더라도, 여전히 그것은 살아남아서 이따금 머리를 쳐들고 모습을 드러낸다. 아마 이 이야기 중에도 나는 자주 나의 자부심을 엿보였을 것이다. 왜냐하면 내가 완전히 그것을 이겼다고 생각한다 해도, 나는 나의 겸손의 덕을 자랑하고 있는 셈이기 때문이다.

제3부

제3부

1778년 8월, 집에서 나는 지금 막 집필을 하려고 한다. 그러나 많은 기록들이 전쟁 중에 없어졌기 때문에 나의 기록을 통해 얻을 것이라고 생각했던 것을 얻을 수 없게 되었다. 그러나 나는 다음의 것을 발견했다.

내가 생각했던 크고 광범위한 계획을 말했기 때문에 그 계획의 목적이 상당히 여기에 담겨져 있을 것이다. 우연히 보존되었지만 내 마음속에 맨 처음으로 떠오른 것이 다음의 작은 기록들이다.

1731년 5월 9일 서재에서 나의 독서 내력에 관한 관찰

· 전쟁과 혁명 등 이 세상의 큰 사건은 당파에 의해서 이행된다.
· 이런 당파의 목적은 그들의 현재의 일반적 이익이나 그들이

이롭다고 생각하는 것이다.

· 이렇게 당파가 다르면 그 목적은 모든 혼란을 겪게 한다.

· 한 당파가 일반적인 계획을 수행하고 있는 동안에, 각 당원은 자기의 특수한 이익에 열중하고, 서로 배격하고, 당을 분열시키고, 분규를 확대시킨다.

· 아무리 하는 척해도 공무에 종사하는 자가 오로지 국가의 이익의 견지에서 행동하고 있는 사람은 거의 없다. 그 행위가 참으로 국가에 이익을 가져왔다고 하더라도, 그들 역시 첫째는 자신의 이익과 국가의 이익이 일치한다고 생각하는 것이지 박애의 정신으로 행동하는 것은 아니다.

· 인류의 이익이라는 견지에서 공무를 수행하는 사람은 더욱 적다.

· 이제야 각국의 선량하고 유덕한 인사를 규합해서 상설 단체를 조직, 덕을 닦는 연합체를 하나 만들 참 좋은 기회가 온 것이 아닌가 하고 생각한다. 적절하고 현명한 규칙을 만들어서 이 단체를 통제하기로 한다면, 선량하고 유덕한 인사는 아마도 보통 사람이 보통의 규칙을 지키는 이상으로 모두가 그 규칙을 따를 것이다.

· 이 계획을 올바르게 세우고 힘껏 노력하는 자는 반드시 하나님의 뜻에 맞고, 성공할 수 있으리라고 나는 생각한다.

–B. 프랭클린

내 사정이 좋아져서 필요한 여가가 생기면 착수할 생각으로, 나는 머릿속에서 이 안을 다듬었다. 그리고 그때마다 이것에 관하여 그려지는 생각들을 때때로 종이쪽지에 메모해 두었다. 대부분은 없어졌으나 단 한 가지 내가 생각하고 있던 신앙 조항의 요점을 적어 둔 쪽지가 발견되었다. 그것은 내 생각이었지만 모든 기성 종교의 본질을 포함하고 있고, 어떤 종파의 신자들도 싫어할 것 같은 점은 없었다. 거기에는 다음과 같이 적혀 있었다.

· 유일한 하나님이 계신다. 그분은 만물을 창조하셨다.
· 그분은 섭리로 세계를 다스린다.
· 그분은 존경, 기도, 그리고 감사예배를 받으셔야 한다.
· 영혼은 불멸이다.
· 하나님은 현세에나 내세에 반드시 덕에는 보답하고 죄에는 벌을 주신다.

당시의 내 생각은 다음과 같았다.

이 종파는 처음에는 젊고 참된 독신 청년들 사이에서만 시작되고 보급시켜야 한다. 입회를 허락받은 자는 이 교리에 동의를 표할 뿐 아니라, 앞에서 언급한 예를 따라서 13주 동안 덕의 검사와 실행을 하지 않으면 안 된다. 부적당한 인물이 입회를 원하는 일이 없도록 상당한 규모에 이를 때까지는 이런 모임에 관한 것은 세상에 발표되지 않아야 한다. 다만 회원은 각각 그의 지인 중에서 영리하고 선량한 청년을 물색하고 신중한 주의를 기울여 서서히 이 계획을 전해야 한다. 회원은 다른 회원의 이익, 사업, 영달을 촉진시키기 위하여 서로 충고하고 원조하며 지지할 것을 약속하지 않으면 안 된다. 다른 것과 구별하기 위하여 모임의 명칭은 '완전한 자유인의 협회'라고 한다. '자유'라고 하는 것은 여러 가지 덕을 실행해서 이것을 습관화하고, 나쁜 습관의 지배를 면하는 것이고, 특히 근면과 검약의 실천에 의해 빚을 면하는 것이다. 빚이라는 것은 사람을 속박할 뿐 아니라 채권자에 대해서 일종의 노예가 되어 버리는 것이다.

이 계획에 관하여 지금도 기억하고 있는 것은 이 정도인데, 또 한 가지, 두 청년에게 내 계획의 일부를 얘기해 주었더니 그들이 열렬히 이것을 찬성해 준 일이 있었다. 그러나 당시는 살림도 어렵고 사업에 꼭 매어 있지 않으면 안 되었기 때문에 나는 계획을 더 이상 진척시킬 수가 없었다.

그 후로도 공사간의 여러 가지 잡다한 용무 때문에 연기에 연기를 거듭해서 끝내 현재까지 내버려 두었던 것인데, 이제 와서는 이런 계획을 실천하는 데 필요한 기력도 체력도 자연히 없어지고 말았다. 그렇긴 해도 나는 지금도 항상 이것을 실행에 옮길 계획에 있고, 많은 선량한 시민을 만드는 것인 만큼, 대단히 유익한 일이라고 생각한다.

나는 이 계획의 외견상 규모에 압도된 것은 아니다. 상당한 재능이 있는 인물이라고 한다면 최초에 좋은 계획을 세워서 주의를 빼앗기는 오락이나 다른 사업에 눈도 돌리지 않고 그 계획을 수행할 유일의 연구과제요, 일이라고 전념하면 반드시 인류에게 위대한 변화를 주어 대사업을 성취할 수 있다고 늘 생각하고 있었다.

1732년에 나는 리처드 선더즈라는 이름으로 처음 달력을 발행했다. 그 후 약 25년 동안이나 이것을 속간했다. 이 달력은 《가난한 리처드의 달력》이라고 불렀다. 나는 이것을 재미도 있고 유익한 것으로 만들려고 노력했다. 덕택에 판매 성적도 대단히 좋아서 매년 1만 부 가까이 팔려서 이익도 꽤 많이 냈다. 주에서 가까운 마을에는 이것이 없는 집이 거의 없을 정도로 널리 읽히는 것을 보고, 나는 달리 책을 거의 사 보지 않는 일반 시민들에게 교훈을 전달하는 데는 달력이 아주 좋은 수단이 된다고 생각했다. 그래서 나는 달력 가운데 특수한 날과 그 사이에 생기는 조그만 여백을 격언 같은 문구로 채웠다. 그 격언의 대부분은 근면과 절약이 부를 얻는 수단이고, 덕을 보장하는 수단임을 일러 주었다. 그 격언들은 '빈 주머니는 꼿꼿이 서지 못한다'라는 것들로, 이 격언은 가난한 사람에게 있어서는 언제나 정직하게 살아간다는 것이 힘들다는 뜻을 담고 있었다.

나는 여러 시대, 여러 국민의 지혜를 내용으로 하고 있는 격언을 모아 하나의 줄거리로 통하는 이야기를 만들어, 어느 지혜로운 노인이 경매에 모인 사람들에게 연설하는 형식으로 1757년의 달력 앞부분에 실었다.* 이와 같이 흩어져 있는 훈화를 모아서 하나의 초점을 부여하면 그것은 한층 강하게 사람의 마음에 자극을 주게 되는 것이다.

이 한 편의 이야기는 널리 세상의 환영을 받아 미 대륙의 각 신문에 게재되었을 뿐만 아니라, 영국에서도 큰 종이에 인쇄되어 집집마다 벽에 붙여 놓았다. 프랑스에서는 두 가지의 번역이 나와 목사와 지주들은 이것을 많이 구입해서 무상으로 가난한 교구민과 소작인에게 배부했다.

펜실베니아 주에서는 달력의 출판 이후 수년 간 화폐량이 증가되었는데, 그것은 외래 사치품에 쓸데없는 돈을 쓰는 것을 훈계하는 데서 오는 이 달력의 교훈에 따른 영향이 크다고 생각하는 사람도 있었다.

나는 내 신문도 교훈을 전달하는 하나의 수단이라고 생각했기 때문에, 이런 관점에서 자주 〈스펙테이터〉 지와 다른 도학자들의 저서에서 발췌한 내용을 신문에 소개했다. 때로는 내가 만든 짧은 작품도 발표했다. 이것은 원래 잔토클럽에서 읽기 위해 썼던 것이었다.

그중에 하나는 재간과 수완이야 어떻든 덕이 없는 인간은

---

*이것은 사실상 1758년의 달력에 실린 것으로, 그 문장은 〈부에 이르는 길〉이란 이름으로 알려져 있다.

참으로 분별이 있는 인물이라 할 수 없다는 것을 증명하는 소크라테스적인 문답이었다. 또한 극기와 같은 덕도 이것을 행하는 것이 습관이 되어서 이에 반대되는 성벽의 영향을 전혀 받지 않는다 하더라도 그 덕이 확실해졌다고는 말할 수 없다는 등의 논의도 들어 있었다. 그것들은 1735년 초엽의 신문에 있으리라고 생각한다.

나는 신문의 경영에서 비방과 인신공격에는 세심한 신경을 기울여 피했다. 비방과 인신공격은 요즘 들어 매우 심해졌고, 나라의 수치가 될 정도였다. 이런 종류의 글을 실어달라고 부탁해 오면 필자는 으레 신문의 자유를 주장하며, 신문은 합승마차와 같아 요금만 내면 누구라도 탈 권리가 있다고 말하지만 그럴 때마다 나는 다음과 같이 대답했다.

"꼭 필요하시다면 그 글은 별도로 인쇄해 드리겠습니다. 그러나 몇 부든지 필자께서 배부하고 싶은 만큼만 인쇄하는 것이 좋을 것입니다. 왜냐하면 나는 남을 욕하는 글을 퍼뜨리는 일은 맡고 싶지 않습니다. 나는 유익하고 흥미로운 기사를 제공할 것을 독자에게 약속했으므로, 독자와 관계없는 개인적인 논쟁을 실을 수는 없습니다. 그런 일을 한다면 명백히 독자의 이익을 해치게 됩니다."

아무튼 요즈음의 신문업자 대부분은 고결한 인격마저도 무고되어 사적인 원한을 품게 하고, 적개심을 돋우어 결투까지 야기시키면서도 전혀 뉘우치는 기색이 없을 뿐만 아니라, 앞뒤 생각도 없이 가까운 나라의 정부나 가장 친교가 두터운 우방의 행위까지도 더러운 비난으로 발표한다. 그야말로 그들은 가장 유해한 영향을 주고 있는 것이다. 내가 이런 말을 하는 것은 젊은 신문업자에게 경고하는 것이며, 그들로 하여금 이런 수치스러운 행위를 단호히 거부함으로써 신문을 더럽히지 않고 그 업을 욕되게 하지 않기 위해서이다. 그 이유는 나의 실례를 보고, 그들이 내가 채택하고 있는 경영방침이 종국에 가서는 그들의 이익에 반하지 않음을 깨닫고 발전할 것이기 때문이다.

사우스캐롤라이나에는 인쇄소가 하나도 없었으므로, 1733년에 나의 직공 한 사람을 찰스턴으로 보냈다. 나는 그에게 인쇄기와 활자를 주어 조합 계약을 맺었다. 그 계약 내용은 내가 경비의 3분의 1을 대고 수익의 3분의 1을 받기로 했다. 그는 지식인이고 정직했지만 회계 쪽에는 문외한이었다. 이따금 송금을 해 왔지만 그가 살아 있는 동안에는 단 한 번도 결산 보고서를 보내온 적이 없었고, 조합의 영업 보고도 제대로 보내오지 않았다.

그가 죽은 후에는 미망인이 업무를 계속 이어 갔다. 그녀는 네덜란드 태생으로 그곳에서 자라났다. 이전부터 들은 바에 의하면 네덜란드에서는 회계에 대한 지식이 부인 교육의 일부가 되어 있다고 한다. 그녀는 이전의 거래관계에 관한 명료한 보고서를 보내왔음은 물론이고, 그 뒤에도 4반기

마다 아주 착실하고 정확하게 회계보고서를 보내왔다. 사업도 매우 잘 운영해서 자녀들도 키웠을 뿐 아니라, 계약 기간이 만료되자 곧 인쇄소의 소유권을 내게서 사서 그 아들의 명의로 만들어 놓았다.

내가 이런 말을 하는 것은 주로 젊은 여성에게 이 방면의 교육을 장려하고 싶기 때문이다. 미망인이 되었을 경우, 음악이나 무용보다도 훨씬 이 방면이 그녀들에게나 아이들에게도 유익하기 때문이다. 회계에 대한 지식이 있으면 간교한 남자들에게 속아 손해를 볼 염려도 없고, 자식이 장성했을 때 그 사업을 이어받게 할 수 있으니 종래의 거래관계를 지속시켜 유리한 상업을 운영할 수 있고, 결국 일가의 이익과 번창의 근본이 되는 것이다.

1734년경에 헴필이라는 장로교의 젊은 목사가 부임해 왔다. 그는 목소리가 좋고, 즉석 연설을 하는 데도 굉장히 훌륭한 설교를 했기 때문에 종파가 다른 신자들까지도 그의 설교의 매력에 이끌렸을 정도로 대단한 인기를 얻었다. 나도 다른 사람들과 함께 그의 설교를 들으러 갔다. 그의 설교는 교리적인 데가 거의 없고 덕의 실행, 즉 종교적 표현에 따라 '선행'을 쌓아갈 것을 강조했기 때문에 내 마음에도 들었다.

그런데 모인 신자들 중에는 정통 장로교를 내세우는 무리가 있어 그의 설교를 반대하고, 늙은 목사들이 거기에 가담을 했다. 그들은 그 목사를 침묵케 할 목적으로 종교회의의 이단자라고 소송을 걸기에 이르렀다.

나는 그의 열렬한 지지자가 되고, 다른 지지파를 모으는 데 할 수 있는 한 최선을 다했다. 나는 그를 위해 싸웠으며, 어느 정도 승산도 있었다. 이것에 관하여는 찬반의 양론이 많이 제기되었다. 그의 설교는 훌륭한데 글이 형편없으므로, 나는 그를 위해 두서너 가지의 팸플릿도 쓰고, 1735년 4월의 신문에는 소논문도 게재했다. 그런 팸플릿도 대개 일반 토론 논문과 마찬가지로 당시에는 열심히 읽혔는데 얼마 안 되어 잊어버리고 지금은 한 부 정도 남았는지도 모르겠다.

그런데 항쟁을 계속하고 있는 동안에 불행한 사건이 생겨서 그의 입장은 매우 불리하게 되었다. 우리의 반대파의 한 사람이 그의 설교를 들었는데, 그 설교는 평판이 좋은 편이었지만 전에 어디선가 적어도 그 일부분은 읽은 일이 있는 것으로 기억하고 있다고 했다. 그래서 조사해 보았더니, 그것은 〈브리티시 리뷰즈〉에 실린 포스터 박사*의 설교의 일절을 그대로 인용한 것임이 밝혀졌다. 이것을 알아냈기 때문에 그를 지지하던 사람들도 대부분 실망한 나머지 그의 주장을 지지하지 않게 되어서 우리는 종교회의에서 힘없이

---

*포스터 박사 : 영국의 유명한 목사, 1697~1753, 그는 설교를 잘하기로 명성이 나 있던 인물이다.

참패하고 말았다. 그러나 나는 그를 아끼고 끝까지 지지했다. 그가 보통의 목사들처럼 자기가 만들어 낸 졸렬한 설교를 하지 않고, 다른 사람의 훌륭한 설교 내용을 우리들에게 들려주는 것은 오히려 좋게 평가할 부분이다.

나중에 그는 자기가 만든 설교는 한 가지도 없고, 다만 자기는 기억력이 좋아서 한 번만 읽으면 어떠한 설교라도 기억해서 언제나 그대로 되풀이할 수 있다고 고백했다. 우리 쪽이 참패하자 그는 행운을 찾아서 다른 나라로 떠났다. 나도 그 집회를 탈퇴하고 그 후로는 나가지 않았다. 그래도 목사를 위한 선교 헌금은 오랫동안 계속 냈다.

나는 1732년에 외국어 연구를 시작했다. 얼마 후에는 프랑스 어를 터득해서 프랑스 어 서적을 잘 읽게 되었다. 다음에는 이탈리아 어를 시작했다. 마침 이탈리아 어를 공부하는 사람이 있었는데, 그는 가끔 장기를 두자고 나를 유혹했다. 이 때문에 공부할 시간을 많이 빼앗기므로 나는 마침내 한 가지 조건을 내세워서 이것에 찬성하지 않으면 장기는 그만두겠다고 선언했다. 한 번 승부를 겨루어 이긴 쪽은, 예를 들어 문법의 암기라든가 번역과 같은 일을 부과할 수 있고, 패한 쪽은 다음 번까지 반드시 이것을 이행한다는 조건이었다. 두 사람의 실력은 비슷했으므로 우리는 서로 상대방을 지게 해서 이탈리아 어를 공부하도록 했다. 나는 후에 스페인 어로 된 책도 크게 힘들이지 않고 읽어 나갈 수 있게 되었다.

 앞에서도 말했듯이, 나는 라틴어 학교에는 1년 밖에 다니지 않았고, 그것도 아주 어렸을 때였다. 그 뒤로 나는 라틴어를 전혀 돌아보지도 않았었다. 그런데 나는 프랑스 어, 이탈리아 어, 스페인 어를 익히고 나서 라틴어로 된 성서를 펼쳐 보니 놀랍게도 생각했던 것보다 라틴어를 잘 알 수 있었다. 그것에 용기를 얻은 나는 또다시 라틴어를 공부하기 시작했다.

 위에서 언급한 각국의 언어 덕택에 외국어를 줄줄 알아가게 되어, 이번에는 성공할 수가 있었다. 이런 사정으로 미루어 나는 우리나라의 일반 어학 교수법에 다소 모순이 있다는 생각이 들었다. 우리는 맨 먼저 라틴어에서 시작하는 것이 좋다고 하여 라틴어를 익히고, 그 후 라틴어에서 파생된 근대 언어를 배우는 것이 훨씬 쉽다고 하여 희랍어부터 시작하지는 않는다. 확실히 단계를 밟지 않고 그 꼭대기까지 기어 올라갈 수 있다고 한다면, 계단을 밟고 내려가는 것은 훨씬 쉬운 일일 것이 틀림없다.

 그러나 제일 밑의 계단에서부터 시작한다면 훨씬 더 쉽게 꼭대기까지 올라갈 수 있는 것도 확실하다. 그러므로 나는 우리나라의 청년 교육을 담당한 사람들에게 다음과 같은 문제를 고려해 보기를 권하고 싶다.

 최초에 라틴어에서부터 시작한 사람은 대부분 수년 후에

그다지 숙달되지도 못한 채 그만두게 된다. 그럼으로써, 그때까지 배웠던 것도 거의 무용지물이 되어 그것에 소비한 시간만 낭비한 셈이 되므로, 프랑스 어에서부터 시작하여 이탈리아 어, 라틴어로 나아가는 편이 좋지 않을까 하는 것이다. 라틴어까지는 미치지 못했더라도 현대에 사용되고 있는 일상생활에 유용한 한두 가지의 외국어를 익혀 둘 수 있기 때문이다.

보스턴을 떠난 지도 10년이 넘었고, 살아가는 형편도 좋아졌으므로, 나는 친척을 만나러 보스턴을 여행했다. 사실 그때까지는 여유가 없었다. 돌아오는 길에 뉴 포트에 있는 형 제임스 집을 방문했다.

형은 당시 인쇄소를 경영하고 있었다. 옛 감정은 다 물에 흘려 보내고, 우리의 만남은 진심으로 애정에 차 있었다. 형의 건강은 급속도로 나빠지고 있었다. 형은 자기가 앞으로 얼마 살지 못할 것 같으니 자기가 죽으면 이제 겨우 열 살난 조카를 우리 집에 데려가서 인쇄업을 가르쳐 달라고 부탁했다.

나는 형의 소원대로 그 조카를 데려다가 수년 간 학교에 다니게 했다가 일을 가르쳤다. 그 아이가 성장해서 한 사람 몫을 할 때까지는 형의 장사를 계속했고, 마침내 자기가 경영할 수 있게 되었을 때는 이전의 활자 대부분이 낡아 버렸기 때문에, 나는 새로 활자를 한 벌 마련해서 원조해 주었다. 일찍이 나는 형의 집을 뛰쳐나오는 바람에 형 밑에서의 고용살이를 게을리했지만, 이렇게 해서 충분히 보상을 할 수 있었다.

1736년에 나는 아들 하나를 잃었다. 그는 네 살난 귀여운 놈이었는데, 마마에 걸려 시름시름 앓다가 죽었다. 나는 언제까지나 애석하기 짝이 없는 심정이었고, 지금까지도 그 아이에게 미리 우두를 놓아 주지 않았던 것을 두고두고 후회를 했다. 우두를 놓고 나서 어린 것이 죽기라도 하면 어쩌나 해서 우두를 놓지 않는 부모들을 위해서 나는 이 일을 말하려 한다. 내가 겪은 일이기 때문에 어떻든 유감천만인 만큼, 안심할 수 있는 방법을 택하라고 말하는 것이다.

잔토라는 클럽은 대단히 유익하고, 회원들은 매우 만족해하고 있었으므로, 개중에는 친구를 가입시키기를 희망하는 사람도 있었다. 그러나 그렇게 되면 적당한 인원이라고 우리가 결정했던 12명을 초과하지 않을 수 없었다. 처음부터 이 모임은 비밀로 할 계획이었으므로, 우리는 매우 충실히 이 약속을 지켰다. 거절하기 곤란한 부적당한 사람이 입회를 청해 오는 일이 없도록 한다는 것이 인원 제한의 목적이었다.

나는 증원 반대자의 한 사람이었지만 그 대신에 문서로 다음과 같은 제안을 했다.

각 회원은 문제의 제출, 그 밖의 잔토클럽과 동일한 규칙을 지니는 종속적인 클럽을 각각 창설하도록 하고, 잔토클럽과의 관계는 그쪽에 알리지 말기로 하자는 것이었다. 이 제안의 이점은 이런 모임을 활용하는 결과 더욱 많은 청년시민이 계몽된다는 것, 잔토클럽 회원은 각자가 알고 싶은 문제를 각각의 클럽에 제출해서 거기에서 통과된 것을 잔토클럽에 보고하는 것이므로, 어떠한 것에 대해서든지 주민의 의향에 잘 통하게 된다는 것, 널리 알려지게 됨으로써 각자의 상업상의 이익도 증가된다는 것, 그리고 각각의 클럽을 통해 잔토클럽의 의견이 확산되는 결과 공공의 문제에 대한 우리의 세력과 좋은 일을 하는 힘이 증대된다는 것 등이었다.

이 안은 찬성을 얻게 되어, 각 회원은 각자의 클럽을 창설했지만 제대로 운영된 것은 많지 않았다. 제대로 운영된 것은 대여섯 정도로 각각 바인, 유니온, 밴드 등등으로 불렸다. 이 종속적인 클럽은 그 회원들에게는 유익했고, 우리들에게도 많은 위안과 정보와 교훈을 가져다 주었으며, 특별한 경우에는 민중에게 영향력을 뻗치려 하는 우리의 의도에도 어느 정도 도움이 되었다.

이 일에 대해서는 순차적으로 몇 가지 실례를 들어보겠다.

내가 처음으로 공직생활을 시작하게 된 것은 1736년에 주의회의 서기에 선출된 때였다. 그해 선거에서는 나를 반대하는 사람이 하나도 없었다. 그 다음 해에 내가 다시 후보자로 추천받았을 때(서기의 선거는 의원과 마찬가지로 매년 한 번씩 있었다) 새로 선출된 어떤 의원이 다른 후보자를 응원하기 위해 나에게 반대하는 긴 연설을 했다. 그러나 내가 선출되었다. 서기직은 직무에 대한 보수 이외에도 의원간에 어떤 세력을 형성시켜 주는 데 더욱 편리한 기회를 주었다. 그 때문에 의사록이나 법조문, 지폐의 인쇄, 그리고 대체적으로 이익이 많은 공공관계의 임시 인쇄물 등의 일감을 얻을 수 있어서 나에게는 좋은 임무였다.

그런 만큼 나는 새로 뽑힌 의원의 반기가 싫었다. 또한 그는 재산도 있고 교양도 있는 신사인데다가 재능도 있었기 때문에 얼마 후에 의회에서 크게 세력을 얻을 것이라 예상되었다. 사실 후에 그는 나의 예측대로 되었다. 하지만 나는 비굴한 아첨으로 그 사람의 비위를 맞출 생각은 해 보지도 않았다.

그러나 얼마 뒤에는 다음과 같은 방법을 사용했다. 그의 장서에는 아주 진귀한 책이 있다는 소문을 들었기 때문에 나는 그에게 편지를 써서 그 책을 읽어 보고 싶은데 이삼 일 동안 빌려 줄 수 없겠느냐고 물어 보았다. 그러자 그는 바로 책을 빌려 주었다. 나는 약 1주일 후에 그의 호의에 매우 감사한다는 편지를 곁들여 그 책을 돌려주었다. 그 뒤에 의회에서 만났을 때 그는 먼저 나에게 말을 걸어오고(이전에는 결코 없었던 일이다) 아주 정중한 태도를 보였다. 그 후로는 모든 경우에 내게 호의를 보여 주었기 때문에 우리는 아주 절친한 친구가 되었고, 그가 세상을 떠날 때까지 우리의 우정은 계속되었다.

내가 기억하고 있는 옛날 격언에 '한 번 당신에게 친절을 베푼 사람은 당신이 은혜를 베풀어 준 사람보다 한층 더 자진해서 또 친절을 베풀어 준다'는 말이 있는데, 우리 사이의 일은 이 격언이 진리라는 것을 보여 주는 또 하나의 실례였다. 그런데 그것은 타인의 적의 있는 행동에 화를 내고, 그것에 대한 보복을 하며 적대행위를 계속하는 것보다 어떻게 그것을 제거할까를 신중히 생각하는 것이 얼마나 이득인가를 보여 주었다.

1737년에 버지니아 식민지의 전 지사로, 당시에는 체신장관이었던 스포츠우드 대령은 자기 대리인인 필라델피아의 우체국장이 회계 보고서의 제출을 간혹 게을리하고, 그 내용도 부정확한 점이 있는 것을 불만족스럽게 여겨 그를 해임시키고, 그 사람 대신 나더러 그 일을 맡아 줄 것을 제안해 왔다. 나는 기꺼이 그 제의에 응했다.

그것은 매우 유익했다. 월급은 얼마 안 되었지만, 이 일로 통신하기가 쉬웠고, 신문의 내용을 좋게 할 수 있었다. 이후 발행 부수도 늘었고 광고의 게재도 많아져서 크게 수입이 늘었다. 그만큼 나의 오랜 경쟁자인 브래드포드의 신문은 쇠퇴해 갔다. 그가 우편국장 시절에 우편마차 기수에게 내 신문의 배달을 허락하지 않았던 것에 대한 보복을 하지 않고도 나는 만족할 수 있었다. 그렇게 그는 회계 보고를 게을리했기 때문에 큰 손해를 보게 된 것이다.

나는 이 일이 남에게 고용되어서 대리로 사무를 봐 주는 청년들에게 언제나 명확하게 꼼꼼하게 회계 보고서를 제출하고 송금을 하지 않으면 안 된다는 교훈을 주는 것이라 생각한다. 이런 것을 정확하게 이행한다는 평판은 새로운 직업에 취직하거나 사업을 확장하는 경우에 가장 강력한 추천장 역할을 하는 것이다.

이때부터 나는 차츰 공공의 문제에 흥미를 갖기 시작했다. 처음에는 사소한 일부터 시작했다.

내가 규칙의 필요성을 느낀 최초의 것들 중 하나는 시의 야경 문제였다. 이 일은 각 관할구의 경찰관이 교대로 맡고 있었는데, 경찰관은 여러 명의 가구주들을 불러 모아 야경하도록 시켰다. 야경에 가고 싶지 않은 사람은 1년에 6실링씩 경찰관에게 돈을 내고 그것을 면제받고 있었다. 이 돈으로 다른 대리자를 고용하기로 되어 있었지만 실제로 그 액수가 그 목적을 위해 필요한 것보다 훨씬 많아서 경찰의 직책은 수지가 맞는 자리가 되어 있었다. 경찰관 쪽에서는 약간씩 술값을 주고 불량배들을 모아 야경을 시키는 일이 자주 있었으므로, 점잖은 세대주들은 그런 사람들의 일행 속에 끼이기를 싫어했다. 더구나 그런 패거리들은 흔히 순찰에 태만하고, 거의 매일 밤을 술을 마시며 보냈다.

그래서 나는 그 문제를 잔토클럽에서 발표하기 위한 보고서를 작성하여 그들의 잘못을 지적했다. 특히 경찰관이 징수하는 6실링이 지불자의 살림 형편으로 보아 불공평하다는 점을 강조했다. 왜냐하면 야경인이 보호해 주는 재산이 아마 통틀어 50파운드도 못 되는 가난한 과부의 세대주도, 자기 창고에 수천 파운드의 물건을 가지고 있는 가장 부유한 상인도 모두 똑같은 금액을 지불하고 있기 때문이었다. 대체로 나는 보다 효과적인 야경 방법으로 언제나 근무할 수 있는 적당한 인물을 고용해 그 임무를 맡길 것, 보다 더 공평한 야경 비용 부담의 방법으로 재산 규모의 비율에 따라 요금을 부과할 것들을 제안했다.

이 제안은 잔토클럽에서 동의를 얻었기 때문에 다른 지부 클럽에도 전달되었으나 각 클럽이 각각 발의한 것처럼 했다. 이 계획은 곧 실행되지 않았다. 그러나 그 계획은 사람들의 정신 속에 개혁을 위한 준비 태세를 갖게 했다.

몇 년 뒤에 클럽 회원들의 영향력이 더욱 커졌을 때, 그것은 입법화할 수 있었다.

그 당시에 나는 한 편의 논문을 썼는데(처음에는 잔토클럽에서 낭독하기 위해 썼으나 뒤에 출판했다) 가옥의 화재 원인이 되는 갖가지 사고나 부주의한 행위와 그것에 대한 주의점과 그것을 피하기 위한 예방책에 대한 것이었다. 이것이 유익한 논문이라는 소문이 퍼지고, 그것이 계기가 되어 불을 보다 더 빨리 진화하고 위험할 때 서로서로 협력하여 가재도구 따위를 운반함으로써 안전을 기하기 위한 하나의 조직체를 구성하자는 계획이 뒤이어 대두되었다.

이 계획에 참가하겠다는 사람들이 즉시 나타나 그 수가 30명에 달했다. 그 규약에 의하면, 각 회원들은 짐을 싸서 운반하기 위한 튼튼한 자루와 바구니 그리고 일정한 수의 가죽제 양동이를 화재가 날 때마다 가지고 갈 수 있도록 항상 준비해 둘 의무가 있었다. 회원들은 한 달에 한 번 모여서 친목회를 갖고 화재가 발생했을 경우의 효과적인 처치법에 관한 주제를 놓고 각자 생각나는 아이디어를 서로 이야기도 하고 의견을 교환하기로 결정했다.

이 조직의 효용성은 곧 나타나기 시작했다. 조합 하나로 부족할 정도로 많은 입회 희망자가 나타났기 때문에 그들에게는 별도의 조합을 만들도록 권했다. 그래서 새로운 조합이 구성됐다. 이와 같은 일이 계속되어 새 조합들이 잇달아 결성되어 그 수가 매우 많이 늘어났다. 돈 많은 주민들은 거의 모두 이런 조합에 가입하다시피 했다. 현재, 내가 처음으로 조직하여 창립했던 유니온 소방조합은 창립한 지 50년이나 되었지만 아직도 존속하여 활발히 활동하고 있다. 창립 조합원은 거의 세상을 떠났고, 현재 생존해 있는 사람은 나와 나보다 한 살 위인 한 분 뿐이다. 매일 집회에 결석한 조합원은 벌금을 내고, 그 돈은 조합의 소방펌프, 사다리, 갈고리, 기타 유용한 소방 기구를 구입하는 데 충당했다. 그렇기 때문에 현재 이 도시보다 방화 시설이 잘 갖추어진 곳은 세계 어디에도 없으리라 생각한다.

실제로 이들 조합이 생기고 난 다음부터, 이 도시에 화재가 나서 한두 집 이상이 탄 적이 한 번도 없다. 대개 불이 나면 집이 반도 타기 전에 진화되곤 했다.

1739년 아일랜드에서 온 사람들 중에 순회 목사로 유명했던 조지 화이트필드라는 사람이 있었다. 처음에는 그가 설교하도록 허락한 교회도 있었으나 목사들은 곧 그를 싫어하여 그가 설교 단상에 서는 것을 거부했다. 그래서 그는 부득이 야외에서 설교를 했다. 그 설교를 듣기 위해 모인 각 종파의 청중 수는 굉장히 많았다. 나도 그중 한 사람이었는데, 그의 웅변은 청중에게 특이한 힘을 발휘하여 그가 "당신들은 태어날 때부터 절반은 동물이고, 절반은 악마입니다."라고 말하면서 언제나 욕설을 퍼부어도 청중들은 매우 감탄하고 그를 존경했다. 그러한 광경은 나에게 여러 가지 것을 생각게 하는 관심거리였다. 곧이어 주민들의 태도가 변화하는 것을 보고 나는 놀라지 않을 수 없었다. 그들은 평소 종교에 생각도 없고 무관심한 상태였으나 마치 온 세상이 신앙으로 뒤덮여 가는 것처럼 되어, 저녁 때 시내를 거닐고 있노라면 어느 거리의 어느 집에서나 찬송가를 부르는 소리가 들려왔다.

 그런데 야외에서의 집회는 날씨가 나쁠 때 큰 불편이 따르기 때문에 얼마 안 되어 집회장을 건립하자는 제안이 나오고, 기부금 모금 담당자가 선출되었다. 그러자 곧 부지를 구입하고 건물을 짓기에 충분한 금액이 모였다. 건물은 길이가 30미터, 폭이 21미터로써 웨스트 민스터 홀의 크기와 거의 같았다. 공사는 맹렬한 기세로 진전되어 예상보다 훨씬 더 짧은 기간에 끝났다. 건물과 대지의 재산권은 관리위원에게 귀속시켰다. 필라델피아 주민에게 할 말이 있는 사람이면 어느 종파의 어떤 목사라도 이 집회장을 사용할 수 있다고 확실히 정해 놓았다. 즉, 이 건물은 어느 특정 종파의 편의를 위해 세워진 것이 아니라 주민 전체를 위해 세워졌던 것이다. 그러므로 콘스탄티노플의 회교율법 학자가 이슬람교의 전도를 위해 전도사를 보내오는 경우가 있다 하더라도 그는 이 건물의 설교단을 마음대로 쓸 수 있는 셈이었다.

 화이트필드는 우리 고을을 떠나 식민지 곳곳을 설교하고 다니면서 조지아까지 갔다. 이 지방의 이민은 최근에야 시작되었다. 이 지방의 정착 사업은 이 사업에 맞는 유일한 사람들인, 강건하고 근면하며 노동에 익숙한 농민들에 의해 개척되는 것이 아니었다. 정착하려고 찾아오는 사람들은 파산한 장사꾼들이나 지불할 능력이 없는 빚쟁이들과 같은 사람들로서, 그들의 대부분은 형무소 생활을 하면서 게으르고 나태한 습관이 몸에 밴 사람들이었다. 그래서 그들은 숲속에 배치되었으나 땅을 개간하기에는 부적합한 사람들이었으며, 새로운 정착지 건설에 따른 어려움을 이기지 못해 수많은 사람들이 죽어 갔다. 결국 의지할 곳 없는 많은 어린이들이 돌보아 줄 사람도 없는 채로 방치되었다. 인정이 많은 화이트필드는 이 처참한 광경을 보고 그곳에 고아원을 세워 아이들을 기르고 교육해야겠다는 생각을 했다. 그는 북부 지방으로 돌아와 이 자선사업을 위한 기부금을 호소하고 다니면서 많은 기부금을 모았다. 그의 웅변이 듣는 사람의 심장과 지갑에 불가사의한 힘을 미쳤기 때문이었다. 나도 그 예에 속했다.

나는 그 계획에 반대한 것은 아니었다. 그러나 당시 조지아 주에는 건축 자재도 없고 기술자도 드물었다. 그것들을 많은 경비를 들여 필라델피아에서 보내자는 제안에 나는 차라리 고아원을 필라델피아에 세우고 고아들을 데려오도록 하는 편이 좋겠다고 생각했다. 내가 이와 같이 충고했으나 그는 자신이 내놓은 처음대로의 계획을 단호하게 고집하고 나의 조언을 채택하지 않았다. 나는 기부를 거절했다.

나는 우연히 그의 설교를 들을 기회가 있었다. 설교가 끝나면 헌금을 모을 예정이라는 것을 알아차렸으나, 나는 한 푼도 내지 않기로 작정했다. 내 호주머니에는 동전 한 움큼과 스페인 달러 은화가 서너 개, 그리고 금화가 5피스톨 들어 있었다. 그의 설교가 진행됨에 따라 내 결심이 차츰 누그러져 나는 동전만 기부하기로 마음먹었다. 더 계속해서 그의 웅변을 듣다 보니 더욱 감명을 받아 동전만 기부하기로 했던 생각이 부끄러워져서 은화로 내놓기로 마음먹었다.

그런데 설교의 결론이 너무나 훌륭했기 때문에 나는 금화고 뭐고, 호주머니 속에 있던 것을 헌금 접시에 털어놓고 말았다. 이 설교를 클럽의 다른 회원 한 사람도 들으러 와 있었다. 그는 조지아에 고아원을 세우는 건에 관해서는 나와 같은 의견이었으므로 혹시 헌금을 거두게 될지도 모른다고 미리 짐작하고 그것에 대비하여 집을 나설 때 호주머니를 비우고 왔다. 그러나 설교가 끝나감에 따라 자기도 헌금을 하고 싶은 마음이 강하게 일어, 마침 곁에 있던 한 이웃사람에게 헌금을 하고 싶으니 돈을 빌려 줄 수 없겠냐고 부탁했다는 것이다. 그러나 그 요청을 받은 상대방은 청중 가운데 목사의 이야기에 감동되지 않을 만큼 견고한 의지를 가진, 아마도 유일한 사람이었던 것 같다. "홉킨즈 씨, 다른 때 같으면 얼마든지 빌려 드릴 수 있습니다. 그러나 지금은 안 됩니다. 내가 보기에 당신은 지금 제정신이 아닌 것처럼 보입니다." 하고 그는 대답했다고 했다.

화이트필드를 적대하는 세력들 중에는 그가 이렇게 해서

모금한 돈을 자기의 개인적인 용도에 유용하려 하고 있다고 주장하는 사람도 있었다. 그러나 나는 그의 사람됨을 알고 있었기 때문에(그의 설교집과 잡지 등을 인쇄해 준 일이 있으므로) 한 번도 그의 청렴결백을 의심해 본 적이 없었다.

오늘날까지도 나는 그가 모든 행동에서 완전히 정직한 인간으로 처신해 왔다는 생각을 확고히 갖고 있다. 우리 두 사람 사이에는 아무런 종교적 관련이 없었으므로 그에게 유리한 나의 증언에는 큰 비중이 두어져야 한다. 사실 그는 자주 내가 개종하도록 기도를 드리곤 했으나 그의 기도가 받아들여졌다고 믿을 정도로 그는 만족감을 얻지 못했다. 그저 우리 관계는 단순히 사교적 우호관계에 지나지 않았지만 서로 다 같이 성실했으며, 이러한 교제는 그가 죽을 때까지 계속되었다.

우리의 관계는 다음의 예를 보면 얼마간 이해할 수 있을 것이다. 한때 그가 영국 여행 후 보스턴에 왔을 때, 그는 나에게 편지를 보내어 자기가 곧 필라델피아에 가야 하는데 그의 오랜 친구이자 그를 영접하기로 되어 있는 베네제트가 저먼타운으로 이사를 했으니 그곳에 도착하면 어디서 묵어야 할지 모르겠다고 전해 왔다. 그래서 나는 '당신은 나의 집을 알고 계십니다. 변변치 않은 숙박시설이지만 그럭저럭 견디시겠다면 기꺼이 환영하겠소.' 라고 답장을 보냈다. 그러자 그는 내가 이처럼 친절한 제의를 한 것이 예수를 위한 것이라면 좋은 보답을 받게 될 것이라고 답장을 보내 왔다. 그래서 나는 다시 답장을 썼다.

'오해하지 마십시오. 예수가 아니라 당신을 위해서입니다.' 우리 둘을 다 알고 있는 친구가 이 이야기를 듣고 농담 삼아, 성인은 남에게서 어떤 은혜를 입으면 그 신세를 갚아야 할 의무를 자기 어깨에서 벗어 하나님에게 대신 짊어지게 하려는데, 내가 미리 잘 알고 그 무거운 짐을 땅 위에 묶어 두려는 궁리를 한 거라고 말했다.

런던에서 나는 화이트필드를 마지막으로 만났다. 그때도 그는 고아원 사업에 관한 점과 그것을 대학 설립의 목적으로 전환시키는 일에 관해 나에게 상의해 왔다.

그는 크고 낭랑한 목청을 가진데다가 낱말이건 문장이건 또박또박 발음했기 때문에 청중이 아무리 많아도, 특히 완전히 정숙을 지키고 있을 때에는 상당히 멀리 떨어진 곳에서도 그의 말소리를 알아들을 수가 있었다.

어느 날 저녁에 그는 재판소 현관 앞 층계의 꼭대기에서 설교를 했다. 이 재판소는 시장 맨 뒤편에 있었다. 얼마나 멀리까지 들리는지 시험해 보고 싶은 호기심에서 길을 따라 강 쪽으로 걸어 내려갔다.

나는 그의 목소리가 프런트 가 부근까지 분명하게 들린다는 것을 알게 되었다. 내가 프런트 가에 갔을 때 큰길에서 일어나는 시끄러운 소리 때문에 그의 목소리가 희미해졌다.

그래서 내가 걸어간 거리를 반경으로 하여 반원을 그리고, 그 안에 1인당 2평방 피트의 면적을 차지하는 청중이 가득 들어차 있다고 가정하면 3만 명 이상의 사람이 그의 음성을 분명히 들을 수 있다는 계산이 나왔다. 이 사실로 미루어 보면, 나는 그가 야외에서 2만 5천 명의 군중을 상대로 설교했다는 신문기사라든가, 전엔 때때로 의심한 적이 있지만 장군이 부대 전체를 일사불란하게 지휘 호령했다는 옛 역사 이야기를 수긍하게 됐다.

나는 그의 설교를 자주 들었다. 그래서인지 그의 설교가 새로 꾸며진 것인지 순회 중에 여러 번 설교된 것이지를 쉽게 식별할 수 있게 되었다. 설교가 후자 쪽일 때는 여러 차례 반복해서인지 매우 숙달되어 있었기 때문에 설교 어조나 억양이 모두 흠잡을 데 없이 완전하게 조절되고 요소요소가 자리 잡혀 있었다. 그래서 내용에는 관심을 갖지 아니하더라도 청중은 이야기를 듣는 것만으로도 기분이 좋아지지 않을 수 없었다. 그 즐거움은 훌륭한 음악을 들을 때에 느끼는 감동과 매우 비슷했다. 전속 목사보다 유리한 것은 바로 이 점이었다. 교회 전속 목사는 한 가지 설교를 그렇게 여러 번 복습해서 강론하는 기교를 향상시킬 수가 없다.

그가 집필하거나 인쇄한 것들은 때때로 그의 적들에게 매우 유리한 기회를 제공해 주었다. 설교라면 무의식에서 나온 표현이라든가 잘못된 의견마저도 나중에 해명할 수 있고 첨가할 수 있는 다른 말들을 보충하여 고칠 수도 있을 것이고, 그런 말을 한 적이 없다면서 부인할 수도 있을 것이다. 그러나 라틴어 속담처럼, 쓴 것은 뒤에 남는 법이다. 비평가들은 그의 저작을 맹렬히 공격했으며 그들이 내세운 이유에 많은 타당성이 있는 것처럼 보였으므로 그의 신자는 늘어나지 않고 오히려 줄어들 뿐이었다. 내 생각으로는 그가 아무 글도 쓰지 않았으면, 그는 많은 신자들을 가진 유력한 종파를 후세에 남겼을 것이고, 그의 명성은 죽은 후에도 더욱 높아졌을 것이다. 그를 비난하거나 그의 인물됨을 깎아 내리는 집필만 없다면, 자료가 없기 때문에 그의 신자들은 그에 대한 열광적인 숭배심에서 이상적인 여러 가지 위대한 미담들을 만들어 내어 그들이 원하는 인물상으로 키워 나갈 수 있었을 것이다.

이제 내 장사는 갈수록 성장하고, 생활 형편도 갈수록 좋아졌다. 내 신문이 한때 이 지방과 인근 지방에서는 유일한 것이어서 매우 수지가 맞았다. 처음 100파운드만 손에 넣으면 두 번째의 100파운드는 더 쉽게 손에 들어온다는 말이 진리라는 것을 나는 직접 체험했다. 돈이란 것은 본래 번식력이 강한 법이다.

캐롤라이나에서 공동 경영이 성공한 것에 자신을 얻은 나는 다른 곳에서도 해 볼까 하는 생각이 들었다. 근무 성적이 좋은 기술자 몇 사람을 발탁해서 여기저기 식민지에 인쇄소를 개업했다. 그들의 대부분은 경영에 성공하고 계약 기간인 6년이 끝났을 때는 활자를 나에게서 양도 받아 독립해서 경영을 계속함으로써 몇 가족이 독립할 수 있게 되었다. 공동 경영이라는 것은 흔히 분쟁으로 끝나는 법이다. 그러나 나는 이 점에서는 행운이어서 그 어떤 경우에도 원만히 경영되고 원만히 끝냈다. 이것은 내가 일찍부터 배려하여 분쟁이 일어나지 않도록 각자가 행해야 할 일과 원조를 요청했지만 그것을 얻을 수 있으리라고는 크게 기대하지 않았다.

그러는 사이에 나는 로렌즈 연대장, 알렌, 에브라함 테일러, 그리고 의용대에 의해 클린턴 지사에게서 대포를 몇 문을 빌리기 위한 임무를 받고 뉴욕에 파견되었다. 지사는 처음에는 단호하게 우리의 요구를 거절했다. 그러나 그는 주의회 의원들과 함께 회식하는 자리에서, 당시 그 지방의 습관에 따라 마데라 주를 잔뜩 마시고 나서 차츰 마음이 누그러져 우리에게 대포 여섯 문을 빌려 주겠다고 말했다. 다시 몇 잔을 마신 후에 아주 열 문으로 늘려 주더니 나중에는 아주 기분이 좋아져 열여덟 문까지 허락해 주었다. 그것들은 포가 부착된 아주 훌륭한 18인치 대포였다. 즉시 그 대포들을 수송하여 포상에 설치했다. 전투가 계속되는 동안 의용군 병사들은 이 포대에서 보초를 섰다. 나도 그들 사이에 끼어 병졸로 당직 근무를 규칙적으로 수행했다.

이렇게 여러 방면에서 활동한 것이 지사와 주 위원회의 마음에 들게 하여 그들은 나를 믿게 되었으며, 그들의 의견이 의용대에 유익하다고 생각되는 조치들을 강구할 때마다 나에게 상의했다. 나는 종교의 힘을 빌릴 필요가 있다고 생각했으므로 종교개혁 정신을 양양하고 우리들의 일에 하늘의 축복을 기도하기 위해 단식을 선포할 것을 그들에게 제안했다. 지사와 위원들은 곧 이 제의에 찬동했다. 그런데 단식한다는 것은 이 식민지에서는 처음 있는 일이라서 서기관이 포고문을 기초하려 해도 선례를 찾을 수가 없었다. 나는 단식이 매년 포고되는 뉴잉글랜드에서 교육을 받았으므로 그것이 이 경우에 다소 도움을 주었다.

나는 형식대로 포고문을 작성했다. 그것은 독일어로 번역되고 영어와 독일어의 양 국어로 인쇄되어 주 전역에 배포되었다. 이것이 계기가 되어 각 종파의 목사들은 그의 신도들을 움직여 의용군에 참가시켰다. 평화가 그렇게 빨리 돌아오지 않았더라면 퀘이커교도 이외의 각 종파의 신도들도 널리 이것을 모방했을 것이다.

친구들 중에는 나의 이러한 활동으로 퀘이커교도의 감정을 상하게 해서 그들이 대다수를 차지하고 있는 주 의회에서 나의 영향력이 상실될까 걱정하는 사람도 있었다. 나와 마찬가지로 주 의회 하원에 몇 사람의 친구가 있고, 나의 도움으로 서기가 되기를 바라고 있는 한 젊은 신사가 나를 찾아와 의회가 다음 서기 선출 때 나를 경질시키기로 결정했다고 알려 주면서 호의적인 뜻에서 내가 쫓겨나는 것보다 사임하는 것이 나의 명예에 더욱 합당할 것이라고 권고했다. 이것에 대해 나는 이렇게 대답했다.

"저는 절대로 관직을 청탁하지 않고, 관직이 주어진다면 그것을 거절하지 않는 것을 원칙으로 삼고 있는 사람에 관해 들은 적이 있습니다. 저는 그와 같은 그의 원칙에 찬성하며, 거기에 몇 가지를 덧붙여서 실천하려고 합니다. 저는 공직을 절대로 청탁하지 않으며, 결코 거절하지도 않고, 결코 사임하지도 않을 것입니다. 의회가 서기직을 다른 사람에게 넘겨주고 싶으면 주저하지 말고 그 자리에서 저를 해임하면 될 것입니다. 저는 스스로 사퇴하여 저의 적에게 언젠가는 나를 역경에 몰아넣는 데 대해 보복해 줄 권리를 포기하는 것은 하지 않을 작정입니다."

그러나 나는 이 문제에 대해 그 이상 말을 들은 것이 없었다. 다음 선거에서 나는 다시 만장일치로 서기에 선출되었다. 의회는 오랫동안 군비 문제로 곤경에 빠져 있었다.

그즈음 이 문제에 관해 언제나 지사 편에 가담하고 있는 의회 위원들과 내가 친밀하게 지내는 것이 그들의 마음에 안 들어 했다. 내가 자발적으로 그만두었더라면 그들은 기뻤을지도 모른다. 그러나 그들로서는 단지 내가 단순히 의용군 문제에 정열을 쏟고 있다는 이유만으로 나를 사직시킬 수는 없었고, 달리 그럴듯한 구실도 발견할 수 없었던 것이다.

사실 국방의 문제는 협력해 달라고 요구해 오지 않는다면 누구에게도 불찬성할 일이 아님을 믿을 만한 이유가 있다. 침략 전쟁에는 반대이지만 방위 전쟁에는 분명히 찬성하는 사람이 상상 외로 많다는 사실을 나는 알고 있었다.

이 문제에 관한 찬반 양론의 팸플릿이 많이 출판되었는데, 그중에는 훌륭한 퀘이커교도들의 방위 전쟁 찬성론도 있었다. 그것은 그들 교파의 청년 대부분들을 설득시켰을 것이라고 나는 확신한다.

우리의 소방조합에서 일어난 한 사건으로 나는 퀘이커교도들의 지배적인 의견이 어떤 것인가를 깊이 관찰할 수 있었다. 그것은 우리가 포대의 건설 계획을 촉진하기 위해 당시 60파운드쯤 되는 조합의 자금 잔고를 복권에 투자하는 것이었다. 조합 규약에 따르면 자금은 제안이 나온 뒤 다음 집회 때까지 지출할 수 없도록 되어 있었다. 조합은 30명의 회원으로 구성되어 있었다. 그중 22명은 퀘이커교도이고 다른 종파의 사람은 겨우 8명뿐이었다. 우리들 8명은 집회에 꼬박꼬박 참석하고 있었다. 그러나 퀘이커교도들 중에도 몇 사람쯤은 우리에게 찬성해 주리라고 생각하긴 했어도 우리는 확실히 다수를 제압할 수 있다는 자신은 서지 않았다.

퀘이커교도들 중에서는 제임스 모리스라는 사람만 이 안

에 반대하고 나섰다. 그는 자기네 종파 사람들의 의견이 모두 반대이므로 이러한 안이 제출된 것은 심히 유감천만이라고 말하면서, 이 안 때문에 불화가 생겨서 조합이 깨어질지도 모른다고 말했다. 우리는 그에게 그것은 이치에 맞지 않다고 말하고, 그 이유로써 우리는 소수이므로 퀘이커교도들이 이 안에 반대해서 압도적인 표로 우리를 패배시킨다면 우리는 모든 단체의 관례대로 기꺼이 그것에 승복해야 하고, 승복할 참이라고 대답했다.

드디어 이 안이 상정할 시각이 다가와서 표결 동의가 나왔다. 그러자 모리스는 우리가 규칙에 따라서 표결에 붙이는 것을 허락하면서 이 안에 반대하기 위해 출석하려는 회원이 여러 명 있을 것이 확실하므로, 그들이 참석할 때까지 기다리는 것이 공평한 처사라고 말했다.

우리가 이 문제를 토의하고 있을 때 급사가 다가와 두 사람의 신사가 이야기할 것이 있다고 하면서 지금 아래층에 와 있다고 나에게 알려 주었다. 내려가 보았더니 퀘이커교도의 조합원 두 사람이 와서 나에게 말하기를, 사실은 자기 일행 8명이 근처 술집에 모여 있으면서, 필요할 경우에 출석해서 찬성투표를 할 결심이지만 그렇게 되지 않았으면 하고 바라고 있다는 것이었다. 이런 안에 찬성하면 장로들과 일행들 사이에 말썽이 생길 염려도 있으므로, 우리들끼리 이 일을 잘 처리해 나갈 수 있으면 자신들의 도움을 요청하지 말아 주기 바란다는 것이었다.

이런 반응이라면 우리가 다수표를 얻을 것이 확실해졌다. 나는 2층에 올라가서 조금 망설이는 듯한 행동을 한 다음에 다시 한 시간만 더 투표를 연기하자는 데 동의했다. 모리스는 그것이 참으로 공평한 조치라고 말했다.

그러나 그가 말한 반대자는 한 사람도 나타나지 않았기 때문에 그는 몹시 당황하고 있었다. 그러는 중에 제한된 시간이 되어 우리는 투표 결과 8대 1로 이 안을 통과시켰다. 22명의 퀘이커교도 중에서 8명은 우리에게 찬성표를 주겠다고 했었고, 나머지 13명은 이 안에 반대하지 않음을 보이려고 결석했던 것인 만큼, 방위 안에 반대한 퀘이커교도의 수는 21대 1명의 비율에 지나지 않는다고 나는 생각했다. 이 사람들은 모두 조합의 정규회원이고, 친구들 사이에서도 평판이 좋은 사람들이어서 처음부터 그 회합에 제출된 안의 내용을 알고 있었다.

오래된 퀘이커교도이며, 박식하고 고상한 인물인 로건은 같은 교파 사람들에게 방위 전쟁에 동의 의사를 밝히는 글을 써 보내고, 유력한 근거를 다수 들어서 자기 견해의 정당성을 뒷받침했다. 그는 포대 건설 복권을 살 돈 60파운드를 나에게 주면서 당첨된 돈이 얼마가 되든 모조리 그 목적에 써도 좋다고 지시했다.

로건은 옛 영주인 윌리엄 펜*의 다음과 같은 일화를 이야기해 주었다. 로건은 청년 시절에 이 영주를 따라 그의 비서로 영국에서 바다를 건너왔다. 그때가 마침 전쟁 중이어서 그들이 탄 배는 적군 선박으로 여겨지는 무장선의 추격을 받았다. 선장은 방위 준비를 했다. 그러나 선장은 윌리엄 펜과 그 일행인 퀘이커교도들에게 말하기를 자신은 그들의 도움을 기대하지 않고 있으니 선실로 물러가 있어도 된다고 했다. 일행은 그렇게 했지만 제임스 로건 한 사람만은 자진하여 갑판에 남아서 대포 사수 위치에 배치를 받았다. 그런데 적이라고 생각했던 그 배가 우리 편임이 밝혀져서 전투는 벌어지지 않았다. 그러나 로건이 그 사실을 알리러 선실로 내려갔을 때 윌리엄 펜은 그가 종파의 교리를 어기고 갑판에 남아서 배의 방위를 위한 전쟁 행위에 가담하려 했다고 책망했다. 선장이 부탁한 것도 아니기 때문에 더욱 나쁘다는 것이었다. 그는 일행의 면전에서 로건에게 비난을 퍼부었으므로 로건도 화가 나서 이렇게 대답했다.

"나는 당신의 종복인데 왜 당신은 내려오라고 명령하지 않았습니까? 오히려 아까 위험이 닥쳐오고 있다고 생각했을 때 내가 갑판에 남아서 전투에 조력하기를 바라는 눈치였습니다."

---

*윌리엄 펜 : William Penn, 1644~1718, 영국의 유명한 퀘이커교도. 이 종파를 다시 일으킨 사람으로 알려지고 있으며, 펜실베니아 식민지의 창립자로서 이 주의 소유권은 그의 자손에게 있었다.

나는 오랫동안 의회에 있었으므로 의회에 다수 세력을 차지하고 있는 퀘이커교도들이 그들의 전쟁 반대 원칙 때문에 국왕의 명령으로 군사적 목적을 위해 원조를 제공하도록 신청 받을 때마다 골치를 썩이는 것을 자주 보아 왔다.

그들은 한편으로는 그것을 맞대고 거절하여 영국 정부의 비위를 거스르게 하고 싶지 않았고, 다른 한편으로는 교리에 반대되는 일을 승낙함으로써 같은 퀘이커교단 사람들의 분노를 사는 것도 곤란해 했다. 그렇기 때문에 여러 가지 구실을 만들어서 요구에 응하는 것을 피하고, 부득이한 경우에는 다른 명분을 붙여서 승낙을 하는 것이었다. 결국 흔히 쓰이는 형태는 국왕의 개인자금용이라는 명목 아래 돈을 지출하고는 그 용도에 대해서는 결코 설명을 요구하지 않는 등의 방법이 자주 사용되었다.

그러나 그러한 요구가 국왕으로부터 직접 나온 것이 아닐 경우에는 그런 명목이 적당치 않았으므로 다른 어떤 문구를 생각해 내야 했다. 예를 들어 화약이 부족하다 해서(루이스버그 수비 내용이라고 생각된다) 뉴잉글랜드 정부에서 펜실베니아 식민지로 보조금을 요구해 왔을 때에도 토머스 지사가 주 의회에 대해 이것에 응하도록 자꾸 촉구했는데도 화약 전쟁을 일으키는 한 요소라는 이유 때문에 의회는 화약을 살 돈을 승인하지 못했다. 그러나 그들은 뉴잉글랜드에 대한 원조비 3천 파운드를 가결하고 그 돈을 지사에게 위탁하여 빵, 밀가루, 밀, 그리고 그 밖의 곡물류 등을 구입하도록 배정했다. 의회를 더 골탕먹이기를 원했던 일부 자문위원들이 그 밖의 곡물류는 요구한 적이 없으므로 그런 조항을 수락하지 말도록 지사에게 권고했다. 그러나 지사는 "돈을 받겠소. 그들이 그 밖의 곡물이라고 말한 것은 바로 화약을 뜻한다는 것을 나는 잘 알고 있습니다." 하고 대답했다. 그는 그대로 화약을 샀으나 의회 내 퀘이커교도들은 아무런 반대를 하지 않았다.

전에 소방조합에서 복권을 살 것을 제안하고 그것이 가결될 것인가를 걱정하고 있을 때, 내가 조합원인 친구 한 사람을 만나 다음과 같은 말을 했던 것은 암암리에 이 사실을 가리킨 것이었다.

"우리가 실패하면 그 돈으로 화이어 엔진을 사는 동의안을 제출하세. 퀘이커교도들도 거기에는 반대하지 않을 거요. 자네가 나를, 내가 자네를 그 위원으로 지명한다면 대포를 살 수가 있게 돼. 대포는 확실히 화이어 엔진이 아니겠소?" 그러자 그가 말했다.

"당신도 오랫동안 의회에 있다 보니 수단이 늘었군요. 당신의 그런 애매모호한 계획은 바로 그들이 사용했던 밀이나 곡물이나 그 밖의 곡물이라는 표현과 맞아떨어지는 거군요."

퀘이커교도는 어떤 전쟁이라도 불법이라는 것을 하나의

원칙으로 삼아 이를 공표했고, 일단 공표해 버린 이상 나중에 자기 생각을 바꿀 수 없고 쉽게 철회할 수도 없기 때문에 종종 곤경에 빠지게 됐으며, 이것은 내가 보기에 다른 종파인 던컨 교도*의 행동을 상기시켜 주었다.

나는 그 종파의 창설자인 마이켈 웰페어와 창설 직후부터 알고 지냈다. 그는 나에게 다른 종파의 광신자들이 자기네를 중상모략한다고 불평하면서 그들이 역겨운 교리와 관습을 갖고 있는 것처럼 공격당하고 있지만 그런 것과는 전혀 상관이 없다고 말했다. 나는 그와 같은 일은 새로 생긴 종파에는 으레 있는 것이므로 그런 욕설을 하지 못하도록 그들의 신앙 내용이나 준수하는 규범을 공표하는 쪽이 좋지 않겠느냐고 말했다. 그랬더니, 이전에 그런 제안도 있기는 했지만 다음과 같은 이유로 찬성을 얻지 못했다고 했다.

"우리가 처음에 모여서 교단을 조직했을 때 하나님은 우리의 마음을 밝히시어 우리가 한때 진리라고 생각했던 교리가 잘못이었고, 잘못이라고 생각했던 교리가 진리라는 것을 깨닫게 해 주셨습니다. 하나님은 그 뒤에도 기회 있을 때마다 새로운 빛을 우리에게 비추서서 교리도 차츰 개선되었고 잘못도 시간이 흐를수록 적어졌습니다. 그러나 현재 우리가 이 진보 계단의 종극점, 정신적 내지 신학적 지식의 완성점

---

*던컨 교도 : 18세기 초 독일에서 발생하여 박해를 피해 미국으로 이주한 침례교의 한 파.

에 도달했다는 증거는 없습니다. 우리가 신앙 내용을 인쇄해 버린다면, 그것에 속박되고 제한을 느끼게 되어 진보와 개선을 계속해 가는 것을 원하지 않게 되지나 않을까 염려됩니다. 더군다나 우리의 후계자는 종문의 창설자나 장로들이 행한 것은 신성한 것이라고 생각하여 그것을 버릴 수가 없을 터이니 더욱 개선이란 바랄 수가 없겠지요."

이처럼 겸손한 생각을 가진 종파는 인류 역사상 아마 유일한 예에 속할 것이다. 모든 다른 종파는, 진리는 오직 그들에게만 있다고 생각하여 자신과 다른 것이 있다면 그쪽에 잘못이 있다고 생각한다. 그것은 마치 안개 낀 날에 길을 걷는 사람과도 같다. 그의 조금 앞을 걷는 사람도, 뒤에서 오는 사람도, 또 좌우의 들판에 있는 사람도 모두 자기가 안개에 싸여 있는 것처럼 보이고, 오로지 자기 주위만이 밝게 보인다. 그러나 사실은 그 자신도 다른 사람과 마찬가지로 안개에 싸여 있는 것이다.

이런 종류의 당혹을 피하기 위해 퀘이커교도도 근년에는 점차 지사나 의회 의원 등의 공직을 그만두고 원칙을 굽히기보다는 권력을 버리는 쪽을 택하게 되었다.

시간의 순서로 따지자면 이미 앞에서 말했어야 했는데, 1742년에 나는 개방식 난로를 발명했다. 이 난로는 새로운 공기가 들어올 때 따뜻해지는 구조로 되어 있으므로 종래의 것보다 훨씬 난방 효과도 좋고 연료도 절약되었다. 나는 그

모형을 옛 친구인 로버트 그레이스에게 기증했다. 그는 용광로를 가지고 있었으므로 이 난로에 사용할 철판의 주조를 시작했다.

스토브의 수요는 차츰 늘어나서 그는 큰 돈을 벌게 되었다. 나는 그 수요를 한층 더 늘리기 위해 다음과 같은 제목의 팸플릿을 써서 배포했다. 그 제목은 '새로 발명한 펜실베니아식 난로 설명서'인데 난로의 구조와 사용법에 관한 내용이 상세히 적혀 있었고, 다른 어느 난방 장치보다 뛰어난 이점이 설명되어 있었다. 또한 우리 난로의 효능에 대한 모든 이론에 대해 해답을 주고 대책을 강구하기 위한 설명 등등이 포함되어 있었다. 이 팸플릿은 대단한 효과를 가져다 주었다.

토머스 지사는 여기서 설명한 스토브의 구조가 몹시 마음에 들어 몇 해 동안 전매 특허권을 주겠다고 전했다. 그러나 이런 경우에 항상 나 자신에게 중요하다고 생각되는 한 가지 주의가 있었기 때문에 이것을 거절했다. 즉, 우리는 타인의 발명에서 많은 이익을 얻고 있으므로 자기가 어떤 발명을 했을 경우에도 그로 인해 타인 역시 도움을 얻게 되는 것을 기뻐할 일이지, 그것을 돈벌이에 이용해서는 안 된다는 생각이었다.

그런데 런던의 한 철물상 주인이 내가 작성한 팸플릿의 대부분을 도용해서 자신의 기계를 고안해 냈다. 그러나 기계의 효능은 오히려 떨어졌다. 런던에서 특허를 받아 그는 조금은 돈을 벌었다고 했다. 나의 발명을 도용한 사람이 특허를 얻은 것은 이것이 처음이 아니었다. 그렇다고 해서 언제나 성공하지도 못했다. 나는 나 자신이 전매 특허권을 얻어 이익을 얻을 생각이 없었고, 분쟁을 벌이는 것도 싫어서 그들과 다툼을 벌이지 않았다. 그것은 특허권을 얻어 나 자신이 이득을 취하려는 생각이 없었고, 다툼 자체를 좋아하지 않기 때문이었다. 이 난로는 펜실베니아에서, 그리고 가까운 식민지에서도, 매우 많은 가정에서도 지금껏 사용되고 있고, 그로 인해 주민들은 땔감을 크게 절약할 수 있게 되었다.

강화조약이 체결되어 의용군의 할 일도 끝났으므로, 나는 다시 대학 건립 문제에 관심을 기울였다. 이 일을 착수하기 위해 제일 먼저 내가 채택한 방법은 잔토클럽 회원을 중심으로 활동적인 친구 몇 사람을 모아 이 계획에 참여시키는 것이었다.

그 후에는 '펜실베니아에서의 청소년 교육에 관한 몇 가지 제안'이라는 제목의 팸플릿을 발표했다. 나는 이것을 무료로 주의 유력자들에게 배포하여 그들이 그것을 읽고 다소 마음의 준비가 되었으리라고 생각될 무렵, 대학의 창설과 유지를 위한 기부금 모집에 착수했다. 기부금은 5년 동안 분납하기로 했다. 이렇게 할부로 한다면 기부금도 많아질 것이라고 여겼기 때문이었는데, 사실 그랬던 것으로 믿고 있었으며, 내 기억이 틀림없다면 적어도 5천 파운드 이상의 돈이 모였을 것이다.

나는 그 제안의 서문에서 이 제안이 내 자신의 발의에 의한 것이 아니라 몇 사람의 공공정신이 풍부한 신사들의 생각에 의한 것임을 밝혀, 평소 나의 처세 방침에 따라 내 자신이 어떤 공익사업의 발기인으로서 표면에 나타나는 것을 가능한 한 회피했다.

계획을 즉시 실천에 옮기기 위해 기부에 응한 사람들은 24인의 평의원을 선출하고, 당시의 법무장관이었던 프랑시스와 나를 대학 관리 법규의 기초자로 임명했다. 교사를 빌리고 교수들을 초빙해서 개학을 했는데, 이때가 같은 해인 바로 1749년이었다고 생각된다.

학생은 급속도로 불어나서 당장 교실이 비좁아졌기 때문에, 우리는 신축할 만한 좋은 부지가 없을까 하고 물색하던 차에 하나님의 섭리로 조금만 손질하면 충분히 교실로 쓸 수 있는 커다란 기존 건물을 얻게 되었다.

그 건물은 각 종파 신자들의 헌금에 의해서 건립된 것이어서 토지 건물의 관리를 위탁할 위원의 지명에는 어느 한 종파가 우위를 점하는 일이 없도록 특별한 주의를 못 박아 놓았다. 한 종파가 우세해진다면 자연히 건물 전체를 그 종파만이 사용할 수도 있게 되어 당초의 건립 목적에 위배될 염려가 있었다. 그래서 관리위원회의 위원은 각 종파에서 각각 한 사람씩, 즉 국교 파에서 한 사람, 모라비아 파*에서 한 사람이라는 식으로 지명되었다. 사망에 의해 결원이 발생할 때는 기부자 중에서 선거를 치러 그 자리를 보충하도록 되어 있었다.

우연히도 모라비아 파 위원이 동료와 사이가 좋지 않았기 때문에, 그가 죽자 위원들은 모리비아 파에서는 다시 위원을 내지 못하도록 결의했다. 그런데 다른 파에서 선출한다면 같은 종파에서 위원이 2명 나오게 되는데, 그것을 피하려면 어떻게 해야 좋을지가 다음의 난제였다.

몇몇 사람의 이름이 거론되었지만 이런 사정으로 의견 일치를 보지 못했다. 마침내 누군가 내 이름을 거론했다. 그 이유는 다만 내가 성실한 인물이고, 어느 종파에도 소속되어 있지 않았기 때문이었다. 이 점에 모든 사람의 찬성을 얻게 되어 내가 위원으로 선출되었다.

이 건물이 설립되던 당시의 열정은 이미 오래 전에 시들어 버려, 위원들도 다시 기부금을 모아서 땅값을 지불하거나 건축 당시에 진 빚을 갚지 못한 채 곤경에 빠져 있었다.

---

*모라비아 파 : 로마 가톨릭 교회와 보헤미아 국가 교회의 박해를 피해 독일 헤른후트로 피난 온 형제단이라고 불리우던 모라비아의 후스 파 개신교도들이 진젠도르프의 지도하에 기독교 공동체를 발전시켜 나갔는데, 이 공동체를 '모라비아 파' 라고 부른다. 모라비안 교회는 1740년 북아메리카에 선교사를 파견했는데, 인디언을 중심으로 그 교세가 확장되었다.

프랭클린 자서전

나는 현재 양쪽의 관리위원, 즉 이 건물과 대학의 관리위원을 겸하고 있었기 때문에 쌍방과 절충할 기회를 가질 수 있어서 마침내 양자 사이에 계약을 맺는 일을 성공시켰다. 이렇게 되어 건물 관리위원은 건물을 대학 관리위원에게 인도했고, 한편 대학측은 부채를 갚고 당초의 목적대로 이 건물 중앙의 대강당을 본래의 목적대로 어느 때이든 설교자가 사용할 수 있도록 항상 문을 열어 둘 뿐만 아니라 빈곤한 아이들의 교육을 위해 무료 학교를 운영키로 결정했다.

즉시 서류가 작성되고 빚을 갚는 동시에 건물의 소유권은 대학 관리위원의 손으로 넘어갔다. 천정이 높은 강당을 상하층으로 나누고, 각층은 적절하게 구분하여 각 학부의 교실로 이용했다. 얼마 뒤에는 땅도 더 사들여 우리의 목적대로 정비하고, 학생들을 이 건물로 옮겨 왔다. 기술자들을 관리하고, 그들과의 불화를 해소하는 일, 자재의 구입, 공사의 감독 등은 전부 나에게 맡겨졌다. 내 사업에 지장이 없었기 때문에 나는 유쾌한 기분으로 이런 일들을 척척 처리하고 있었다.

나는 이보다 1년 전에 근면하고 성실하고 대단한 수완까지 갖춘 데이비드 호울을 영업자로 맞아들였기 때문이었다. 그는 내 밑에서 4년간이나 일한 적이 있어서 나는 그의 인품을 속속들이 알고 있었다. 그 사람은 내가 완전히 손을 떼다시피할 정도로 인쇄소를 도맡아 경영해 주고, 나에게는 정확히 이익을 배당해 주었다. 이 공동 경영은 우리 쌍방 모두에게 성공적이어서 18년이나 계속되었다.

대학 평의원들은 그 후 곧 지사의 허가를 받아 법인체가 되었다. 그 기금은 영국으로부터 기부와 영주들의 토지 무상증여로 증가했고, 나중에는 주 의회에서도 추가로 상한 기부를 해 주었다. 이렇게 해서 현재의 필라델피아 대학이 설립되었다. 나는 창립 당시부터 지금까지 40년 가까이 평의원으로 일하고 있다. 수많은 청년들이 여기서 교육을 받고 지능을 연마해 세상에 나아가 뛰어난 인물이 되었고, 공직에 들어가 공적을 쌓고, 나라의 명예를 높이고 있는 것을 보면서 나는 대단한 기쁨을 느낀다.

위에서 말했던 바와 같이 나는 내 자신이 장사를 하지 않아도 괜찮게 되었을 때에는 대단치는 않으나 필요한 만큼의 재산도 생겼고, 이제부터는 학문 연구와 위안에 할애할 여가도 있으리라는 즐거운 심정이 되기도 했다. 나는 영국에서 필라델피아에 강의차 와 있던 스펜스 박사의 실험 기구를 모조리 사서 전기에 관한 실험을 차츰 진척시키고 있었다.

그런데 이번에는 세상 사람들이 나를 한가한 사람으로 생각하여 나를 공공사업에 끌어들이기 시작했다. 나는 시정의 모든 부분에서, 그것도 거의 동시에 여러 가지 일을 떠맡다시피 하여 당황하지 않을 수 없었다. 그런데 지사는 나를 치

안위원회의 일원으로 임명했고, 시의회에서는 나를 시의회 의원으로 선출했다. 얼마 뒤에 나는 참사회원으로 천거되었다. 일반 시민은 나를 그들의 대표로 선출하여 주 의회로 보냈다. 이 마지막 지위는 나로서는 매우 기쁜 일이 아닐 수 없었다. 왜냐하면 나는 토론을 방청하기 위해서 주 의회에 출석하는 것을 싫어했었다.

그때는 서기였던 만큼 토론에 직접 가담할 수는 없었고, 더군다나 그 토론 내용은 대개가 무의미한 것이어서, 손장난으로 그림도 그리고 종이접기도 하면서 겨우 지루한 시간을 견뎌 냈다. 또 다른 이유는 내가 의원이 된다면 유익한 일을 해낼 수 있는 힘도 커질 것이라는 생각이었다. 아무튼 나는 내가 여러 가지 공직에 선출되었던 것을 그다지 자랑할 일은 못 된다고 말할 생각은 없다. 확실히 나는 이 일을 자랑스럽게 생각했다. 처음의 외롭고 고생스러웠던 출발을 돌이켜 본다면 이런 지위는 내게 대단한 것이고, 특히 그 자리는 내가 구했던 것이 아니라 세상 사람들의 추천에 의한 것인 만큼 그 기쁨은 더했다.

치안판사라는 직무로 두어 번 법정에 출석해서 판사석에 앉아 당사자의 주장을 듣기도 하며 몇 차례 맡아 보았다. 그러나 이런 신성한 직책을 더럽히지 않기 위한 나의 현행법에 관한 지식이 태부족이란 것을 깨닫게 되자, 주 의회에서 입법자로서의 중책을 다하지 않으면 안 된다는 이유를 들어, 차츰 물러날 생각을 하게 되었다.

주 의회 의원에는 10년 동안 매년 선출되었는데, 나는 한 번도 선거인에게 투표해 달라고 청탁한 적이 없었고, 직접으로나 간접적으로도 선출해 주었으면 하고 말한 적도 없었다. 내가 주 의회의 의석을 차지하자 내 아들이 서기로 임명되었다.

이듬해에 카알라일*에서 인디언 족과의 사이에 조약이 체결되게 되어, 지사는 주 의회에 메시지를 보내 참사회원 몇 사람과 함께 조약 체결 위원이 될 의원 약간 명을 지명해 달라고 요청해 왔다. 주 의회는 의장 노리스와 나를 지명했다. 우리는 위임을 맡아 카알라일로 가서 즉시 인디언 족과 회견을 했다.

이 인디언 족은 술 잘하는 사람들이 많았는데, 술이 취하면 싸움질을 잘하고 난폭해지기 때문에 우리는 그들에게 술을 파는 것을 엄금했다. 그러자 이 금지에 대하여 그들이 불평을 했기 때문에, 회의 중에 술을 마시지 않는다면 용건이 끝난 다음에 얼마든지 술을 마셔도 좋다고 했다. 그들은 술을 마시지 않겠다고 약속했고, 그것을 지켰다. 약속을 어기려 해도 술을 구할 수가 없었던 것이다.

회의는 매우 순조롭게 진행되어 쌍방이 다 만족스럽게 끝

---

*카알라일 : 펜실베니아 주 칸바란드 군의 소도시.

났다. 그러자 그들은 술을 요구해서 그것을 주었다. 그것은 오후의 일이다.

그들은 남녀 아이들까지 합해서 백여 명 정도가 도시 근처에서 네모진 오두막을 짓고 살고 있었다. 저녁때가 되자 그들이 있는 곳에서 몹시 떠드는 소리가 들리기에 어찌된 일인가 하고 위원들이 보러 갔다. 가 보니 그들은 넓은 마당 한가운데에 불을 피어 놓고 남자 여자 할 것 없이 인사불성이 되도록 만취하여 싸움을 하고 격투도 벌이고 있었다. 그들의 거무스름한 반나체는 어두운 불빛에 조금 비춰졌는데, 불타고 있는 장작을 손에 들고 서로 뒤쫓고 치고받고 하면서 무서운 괴성을 지르는 꼴이, 우리가 상상하는 지옥의 모습을 방불케 하는 그런 광경이었다. 이런 소동을 진정시킬 방도는 없을 것 같아서 우리는 숙소로 돌아왔다. 밤중에 몇 사람이 눈사태처럼 우리 숙소로 몰려와서 술을 더 달라고 아우성쳤지만 우리는 들은 척도 하지 않았다.

다음날, 그들은 그런 소란을 피워 미안한 생각이 들었던지 세 사람의 장로를 보내어 사죄의 뜻을 전했다. 그 말을 한 사람은 자기들의 잘못을 인정하면서도 그게 다 술 때문이라며 다음과 같은 술에 대한 변명을 늘어놓았다.

"만물의 창조주이신 위대한 하나님은 무릇 모든 것을 무언가에 쓸모가 있도록 만드셨습니다. 어떤 쓸모에 의해 만들어졌든간에 만들어진 것은 언제나 그 임무를 다하지 않으면 안 됩니다. 그런데 하나님은 술을 만드실 때에 인디언은 이것을 마시고 실컷 취하라고 말씀하셨습니다. 그래서 우리는 그 말씀대로 해야 했습니다."

진실로 경작자에게 이 땅을 주기 위해 이런 야만인들을 근절시키는 것이 하나님의 뜻이라면, 술은 하나님이 정하신 수단이라고 생각할 수도 있을 것이다. 술 때문에 이전에 연안 지방에 살고 있었던 인디언 족은 이미 모조리 멸망해 버렸다.

1751년에 나의 절친한 친구 토머스 본드 박사*는 우리 주의 사람이든 아니든 빈민 환자를 수용하고 치료를 해 주기 위해 필라델피아에 병원을 세울 계획을 가지고 있었다. 매우 기특한 계획으로, 사람들은 내가 한 것으로 알고 있었다. 사실 그가 했던 일이다. 그는 이 일을 위해서 기부금을 얻으려고 열심히 활동했지만, 미국땅에서는 처음 시도하는 일이라 처음에는 좀처럼 알아주지 않아 그다지 좋은 성과를 거두지 못했다. 마침내 그는 나를 찾아와서, 공공사업은 자네가 관계하지 않으면 도저히 성과를 거둘 수 없다는 것을 깨달았다고 하면서 나를 칭찬했다. 그는 그 이유를 다음과 같이 말했다.

"기부금을 청하러 가면 이런 말을 먼저 한단 말일세. 이

---
*토머스 본드 박사 : Thomas Bond, 1712~1784, 필라델피아의 의사. 프랭클린 등과 함께 문학협회의 멤버. 미국 학술협회 발기인 중 한 사람.

일은 프랭클린 씨와 의논을 했습니까? 그분 생각은 어떻습니까? 라고 말이네. 그래서 내가 이 일은 자네와 관계없는 것이기 때문에 아직 의논해 보지 않았다고 했더니, 그 사람들은 기부를 거절하고 좀 생각해 보겠다고 하지 뭔가."

나는 이 계획의 성질과 효용에 대해 매우 만족할 만한 설명을 들었기 때문에 나 자신이 기부에 응한 것은 물론이고, 다른 사람들로부터 기부금을 모으는 계획에도 기쁘게 참가했다. 그런데 기부금을 모으기 전에 나는 먼저 신문을 통해 이 문제를 다루어 사람들에게 미리 마음의 준비를 가지도록 분위기를 조성했다. 이것은 이런 경우에 내가 즐겨 쓰는 상투적인 방법이었는데, 본드 박사는 이것을 소홀히 취급했던 것이다.

그 후로 기부금은 넉넉히 모여졌다. 그러나 얼마 후에 그 시설은 다시 침체 상태로 되돌아갔다. 그래서 나는 다소 주의회에서 원조를 해 주지 않으면 불충분하다고 생각하고 원조를 청원 형식으로 제안하는 절차를 밟았다. 지방 출신 의원은 처음에는 반가워하지 않았다.

그 시설은 도시민만 혜택을 입는 것인 만큼 그 비용도 도시민만이 부담하는 것이 당연한 것 아니냐며, 그 도시 시민들조차도 전폭적인 찬성자가 있을지 의문이라고 말하는 것이었다.

그 반대로 찬성자가 상당히 많을 것이며, 자발적인 기부금도 2천 파운드는 웃돌 것이 틀림없다고 내가 주장하자, 그들은 내 주장을 꿈같은 소리라며 도저히 기대할 수 없다고 일축해 버렸다. 그래서 나는 달리 안을 하나 만들지 않으면 안 되었다. 우선 그 취지에 의거하여 기부자들을 법인으로 조직하고, 이에 대하여는 약간의 배당 형식의 돈을 준다는 법안을 제출하기 위한 허가를 구하는 것이었다. 주 의회는 이 안에 대해 허가를 내주었다. 나는 법안을 기초하고, 중요한 조항은 조건부로 했다. 즉, 그 조건부는 다음과 같다.

'상기한 권한에 의하여 다음과 같이 정함. 전술한 기부자들이 서로 집합하여 이사와 회계를 선임하고, 각자의 기부에 의한 기금이 2천 파운드에 달하고(여기에서 생기는 매년 이자는 빈궁한 환자를 병원에 수용, 급식, 간호, 의료상담, 그리고 의약품 등의 자금에 보태기로 함) 주 의회 의장이 이것으로 급박한 불안감이 없다고 인정할 때는, 의장은 해당 병원의 설립·건조·설비의 비용에 충당하기 위한 금액 2천 파운드를 2년간으로 분할하여 그 병원 회계에 교부한다는 주 의회 회계에 대한 지시서에 서명할 수 있고, 서명하여야 함.'

이 조건 덕택으로 법안은 통과되었다. 보조금 부과에 반대하고 있던 의원도 이번에는 돈을 내지 않고도 자선가라는 평판을 얻게 된다고 생각하여 이 안에 찬성했다. 우리는 사람들에게 기부금을 내 달라고 권유할 경우, 법률의 이 조건부 보증을 강조하고, 각자가 낸 의연금은 이 법률에 의거하여 배가 되는 것이므로 꼭 기부를 해 달라고 설득한 것이다. 이렇게 해서 이 법조문은 이중의 효과를 올렸다. 따라서 필요한 응모액은 얼마 안 되어 초과되었다.

곧 우리는 주 의회에 보조금을 청구하여 받고, 계획을 실천에 옮길 수 있게 되었다. 오래지 않아 편리하고 훌륭한 건물이 설립되었다. 이 병원은 그 뒤 끊임없이 이용되어 사회에 큰 이익을 주었고, 오늘날도 계속 번창하고 있다. 나의 정치적 활동 중에서 그 성공만큼 기뻤던 예는 달리 없다. 약간은 교활한 수단을 이용했다고 나중에 생각되기는 했어도 별로 마음에 걸릴 만한 것도 없는 것 같다.

길버트 테넌트 목사가 발기인이 되어, 집회장 신축을 위한 기부금을 모으고 싶다며 협조해 달라는 부탁을 받은 것도 이즈음이었다. 그는 화이트필드의 제자였던 장로교 신자로, 그의 주위에 모인 사람들을 위해 사용하고자 한 것이었다. 그러나 너무 자주 기부를 청해서 시민들에게 좋지 않은 인상을 주므로 나는 딱 잘라 거절했다. 그러자 그는 나의 지나온 경험으로 보아 선심을 잘 쓰고 공공심이 있다고 생각되는 사람의 명단을 작성해 줄 수 없겠느냐고 부탁했다. 내가 기부금을 모을 때 친절히 응해 주었음에도 불구하고 그들의 이름을 일일이 적어 주어서 다른 청탁자들 때문에 골치 아프게 하는 것은 비양심적인 일이라 생각하여, 이 또한 작성해 줄 수 없다고 거절했다. 그러자 그는 이 일에 대해 자기에게 충고의 말이라도 한마디 들려 달라고 했다.

나는 그 말에 이렇게 대답했다.

"우선 첫째로, 기부금을 조금이라도 낼 의사가 있는 사람에게는 전부 다 부탁하는 것입니다. 다음에는 낼지 안 낼지 모르는 사람에게도 당연히 찾아가서 이미 낸 사람의 명부를 보이십시오. 마지막으로 도저히 낼 것 같지 않은 사람도 무시해선 안 됩니다. 왜냐하면 당신이 잘못 생각한 경우도 있을지 모르기 때문입니다."

그는 웃으면서 고맙다는 인사를 하고 내 충고에 따르겠다고 말했다. 실제로 그는 내가 말한 대로 모든 사람들에게 기부를 청했다. 결국 그는 예상보다 더 많은 돈을 모았으며, 그 돈으로 지금도 아치 거리에 있는 넓고 훌륭한 집회장을 설립했다.

우리 시가지는 정말로 정연하게 잘 설계되어 있어서 가로는 넓고 똑바르며 직각으로 교차되어 있었다. 그러나 한 가지 아쉬운 점이 있었다. 이 가로는 오랫동안 비포장 상태로 있어서 비오는 날에는 무거운 차바퀴 때문에 땅 속까지 뒤집혀 진흙탕이 되므로 횡단에 불편하고, 날씨가 좋을 때에도 먼지를 뒤덮어 쓸 수밖에 없었다.

나는 저지 시장이라는 곳 근처에 살고 있었는데, 주민들이 식료품을 사면서 진창길을 힘들여 걸어다니는 것을 보고 안쓰러운 생각이 들었다. 시장 중앙 아래쪽으로 내려가는 좁은 길은 벽돌로 포장되어 있어서 시장까지 오게 되면 든든한 포장길을 밟게 되었지만 그곳까지 오는 동안에 발목까지 진흙탕이 되었다.

나는 이 문제에 대하여 의견도 말하고 글로 써서 발표하기도 했는데, 마침내 내가 이 문제를 맡아 벽돌 포장도로와 시장 사이를 돌로 포장하게 되었다. 돌은 집 옆까지 바짝 붙여 깔았다. 이 공사로 얼마 동안은 신발을 더럽히지 않고 기분좋게 시장에 출입할 수 있게 되었지만, 다른 도로는 포장이 되어 있지 않아서 흙탕길을 달려온 마차들이 이 포장도로에 이르면 흙을 떨어놓고 가기 때문에 포장도로마저 흙탕길이 되고 마는 것이었다. 이즈음까지는 아직 거리 청소부가 없었으므로 그 흙을 치울 사람이 없었다.

얼마 동안 찾아보았더니 집집마다 한 달에 6펜스씩만 낸다면 일주일에 두 번 포장도로를 깨끗이 청소하고 각 집 앞의 흙을 치우는 일을 맡아 보겠다고, 가난하지만 부지런한 사람이 나타났다.

그래서 나는 글을 하나 써서 인쇄한 다음, 이렇게 적은 돈을 들여서 얻을 수 있는 이로운 점을 낱낱이 열거했다. 즉, 흙탕물이나 흙을 여러 사람들이 발에 묻혀 들이는 일이 없으므로 집 안이 깨끗해져서 좋고, 물건을 사러 들어오는 손님도 기분이 좋을 것이니 고객이 늘어 이익이며, 바람 부는 날에도 먼지가 상품에 뽀얗게 앉을 염려도 없는 등 여러 가지 좋은 점이 있다는 내용이었다.

나는 이 인쇄물을 한 부씩 가가호호 배부하고, 한 이틀 후에 6펜스를 내는 협정에 가입할 집을 조사하러 다녔다. 그랬더니 한 집도 빠짐없이 서명해 주었고, 얼마 동안은 이 일이 잘 실행되어 갔다. 거리의 주민들은 누구나 시장 주변의 포장도로가 말끔해진 것을 보고 기뻐했다. 이 때문에 도로를 전부 포장하고 싶다는 여론이 나오고, 그렇게 한다면 세금도 기꺼이 내겠다고 하는 사람이 많았다.

그 얼마 뒤에 나는 시의 도로 포장을 목적으로 하는 법률을 기초해서 주 의회에 제출했다. 이것은 내가 1757년 영국으로 가기 직전의 일이었다. 이 안은 출발 전까지는 통과되지 않았지만 그 뒤에 과세 방법을 다소 변경하여 통과시켰다. 그 변경은 나로서는 개선이라고 생각하지 않았지만, 도로의 포장과 함께 조명에 관한 조항이 부가된 것은 대단한 개선이었다.

이것은 일개 시민인 고 존 클리프턴이 자신의 집 현관에 등잔을 달아 둔 것이 등의 효용을 보이는 실례가 되어, 사람들은 비로소 마을을 밝게 조명하겠다는 생각을 갖게 되었다. 그 후 공익을 꾀했다는 명예가 나에게 돌아왔지만, 사실 그 명예는 그분에게 돌아갔어야만 될 일이었다. 나는 그의 예를 본떴을 뿐이었다.

다만 내가 처음에 런던에서 수입되고 있던 둥근 램프와는 다른 모형의 램프를 고안했다는 점에 다소 공적이 있었다 하는 정도이다. 런던제 램프에는 다음과 같은 불편함이 있었다. 런던제 램프는 밑으로부터 공기가 들어가지 않았다. 그러니 연기가 위로 빠져나가지 못하고 등 속을 빙빙 돌다 그 속에 그대로 남아 등을 까맣게 그을려, 본래 지녔던 광채를 쉽게 어둡게 하는 것이었다. 그 밖에도 매일 깨끗이 안쪽을 닦아야 하므로 귀찮고, 약간만 잘못 건드려도 깨져서 쓸모없게 되기도 했다.

그래서 나는 등피를 4장의 판유리로 만들고, 연기의 배출을 쉽게 하기 위해서 위쪽에 긴 연통을 달고, 아래에도 공기 구멍을 만들도록 고안했다. 이 방법에 의해서 램프는 더럽혀지지 않았고, 런던제처럼 몇 시간이면 어두워지는 일도 없었으니 아침까지 밝게 켤 수 있었다. 잘못 건드려 깨지는 경우에도, 깨진 것이 대개 유리 한 장뿐이어서 수리도 간단했다.

이따금 이상하게 생각되던 것인데, 런던 사람들이 복스홀*에서 사용하고 있는 둥근 램프는 밑에 구멍이 나 있어서 언제라도 깨끗했다. 그런데 어째서 가로등에 그런 구멍을 뚫을 생각을 하지 못 했을까 하는 것이었다. 물론 이 구멍은 또 다른 목적, 즉 그 구멍에서 가느다란 실을 늘어뜨려 심지에 불을 빨리 붙일 수 있도록 하는 것인데, 공기를 들어가게 하는 것 외에 미처 다른 생각이 닿지 못했던 것 같다. 그렇기 때문에 램프에 불을 켠 다음 몇 시간만 지나면 런던의 가로등은 매우 어두워지는 것이었다.

이런 개량안 얘기 끝에 생각난 것인데, 나는 런던에 머무르는 동안에 포더길* 박사에게 다음과 같은 개량안을 제시해 본 적이 있었다. 박사는 내가 아는 사람들 중에서도 매우 훌륭한 사람으로, 특히 공익사업에는 많은 업적을 남겼다.

런던의 도로를 살펴보면, 개인 날에는 청소를 하지 않아서 가벼운 먼지가 그대로 쌓였다. 비가 내리면 그것이 진흙이 되었다. 이렇게 여러 날 동안 포장도로가 진흙길이 되어 걸어갈 수 있는 곳이라고는 가난한 사람들이 깨끗이 청소한 좁은 길 뿐이었다. 또한 몹시 고생하면서 진흙을 끌어 모아 수레에 던져 넣곤 했는데, 수레는 위가 열려 있기 때문에 포장도로를 지나는 수레가 흔들릴 때마다 옆으로 흘러 넘쳐 보행자를 골탕먹이는 일이 발생하기도 했다. 먼지가 심한 도로를 청소하지 않는 이유는 먼지가 상점이나 주택의 창문으로 날아 들어가기 때문이라고 했다.

---

*복스홀 : Vauxhall, 런던의 지명. 템즈 강변에 있는 곳으로, 19세기 중엽까지 이.유명한 공원이 있었다.
*포더길 : John Fothergil, 1712~80. 영국의 의사, 퀘이커교도. 프랭클린의 친구이며 아낌없는 지지자였다.

우연한 일로 나는 청소라는 것이 얼마나 짧은 시간 내에 할 수 있는 것인지를 알게 되었다. 어느 날 아침, 크레이븐 가에 있는 우리 집 문 앞에서 가난하게 보이는 어떤 부인이 자작나무 가지 빗자루로 포장도로를 쓸고 있었다. 그 여자는 병을 앓고 난 사람처럼 안색이 창백하고 몹시 허약해 보였다. 나는 누구의 부탁으로 청소하고 있는가를 물어보았다. 그런데 그녀는 "누구의 부탁을 받은 것은 아닙니다. 저는 가난해서 생활이 어렵기 때문에 점잖은 댁 문 앞을 쓸어드리면 얼마간의 돈을 받을까 해서입니다." 하고 대답했다. 나는 그 여자에게 그 거리를 말끔히 청소해 준다면 1실링을 주겠다고 했다. 그때 시간이 9시였는데 정오가 되자 그녀는 돈을 받으러 왔다. 나는 처음 그 여자가 느릿느릿하게 일하는 것을 보았기 때문에 청소 일을 그렇게 빨리 끝냈으리라는 생각이 들지 않았다. 그래서 사람을 보내어 둘러보고 오라 했더니, 그가 돌아와서 말하기를 거리는 구석구석까지 깔끔히 청소되고, 먼지는 전부 중앙에 있는 하수구에 쌓아 놓았다는 것이었다. 이렇게 쌓아 놓은 먼지는 비에 깨끗이 씻겨 내려갔고, 거리는 물론 개천까지 모두 깨끗해졌다.

그래서 나는 저 허약한 부인이 3시간만에 그 거리를 청소할 수 있다면, 건장한 남자라면 그 절반 정도의 시간으로 충분하다고 생각했다.

여기에 덧붙여 말하겠는데, 이런 좁은 거리에서는 보도

양쪽에 하나씩 하수도를 만드는 것보다는 길 한가운데를 통하는 하수도를 하나만 만드는 편이 더 편리할 것이라는 생각이 들었다. 그 이유는, 도로에 떨어지는 빗물은 양측에서 흘러 가운데로 모이게 되는데, 이렇게 모인 빗물은 힘센 물살이 되어 쌓인 진흙을 전부 씻어 버리기 때문이었다. 그런데 하수도를 두 개로 나누면 양쪽 모두 물살이 약해져서 오히려 쌓인 진흙을 보도에 튀게 하고, 길이 점점 더럽혀지고 미끄럽게 될 것이며, 때로는 보행자에게 진흙이 튀기기도 할 것이었다.

내가 박사에게 말한 제안이란 이런 것이었다.

'런던과 웨스트민스터 가의 청소와 청결을 보다 유효하게 유지하기 위해서 다음과 같은 내용을 제안하고 싶다. 몇 사람의 감독을 두고 그들과 계약하여, 각각 담당 지역의 큰 거리나 작은 거리까지 맑은 날엔 먼지를 쓸고, 비 오는 날에는 진흙을 한 곳에 긁어모으게 한다. 감독들에겐 빗자루와 청소에 필요한 다른 도구를 지급해서 각각 보관시키고 그들이 고용한 빈민에게 빌려 주게 한다. 맑은 날이 계속되는 여름철에는 상점과 각 집의 창문이 열리기 전에 먼지를 깨끗이 쓸어 모아서 적당한 간격으로 쌓아 두어, 도로 청소부는 단단한 뚜껑이 덮인 짐수레로 이것을 운반해 가게 한다. 쓸어 모은 진흙은 수레바퀴나 말발굽으로 흐트러지는 일이 없도록 한다. 청소부에게 빌려 주는 수레의 몸체는 높은 바퀴를 달지 말고 낮으막하게 하여, 밑바닥은 창살식으로 해서 밀짚으로 덮는다. 이렇게 하면 던져 넣은 진흙은 차체 안에 남지만 물은 빠지게 된다. 따라서 진흙의 무게는 약간 가벼워질 것이다. 이런 것을 적당히 배치해 두고 손으로 미는 일륜차로 진흙을 날라 수레에 싣고, 진흙의 물이 잘 빠지기를 기다렸다가 말로 끌어서 운반토록 한다.'

이 계획은 어디서부터 실행될 수 있을 것인지 나 자신도 의혹을 갖게 했다. 도로의 폭이 좁기 때문에 통행에 방해가 되지 않도록 하기 위해서 배수차를 두고 싶었지만 그럴 수 없는 경우가 있기 때문이었다. 그러나 상점이 문을 열기 전에 먼지를 쓸어 싣고 가는 것은 해가 긴 여름철에는 확실히 실천할 수 있다는 생각은 지금도 변함이 없다.

어느 날 아침 7시경, 스트란트 가와 플리트 가를 걸어서 쭉 돌아보았다. 그때는 이미 날이 밝고 해가 뜬 지도 3시간 이상이나 지났는데 문을 연 상점은 한 집도 없었다. 런던 시민들은 즐겨 촛불을 켜 놓고 밤샘을 하고, 해가 뜬 뒤에도 늦도록 잠을 잤다. 그럼에도 불구하고 양초세가 너무 비싸다느니, 초값이 비싸다느니 하며 늘 불평을 늘어놓고 있어 어처구니가 없었다.

이런 사소한 일들은 마음에 새겨 둘 것도 없고 굳이 얘기할 가치도 없다고 생각하는 사람들이 있을 것이다. 과연 먼지가 바람이 강하게 부는 날 길을 걷던 어떤 사람의 눈에 들어갔다거나 한 상점에 날아들어 갔다는 것쯤은 대단한 일이 아니다. 그러나 인구가 많은 도시에서 이런 종류의 일이 수없이 반복되어 일어난다고 하면 이 일은 중대한 문제가 되는 것이다.

얼핏 보면, 사소한 일에도 주의를 기울이는 사람이 있다고 해서 심각하게 비난할 마음이 생기지는 않을 것이다. 인간의 행복이란 어쩌다가 생기는 대단한 행운보다도 나날이 일어나는 사소한 편의에서 생기는 것이다.

예를 들어 한 가난한 청년에게 스스로 면도를 하고 면도칼을 정돈하는 것을 가르쳐 주는 일은 천 기니를 거저 주는 것보다도 그 청년의 일생의 행복에 기여하는 바가 크다 하겠다. 천 기니 정도의 작은 돈은 당장에 써 버리고 나서 어리석은 짓을 했다고 뉘우치는 경우도 많은데, 이에 비해 언제나 이발소에서 기다린다든지, 더러운 손가락, 냄새나는 입김, 잘 들지 않는 면도칼 등으로 괴로울 일도 없이 자기 편리한 시간에 잘 드는 칼로 면도하는, 매일 맛보게 될 기쁨을 생각해 보라. 이러한 작은 생각들이 사랑하는 이 도시, 그 밖에도 미국의 도시에 대해 언젠가는 쓸모가 있는 여러 가지 일에 암시가 되기를 바란다.

나는 잠시 동안 미국의 체신장관 밑에서 회계 감사관으로서 몇몇 우체국의 정리와 국원의 견책을 담당하고 있었다. 1753년 장관이 세상을 떠나자 나는 영국 체신장관의 위임을 받아 월리엄 헌터와 함께 그 자리에 임명되었다.

지금까지 미국 우체국은 영국 우체국에게 한 푼의 돈도 지불하지 못했다. 우리 두 사람이 우체국의 이익을 창출한다면 족히 일 년에 6백 파운드는 만들어 낼 수가 있었다. 그렇게 하자면 여러 가지 개선이 필요했고, 그 개선을 위해선 처음엔 돈이 좀 드는 것이 있었다.

최초 4년 간 우리는 대략 9백 파운드 가량의 돈을 우체국에 빌려 준 셈이 되었지만, 돈은 얼마 뒤에 되돌려 받게 되었고, 장관들의 장난으로 면직이 될 때까지-이 얘기는 나중에 하겠지만[1]- 국고로 들어가는 순수입이 아일랜드 우체국의 3배에 달하기에 이르렀다. 그런데 그들이 나를 무분별하게 처리하고 난 후, 그들은 단 한 푼도 받을 수 없게 되었다.

우체국일 관계로 나는 그 해에 뉴잉글랜드로 여행을 했었다. 그때 케임브릿지대학[2]은 내게 문학석사의 학위를 수여했다. 코네티컷 주의 예일대학에서도 이보다 앞서서 나는

---

[1] 영국 본토와 식민지 사이의 관계가 험악해져 갈 무렵, 프랭클린은 식민지 대표의 자격으로 런던에 체류하고 있었는데, 그때 국가 기밀에 속하는 중요한 편지를 임의로 공표하여 식민지 사람들을 자극했다는 죄목으로 조사받고, 당시의 체신장관직도 내놓게 되었다. 이것이 독립전쟁이 시작되기 한 해 전인 1774년의 일이다. 이후에도 프랭클린은 그의 자서전에 이 내용을 기록하지 못했다.

[2] 지금의 하버드대학. 이 대학은 케임브릿지와 보스턴 두 도시에 걸쳐 있다. 1636년에 개교했다.

[3] 뉴욕 주(州)의 수도.

같은 학위를 수여받았다. 나는 대학에서 공부한 일은 한 번도 없었는데 이런 학위를 받게 된 것이다. 이것은 물리학의 한 부문, 전기학상의 개발이나 발견에 대해서 내게 주어진 것이었다.

1754년에는 다시 프랑스와의 사이에 전쟁이 일어나게 되었다. 식민 대신의 명에 의해서 각 식민지의 위원이 올바니[3]에 모여 회의를 열고, 이 땅에서 아메리카 인디언의 여섯 종족(The Six Nations. 뉴욕 주의 중부에서 서부로 이주한 여섯 종족으로, 그 수는 대개 1만 5천 명 정도임)의 추장과 상의하여 쌍방의 국토방위 수단을 강구하게 되었다. 이 명령을 받은 해밀턴 지사는 이것을 주 의회에 통지하고, 회합 때 인디언에게 기증할 적당할 선물을 장만할 것을 지시했다. 의장인 노리스와 나, 그리고 존 펜과 비서관인 피터와 함께 펜실베니아 대표 위원으로 지명했다. 주 의회에는 이 지명에 찬성했고, 선물이 준비되었다. 그런데 그들은 주 밖에 나가서 상의하는 것을 그다지 좋아하지 않았기 때문에, 부득이 우리들은 6월 중순경 올바니에서 다른 위원과 모임을 가졌다.

올바니로 가는 도중에 나는 국토방위와 기타 중요한 공동의 목적을 위해 필요한 한도 내에서 전 식민지를 하나의 정부 밑에 통일하는 안을 세워, 이것을 법안으로 초안을 잡았다. 뉴욕에 왔을 때 나는 그 안을 제임스 알렉산더*와 케네디*에게 보여 주었다. 이 두 사람은 공공사업에 깊은 조예가 있는 사람이었다. 두 사람의 찬성을 얻게 되자 나는 더욱 자신감을 가지고 이것을 회의에 제출했다. 당시 위원 중에는 동일한 안을 작성하는 사람이 몇 명 있는 것 같았다. 선결 문제로 연합, 즉 동맹 관계를 맺느냐 아니냐의 문제가 제기되었고, 만장일치로 좋다고 가결되었다. 그래서 각 식민지에서 한 사람씩을 위원으로 냄으로써 위원회가 구성되고, 몇 가지 안을 심의 보고하게 되었다.

예기치도 않았는데 내가 제출한 안이 채택되어 한두 가지 수정한 다음에 회의에 보고되었다.

이 안에 의하면, 중앙정부는 국왕이 임명하고 지지하는 총독이 다스리게 되어 있으며, 일반 참사회는 각 식민지의 대표자가 각각 주 의회에 모여 선거하기로 되어 있었다. 회의에서는 인디언 문제와 함께 매일 이에 관한 토론이 전개되었다. 반대와 장애들의 여러 가지 어려움이 있었지만 결국 모든 것이 해결되고, 안案은 만장일치로 가결되었다. 그 사본은 식민성과 각 주 의회에 이송하게 되었다.

이 안의 운명은 기이했다. 각 주 의회는 이 안을 채택하지 않았다. 이 안에는 중앙정부의 특권이 지나치게 부여되고 있다고 그들은 생각했다. 그런데도 영국 본토에서는 국민의 권리가 너무 크다고 생각하여, 식민성은 반대를 취함으

---

*제임스 알렉산더 : 법률가 1691~1756, 미국 학술협회 창설자의 한 사람.

*케네디 : 뉴욕 참의회 의원, 1685~1763.

로써 국왕의 재가를 얻기 위하여 아뢰지 않았다. 그 대신 식민성에서는 같은 목적으로, 더욱 잘 달성할 수 있다는 생각으로 다른 안을 작성했다. 그것에 의하면 각 주의 지사는 각 참사회의 회원들과 함께 회의를 열고, 군대 모집, 요새 건설 등의 일을 명하고, 경비는 대영제국 국고에서 지출하게 한다는 것이었다. 이 경비는 뒤에 영국 의회의 미국 관세법안에 의하여 상환하게 되어 있었다. 나의 안은 그 입안의 이유와 함께 인쇄된 나의 정치 논문 가운데 잘 나와 있을 것이다.

그 해 겨울에 나는 보스턴에 머물면서 이 두 가지 안건에 대하여 셔얼리 지사와 많은 토론을 했다. 이때의 회담 내용은, 일부는 앞에서 말한 논문 가운데 나왔으리라고 생각한다. 내가 제출했던 안건에 대한 반대 이유가 서로 다르고 상반되고 있었다는 것을 생각하면, 나의 안건이 오로지 중용을 택하고 있을 것이다. 이것이 채택되었더라면 양쪽이 모두 다 좋았을 것이라고 지금도 나는 생각하고 있다. 내 안처럼 각 식민지가 단결한다면 훌륭하게 스스로 지킬 수 있는 무력은 갖출 수 있었을 것이다. 그렇게 한다면 본국의 군대는 전혀 필요가 없고, 그 결과로 나오게 된 미국에 대한 과세의 구실과 그것 때문에 일어날 유혈의 항쟁도 당연히 피할 수 있었을 것이다. 그러나 이런 잘못은 결코 새삼스러운 것은 아니다. 역사는 국가와 국왕의 잘못으로 가득 차 있었다.

살기에 적합한 세상을 잘 조사해 보라.
제 자신의 행복을 아는 자 어찌 이리 적은가.
알면서도 이를 구하는 자.
그 또한 얼마나 적은가를*

위정자는 해야만 할 일이 너무나 많기 때문에 새로운 계획을 창안한다든지 실행한다는 것은 대개 귀찮게 생각하고 싫어하는 것이다. 그렇기 때문에 제아무리 훌륭한 공공 정책이라도 먼 앞날을 고려하고 채용하는 예는 매우 드문 일로써, 사정상 피치 못할 경우에만 마지못하여 하는 것이다.

펜실베니아 지사는 '이 안은 매우 명쾌하고 확고한 견해로 작성된 것이라고 생각되기 때문에 가장 엄밀하고 진지한 검토를 해 주기 바란다'는 찬성 의견을 덧붙여 주 의회에 넘겼다.

그런데 주 의회에서는 한 의원이 술책을 써서 불공평하게도 내가 어쩌다 출석하지 못했을 때 그 안을 상정시켜 아무런 검토도 하지 않고 그만 폐기해 버렸다. 나는 그야말로 크게 격분하지 않을 수 없었다.

---

*로마의 풍자 시인 유에나리스의 사도우라 제10편을 영역했던 드라이든의 싯구절에서 인용한 것이다.

그 해 보스턴 여행 도중 뉴욕에서 나는 영국으로부터 막 부임해 온 신임 지사 모리스와 만났다. 그와는 이전부터 서로 잘 아는 사이였다. 그는 헤밀턴이 영주의 훈령 때문에 일어나는 항쟁이 계속되자 그것이 싫증나서 사직했던 것이므로, 그 뒤를 잇는 위임장을 가지고 온 것이었다.

"나도 유쾌하게 행정을 펴 나갈 수만은 없겠지요?"

모리스가 물었다.

"아니, 그렇지 않습니다. 대단히 기분 좋게 해 나갈 수 있습니다. 주 의회와 논쟁하지 않도록 주의만 한다면요." 하고 나는 대답했다.

"하지만 이 사람아……."

그는 웃으면서 말을 계속했다.

"내 성격에 어떻게 논쟁을 피할 수 있다고 생각하는가? 잘 알고 있겠지만 나는 토론을 좋아하잖나. 토론은 내가 가장 좋아하는 것이니까. 그렇지만 모처럼 충고를 들었으니 되도록 당신의 의견을 존중하기 위해서라도 논쟁은 피하기로 하겠네."

그가 논쟁을 좋아하는 데는 그럴 만한 이유가 있었다. 그는 웅변가였고 날카로운 궤변가로 통하고 있었기 때문에 논쟁이 벌어지면 대개 이기는 쪽이었다. 들은 바에 따르면 그의 아버지는 저녁 식사가 끝난 식탁에서 언제나 자식들한테 토론을 하도록 해서 듣는 것을 낙으로 삼고 있었기 때문에,

그는 이때부터 논쟁을 좋아하는 토론가로 자라났다는 것이었다.

그러나 논쟁을 좋아한다는 것은 현명한 일이라고 말할 수는 없다. 내가 여태까지 보아온 사실이지만, 따지기 좋아하고 반대하기 좋아하며 언쟁을 즐겨 하는 사람일수록 대개 일을 잘 처리하는 사람은 드물다. 그들이 논쟁에서 이기는 경우도 있다. 그러나 결코 타인의 호감은 사지 못한다. 타인의 호감을 산다는 것은 논쟁에서 이기는 것보다 오히려 사회생활에서 더 유익한 것이다.

우리는 작별을 했다. 그는 필라델피아로, 나는 보스턴으로 향했다.

돌아오는 길에 뉴욕에서 펜실베니아 주 의회의 의사록을 보았다. 그것에 의하면 지사는 나와의 약속이 있었음에도 불구하고 벌써 주 의회와 격렬한 논쟁을 벌인 것 같았다.

그의 재직 중에는 끊임없는 투쟁이 계속되었다. 나도 그 논쟁에 한 몫 했다. 그 이유는 주 의회로 되돌아오게 되자 위원들의 천거로 그의 연설이나 메시지에 대답하기 위한 위원으로 내가 임명되어, 언제나 그 초안을 작성해야 했기 때문이다. 우리들의 답변도 그의 메시지와 같이 대체적으로 신랄한 것이어서 때로는 야비한 비방이 된 적도 많았다. 그도 주 의회를 위해서 글을 쓰고 있는 사람이 바로 나라는 사실을 알고 있었기 때문에, 사람들은 우리 두 사람이 정면으로 마주치기라도 한다면 그야말로 당장에 살인사건이 터질지도 모른다고 생각했다. 하지만 그는 대단히 성격이 좋은 사람이어서 이 논쟁 때문에 두 사람 사이에 불화가 발생되는 일은 전혀 없었고, 우리는 이따금씩 함께 식사를 하기도 했다.

이렇게 공적인 논쟁이 한창 불붙고 있을 때의 일로, 어느 날 오후 우리 둘은 거리에서 우연히 만났다.

"프랭클린 군, 자네 우리 집으로 가서 오늘밤 나와 함께 지내지 않겠나? 오늘 모이는 사람 중에는 자네가 좋아할 만한 사람들도 오게 되어 있다네."

그는 내 팔을 잡아끌고 자기 집으로 데리고갔다. 저녁 식사가 끝나고 포도주를 마시면서 유쾌한 시간을 보내고 있는데, 그가 농담처럼 말했다.

"나라를 하나 주겠다고 했을 때, '그렇다면 흑인의 나라를 주십시오' 했던 산초 판자의 생각은 기발하단 말이야. 국민과의 사이가 뒤틀어진다면 송두리째 나라를 팔아 버리면 되니까 말일세."

그러자 내 옆에 앉아 있던 그의 친구가 입을 열었다.

"프랭클린 군, 자네는 무엇 때문에 언제까지 그 능글맞은 퀘이커교도 편을 들고 있을 것인가? 그따위 녀석들은 팔아치우는 편이 좋지 않을까? 영주는 좋은 값을 줄 텐데 말일세."

"지사가 아직 팔아 버릴 수 있을 만큼 까맣게 만들어 주지 않으니까 그럽니다."

나는 그렇게 대꾸했다. 모리스는 사실 메시지마다 주 의회에 검은 먹칠을 하려고 애를 썼지만, 주 의회 편에서는 그가 먹칠을 하자마자 그것을 지워 버리고, 도리어 그의 얼굴에 먹칠을 해 놓곤 했다. 나중에 그도 이대로 나간다면 도리어 자신이 흑인이 되어 버릴 것이라고 생각하고, 해밀턴처럼 논쟁에 싫증을 내며 정부 직함을 버리고 말았다.

이러한 정치적 논쟁이 일어나는 것도 그 원인은 모두 세습적인 지배자 영주들이 있기 때문이었다. 그들은 자기 지방의 방위를 위하여 비용을 징수해야 될 경우에 차마 믿을 수 없을 만큼 비열한 수단으로 그들의 대표에게 훈령을 내려서, 그들의 소유지만은 제외하는 뜻을 법문 속에 명시한 뒤가 아니면 필요한 세금을 징수하는 어떠한 법안도 통과시키지 못하게 했다. 그들은 대표자인 지사로부터 이 훈령을 엄수한다는 계약서까지 받아두었다. 주 의회는 이런 부정한 일에 반대하여 3년 동안 항쟁을 계속했으나 끝내 굴복하지 않으면 안 되었다. 최후에 모리스 지사의 후임인 데니 대위가 이 훈령에 배반했다. 그 경위에 대해서는 나중에 말하려고 한다.

약간 이야기가 비약된 것 같다. 모리스 지사가 재직하고 있을 때 일어났던 일로, 이야기할 것이 몇 가지 있다.

프랑스와의 사이에 일종의 전쟁이 시작되었기 때문에 메사추세츠 주 식민지 정부는 크라운 포인트의 습격을 계획하고 퀸시를 펜실베니아로, 나중에 지사가 된 파우널을 뉴욕에 파견하여 원조를 구하게 했다. 주 의회에 의석을 가지고 있었고 내부 정세에도 정토하고 있었으며, 더구나 퀸시와는 동향 인이었기 때문에, 그는 나의 세력을 이용해서 원조를 해 주도록 부탁을 해 왔다. 내가 그의 청원 사실을 전하자 주 의회에서는 흔쾌히 이것을 승락하고, 군량 자금으로 1만 파운드의 원조안을 의결했다.

그런데 지사는 이 법안(이 금액과 함께 다른 국고헌납금도 포함되어 있었다)에 동의하는 것을 거부하고, 필요한 세금일지라도 영주의 소유지는 이 부담을 면제한다는 조항을 넣지 않으면 찬성할 수 없다고 했다. 때문에 주 의회에서 뉴잉글랜드에 유효한 원조를 주고 싶으면서도 어떻게 이것을 이행할 것인지 그 방법을 모르고 있었다. 퀸시도 지사의 동의를 얻으려고 백방으로 애를 써 보았지만 지사는 완강하게 이것을 거부했다.

그래서 나는 지사를 제쳐놓고 공채국의 보관위원 앞으로 뗀 어음으로 문제를 해결할 방법을 제시했다. 이런 어음을 발행하는 것은, 법률이 정한 바에 의하면 주 의회의 권한에 속하는 것이었다. 당시 공채국에는 현금이 거의 고갈 상태였기 때문에 어음의 기한을 1년 이내로 하고 5부의 이자를 주도록 제안했다. 나는 이런 어음으로 식량을 쉽게 살 수 있으리라 생각했다. 주 의회는 이의 없이 이 안을 채택했다.

어음은 즉시 인쇄되고 서명되었으며, 이것을 처리할 위원회가 구성되었다. 그리고 나는 그 위원 중 한 사람이 되었다. 이 어음의 지불에 충당할 자금은 당시 대출되어서 주 내에 유통되고 있던 전체 지폐의 이자와 물품소비세에서 나오는 수입이었다. 그것이 매우 윤택하다는 것을 알고 있었기 때문에 이 어음은 신용도가 높고 식량 구입의 지불 수단이 되었다. 부자들도 여윳돈이 있는 사람들은 여기에 투자하는 사람이 많았다. 왜냐하면 손에 쥐고 있기만 해도 이자가 붙고, 더군다나 언제든지 현금화할 수 있어서 유리하다고 생각했기 때문이었다.

그렇기 때문에 어음은 날개 돋친 듯이 팔려서 2~3주일 만에 완전 매진되었다. 이렇게 되어 이 중요한 문제도 나의 방책에 의해 해결이 되었다. 퀸시는 정중한 각서를 보내어 주 의회에 사의를 표하고, 사명의 달성을 기뻐하며 귀국했다. 그 뒤에 그는 나와 가장 충실하고 친밀한 우정을 나누게 되어 지금까지도 변함없이 지내고 있다.

영국 본토 정부는 식민지에 대해서 의구심과 질투의 감정을 가지고, 그 무력이 과대해지고 자립 의지가 강해지는 것을 두려워하여, 식민지의 연합을 인정하고 국토의 방위는 이 연합체에 일임한다는 올바니에서의 제안을 채택하지 않고, 브래독 장군을 파견하여 영국 정규군 2연대를 인솔하고 수비의 책임을 맡겼다.

장군은 버지니아 주의 알렉산드라에 상륙했다. 그는 다시 진군하여 메릴랜드 주의 프레데릭 타운에 이르렀으며, 마차를 징발하기 위하여 이곳에 머물고 있었다.

어떤 정보에 의하면, 장군은 주 의회에 대해서는 국왕에 대한 충성을 배신하는 불순분자라고 몹시 화를 내고 있다는 것이었다. 주 의회는 이 점이 염려되어 나에게 장군을 만나도록 부탁했다.

나는 주 의회의 사절이 아니고 체신장관으로서 만나게 되기 때문에, 표면상의 이유로는 장관은 각 주의 지사와 언제라도 통신할 필요가 있는 것이므로, 그 문서를 가장 신속하고 확실하게 전달하는 방법을 장군과 만나서 결정하자는 것이었다. 통신의 비용은 주 의회에서 부담한다는 내용이었다. 이 여행에는 내 아들이 동행했다.

나는 프레데릭 타운에서 장군을 만났다. 장군은 마차 징발 때문에 메릴랜드와 버지니아의 오지로 보낸 부하들에게서 소식이 오기를 학수고대하고 있는 중이었다. 나는 그가 있는 곳에서 며칠간 머물면서 매일 그와 함께 식사를 했다.

그동안 나는 주 의회에서 장군의 임무 수행을 돕기 위해 그가 도착하기 전부터 실제로 이루어 놓은 일과 이후로도 기꺼이 하고 싶은 일을 설명해 줌으로써 충분히 그의 증오심을 풀어 줄 기회를 가질 수 있었다.

그런데 마침 내가 돌아가려고 할 때 징발할 수 있는 마차에 대한 보고서가 도착했다. 보고서에 의하면 모두 합쳐서 겨우 25대뿐이고, 그것도 다 쓸 수 있는 상태가 아니라는 것이었다. 장군과 장교들은 놀라면서 이것으로는 진군할 수가 없다고 선언하며, 양식과 그 밖의 물건들을 운반할 방법도 없는 나라에 대한 실태도 파악하지 못하고 그들을 보낸 대신들의 실책을 공격하기 시작했다. 마차는 최소한 50대는 필요했었다.

나는 군대가 펜실베니아에 상륙하지 않았던 것에 대하여 유감을 표하고, 거기에서는 농부들도 마차를 가지고 있다고 무심코 한마디 흘렸다. 장군은 나의 말끝을 꼭 잡고, "그렇다면 당신은 그곳의 유력자이니까 마차를 얻게 해 줄 수 있겠지요? 꼭 좀 부탁드립니다." 하고 말했다. 그래서 내가 마차 소유주에게는 어떤 조건을 내놓겠느냐고 묻자, 내게 가능한 조건을 종이에 써 달라고 했다. 그 조건을 적어 주자 장군은 거기에 동의하고 곧바로 위임장과 훈령을 준비했다. 이 조건의 내용은 내가 랭카스터에 도착함과 동시에 발표한 다음의 광고에 잘 나타나 있다.

이 광고는 효과를 불러일으켰다는 점에서 흥미가 있기 때문에 그 전문을 여기에 게재해 두려 한다.

알림

랭카스터에서 1755년 4월 26일.

장차 월즈 크리크(메릴랜드의 서부에 위치한 요새지)에 집합하려고 하는 폐하의 군대에서 사용하기 위해 각각 사두마차 150대와 승용말, 수레, 끌말 1천 5백 마리를 필요로 한다. 브래독 장군은 이 임대차 계약을 할 권한을 내게 위임했다. 따라서 나는 오늘부터 오는 수요일 저녁까지는 랭카스터에서, 오는 목요일 아침부터 금요일 저녁까지는 요오크에서 이 사무를 볼 것이므로, 이에 다음과 같이 알리려 한다.

나는 다음과 같은 조건으로 마차와 말에 대한 임대차 계약에 응할 것이다.

1. 좋은 말 4마리와 마부 한 사람을 가진 마차 1대에 하루 15실링, 짐 싣는 안장 혹은 다른 안장과 마구를 가진 보통 말 1마리에 하루 2실링, 안장이 없는 보통 말 1마리에 하루 18펜스를 지불함.
2. 지불은 마차와 말이 월즈 크리크에서 군대에 참가할 때 시작될 것이다. 군대에 참가하는 날짜는 오는 5월 20일, 혹은 그 이전이라야만 된다. 월즈 크리크에 도착하기까지와 제대 후 귀가하는 데 필요한 시일에 대해서는 별도로 적당한 금액을 지급한다.
3. 각 마차와 그 부속하는 말, 승용 말, 수레 끄는 말의 가격은 나와 그 소유자가 선정한 제3자에 의하여 평가된다. 군무에 종사

하는 도중에 마차와 그 부속하는 말 혹은 다른 말에 손실이 생겼을 때는 위 서술한 평가에 따라 그 대가를 지불한다.
4. 계약 체결 시에 요구가 있을 때는 마차와 부속 말, 혹은 단독 말의 소유주에 대해서 7일분의 임금을 선금으로 계약과 동시에 본인이 지불한다. 잔금은 브래독 장군 또는 군대의 회계가 제대할 때 지불하고, 혹은 요구에 응하여 수시로 지불할 수도 있다.
5. 마부, 혹은 고용인으로 말의 시중을 드는 자는 어떤 이유에서나 군인으로서 복역을 요구당하는 일은 없다. 즉, 마차와 말을 끄는 일 혹은 시중 이외의 임무에 쓰는 일이 없다.
6. 마차 혹은 말에 실려서 진정으로 운반하는 귀리, 옥수수, 기타의 말 먹이로써 말을 먹이고 남은 것은 군대용으로 사들일 것이고, 이에 대하여는 적당한 대가를 지불할 것이다.

주의–내 아들 윌리엄 프랭클린도 컴벌런드 군에서 이상과 같은 계약을 맺을 권한을 가지고 있다.

벤자민 프랭클린

랭카스터, 요오크, 컴벌런드 군의 주민에게 고함

동포 여러분께!

며칠 전에 제가 우연히 프레데릭 타운의 출정군에 갔을 때 장군과 장교들은 마차의 보급을 받지 못하여 몹시 초조한 가운데 대책을 강구하고 있었습니다. 본래 이곳은 마차 보급 능력이 가장 뛰어나다고 기대하고 있었지만, 지사와 주 의회의 의견이 맞지 않아 이 목적을 위한 비용을 준비하는 일이 없고, 어떤 수단도 강구되지 않았던 것입니다.

무장한 군대를 지방 여러 곳에 급히 파견하여 필요한 만큼 가장 좋은 마차를 징발하고, 마차를 끌며 말의 시중을 드는 데 필요한 인원을 강제로 부린다는 제안도 있었습니다.

그러나 영국 군대가 이러한 목적으로 여러 주를 통과할 때, 특히 그들의 현재의 감정, 즉 우리들에 대한 반감을 비추어 볼 때, 저는 주민 여러분께 적지 않은 중대한 걱정을 끼치지 않을까 염려하는 바입니다. 그렇기 때문에 제가 나갔다 온 건 공정한 수단으로 할 수 있는 일을 우선 시험하려고 노력한 것입니다.

여러 주에서 살고 있는 여러분은 최근 통화의 부족을 주 의회에 호소하고 있는데, 이제야말로 대금을 손에 넣을 좋은 기회가 온 것입니다. 왜냐하면 이 원정군에 대한 여러분의 근무는 반드시 120일 동안 계속될 것으로 짐작되는데, 그렇게 된다면 이 마차의 임대료는 3만 파운드 이상이 될 것이고, 금은화로 지불되는 것입니다. 그 근무는 쉽고도 편한 것일 것입니다. 왜냐하면 군대는 하루에 12마일 이상 행군하는 일은 드물고, 마차와 수송말은 군대 생활의 필수품을 운반하는 것이기 때문에 군과 같이 행군하며, 이보다 빨리 행진해서는 안 되기 때문입니다. 또한 군대 자체를 위하여 행진할 때도, 야영을 할 때도 항상 가장 안전한 위치에 있게 됩니다.

만일 여러분이 제가 믿는 바와 같이 참으로 선량하고 충성스런 국왕의 한 사람이라면, 지금이야말로 여러분은 가장 흡족해 하실 봉사를 하는 동시에 자기의 이익까지도 얻을 수 있을 것입니다. 농사일 때문에 개인적으로는 1대의 마차와 4마리의 말, 한 사람의 마부를 제공할 수 없는 사람들도 몇 사람이 협력한다면 될 수 있을 것입니다. 다시 말해서 한 사람은 마차를, 또 다른 사람은 2~3마리의 말을, 또 어떤 사람은 마부를 제공하여 임대차료를 적당한 비율로 분배하면 됩니다.

그러나 이렇게 충분한 보수와 온당한 조건이 제시됨에도 불구하고 여러분이 왕과 국가에 대한 이번의 봉사 기회를 탐탁하게 여기지 않는다면 여러분의 충성심은 매우 유감스러운 것이라 하겠습니다. 국왕의 정무는 완수되어야 합니다. 여러분들을 지키기 위하여 멀리 바다를 건너온 이 다수의 용감한 군대는 당연히 해야만 할 일입니다. 여러분의 태만 때문에 하는 일 없이 시간만 보낼 수는 없습니다. 마차와 말이 절대로 필요합니다. 그것을 구할 수 없다면 아마 강제적인 수단을 취하게 될 것입니다. 그럴 경우 여러분은 배상을 해 달라고 쫓아다닐 것입니다. 아마 여러분의 호소는 동정도 받지 못하고 인정되지도 않을 것입니다. 저는 이 일에 개인적으로 이익을 바라는 자가 아닙니다. 좋은 일을 하는 데 대한 자기만족 이외에, 제게는 애쓴 나머지 다만 피로함은 남을 것입니다. 이 방법으로 마차를 구하는 일이 어긋난다면 14일 이내에 저는 그 뜻을 장군에게 보고하지 않으면 안 됩니다. 그렇게 된다면 아마도 경기병 존 센트 클레어 경은 일대의 군대를 거느리고 강제 징발하기 위해 곧 주 안으로 들어올 것입니다.

저는 여러분의 진정한 친구로서 충심으로 여러분의 행복을 빌고 있기 때문에 만에 하나라도 이런 사태에 이를까 염려하는 바입니다.

벤자민 프랭클린

　나는 장군으로부터 마차의 소유주에게 지불하기 위한 선금으로 약 8백 파운드를 받아 왔다. 그러나 그것만으로는 부족해서 2백 파운드 이상을 내 돈으로 대신 지불했다. 이렇게 해서 2주일 후에는 150대의 마차와 259필의 짐 싣는 말이 진지를 향해서 행진하게 되었다. 공고에는 마차와 말이 분실되는 경우에는 가격에 기준하여 보상한다고 약속했지만, 소유자들은 브래독 장군을 모르며, 그 사람의 약속이 어느 정도 믿을 수 있는 것인지 알지 못하는 만큼 내가 지불의 보증을 서야 한다고 주장했다. 나는 흔쾌히 보증을 서 주었다.

　어느 날 밤, 진중에서 던바 대령의 연대 장교들과 저녁 식사를 함께하고 있을 때, 대령은 하급 장교들 일이 걱정된다고 내게 털어놓았다. 그의 말에 의하면, 그들은 대개 가난한 데다가 받는 보수도 신통치 않고, 이제부터 오랫동안 광야를 진군해야 하는데, 도중에는 아무것도 먹을 것을 구할 수 없으므로 지금 충분히 사 두지 않으면 안 된다며, 그것이 여의치 않다는 것이었다. 나는 그들의 형편이 딱해서 조금이라도 위문품을 모아 주기로 결심했다. 물론 대령에게는 내 생각을 이야기하지 않았지만 이튿날 아침 주 의회의 위원들 앞으로 편지를 보내어 이들 장교의 형편을 알리고 성심껏 권고하여 일용품이나 기호품을 기증해 달라는 내용을 제안했다.

그들의 수중에는 자유로이 처리할 수 있는 약간의 공급이 있었다. 나의 아들은 진중생활의 경험이 있어 무엇이 필요한지를 알고 있었기 때문에 나에게 그 일람표를 만들어 주었다. 나는 이것을 편지 안에 동봉했다. 위원회에서 이것을 찬성하여 열심히 뛰어다닌 결과, 마차와 비슷한 시기에 위문품도 내 아들의 관리하에 진중에 도착했다. 그것은 20포대나 되었고, 각각의 포대에는 다음과 같은 것이 들어 있었다.

각설탕
흑설탕
녹차
홍차
초콜릿
비스킷
후추
백초

글로스터 치즈
버터
마데라 술
자마이카 술
겨자
훈제 햄
소 혀 말린 것
쌀
건포도

 이 20포대의 위문품은 잘 포장하여 20마리의 말에 각각 나누어 실었다. 각 위문품 포대는 그 말과 함께 장교 한 사람에게 보내는 선물이었다. 장교들은 대단히 고마워하며 이것을 받았다. 두 연대장은 최상의 말로 호의에 감사하다는 편지를 내게 보내 왔다. 장군도 역시 마차 징발을 위하여 내가 취한 조치에 매우 만족했고, 나의 대체금을 바로 지불해 주면서 감사의 말을 되풀이하고, 앞으로도 군대의 식량 보급을 원조해 달라고 간청했다.

 그 일까지 맡아 바쁘게 뛰어다니던 내게 그가 패전했다는 소식이 들려왔다. 이 일 때문에 나는 내 돈을 1천 파운드 이상 대납하고, 그 계산서를 장군에게 보냈는데, 다행히 패전하기 수일 전에 그에게 도착되어 그가 회계담당관에게 1천 파운드 전액을 지불하라는 명령을 내렸고, 잔액은 다음 계산에 돌리기로 한 후였다. 이것만이라도 받게 된 것은 천만다행이었다. 나머지는 끝내 받지 못했기 때문인데, 그 일에 관해서는 나중에 다시 언급할 것이다.

내 생각으로는, 장군은 용기 있는 사람이었다. 이 전쟁이 유럽의 어느 곳에서 일어났다면 아마 그는 훌륭한 무공을 세웠을 것이다. 그러나 그는 지나치게 자신만만했으며, 위력을 지나치게 과대평가한 반면 아메리카 식민국과 인디언을 너무나도 경시하고 있었다. 우리의 인디언 통역자 조지 크로건은 100명의 인디언을 데리고 그의 행군에 참가했다. 장군이 그들을 친절하게 대우해 주었더라면 길 안내와 정찰 등에는 크게 유용했을 것이다. 그러나 장군이 그들을 얕보고 무시했기 때문에 인디언들은 그에게서 떨어져 나갔다.

어느 날 내가 장군과 대화를 나누고 있는 중에 그는 진군 예정에 관해 말하기 시작했다.

"듀켄의 요새를 함락시킨 다음에 나는 나이아가라로 진군할 작정입니다. 나이아가라를 함락시킨 다음에 프런테나크로 진군할 겁니다. 계절이 그럴 만한 시간적 여유를 허락한다면 말이오. 듀켄을 함락시키는 데 2~3일 이상은 걸리지 않을 것이고, 그 다음에 나이아가라까지 우리 군대의 진군을 방해할 만한 것은 아무것도 없을 것이니까요."

이 작전의 결과에 대해 나는 처음부터 얼마쯤 의구심과

걱정을 품고 있었다. 그의 군대는 아주 협소한 길을 따라 길게 늘어서서 행군을 해야 하고, 숲과 덤불 속을 헤쳐 가야만 했다. 예전에 1천 5백 명의 프랑스군이 이로쿼이 족이 사는 지방에 침입했다 패전했던 일이 상기되었다. 그러나 나는 장군에게 겨우 이렇게 말할 수밖에 없었다.

"장군께서 이처럼 충분한 총포를 갖춘 훌륭한 군대를 거느리고 무사히 듀켄에 도착할 수 있다면, 그 요새는 아직 방비가 충분히 갖춰져 있지 않고, 들리는 바에 의하면 그다지 강하지도 못하다고 하니, 그들은 아마도 조금밖에는 저항할 수 없을 것이 확실합니다. 제가 장군의 진군에 방해가 될까 걱정하고 있는 것은 인디언이라는 복병입니다. 그들은 늘 그것을 해 왔으므로 복병전에는 매우 능합니다. 각하의 군대는 행군할 때 4마일 가까이 길게 행렬을 이루어야 하기 때문에, 복병에 부딪히면 기습을 받고 실오라기처럼 여러 토막으로 끊어질 위험이 있습니다. 그렇게 되면 서로 거리가 멀어져 적시에 서로 지원해 줄 수 없을 것입니다."

그러나 장군은 나의 무지함이라며 웃으면서 이렇게 대답했다.

"사실 그 야만인들은 엉성한 당신네 아메리카 군대에게는 무서운 강적이 되겠지요. 그러나 국왕 폐하의 잘 훈련된 정규군에게는 아무런 영향도 줄 수 없을 것입니다."

나는 군인을 상대로 그의 전문분야에 속하는 일에 관해

논쟁한다는 것은 적절한 일이 못 된다는 것을 깨닫고 그 이상은 아무 말도 하지 않았다. 그러나 적은 내가 염려했던 것처럼 장군의 군대가 장사진을 이루면서 노출된 채 행군하고 있는 것을 습격하지 않고, 요새에서 9마일 이내의 지점에 이를 때까지 전혀 방해도 주지 않으며 정부군이 진격하도록 내버려 두었다. 그러나 부대가 지금까지 통과해 온 어느 곳보다 숲이 확 트인 곳에 한 무리로 모였을 때(왜냐하면 그때 선발대는 강을 건너가서 모든 부대원이 다 건너오기를 기다리며 그 지점에 정지하고 있었기 때문이다) 적이 갑자기 나무 숲과 덤불 뒤로부터 맹렬한 포화를 퍼부으며 전위 부대를 공격해 왔다. 그제야 장군은 적군이 가까운 곳에 있다는 것을 알았다. 전위 부대가 혼란에 빠지자 장군은 이들을 구원하기 위해 원병을 급파했다. 그러나 마차와 짐과 가축 사이를 지나가는 것이었기 때문에 일대 혼란이 일어났다. 적의 포화는 측면으로 쏠렸다. 장교는 말을 타고 있어 눈에 잘 띄었기 때문에 잇따라 쓰러져 갔다. 병사들은 한 곳에 떼로 몰려 와글거리며 우왕좌왕 헤매기만 했다. 명령하는 자도 없었고, 명령이 내려져도 귀에 들리지 않은 채 그들의 3분의 2가 적에 의해 사살될 때까지 그대로 서 있기만 했다. 그렇게 되자 그 외의 사람들은 공포에 사로잡혀 한꺼번에 헐레벌떡 도주했다.

사륜 짐마차의 마부들은 저마다 마차에 매었던 말을 한 마리씩 풀어 타고 도망쳤다. 다른 사람들도 그것을 본받아 재빨리 그것들을 풀어 타고 달아났기 때문에, 사륜마차, 양식, 대포, 그 밖의 군수품 등의 전부가 적의 수중에 들어가고 말았다. 장군도 상처를 입었지만 간신히 후송되었다. 장군의 비서 셔어리는 그의 곁에서 전사했으며, 86명의 장교 중 63명이 사상했고, 1,100명의 병졸 중 714명이 전사했다. 이 1,100명은 전체 군대에서 선발된 군인이고, 나머지는 던바 대령과 함께 후방에 남아 있었다. 그들은 훨씬 많은 군수품과 식량, 그 밖의 짐과 함께 뒤를 따라가도록 되어 있었다.

도망병들은 추격을 피해 던바 대령의 진지에 도착했지만, 그들이 겪은 공포심으로 곧 대령과 부하 군인 전원을 꼼짝 못 하게 만들었다. 대령의 군대는 지금 1천 명이 넘었고, 브래독 장군 군대를 거의 전멸시킨 인디언과 프랑스군은 모두 합해야 4백 명도 안 되었다. 그는 진군하여 잃어버린 명예를 다소라도 회복해 보겠다는 생각은 하지도 않고 오히려 양식과 탄약류를 모조리 버리라고 명령했다. 그것은 영국 식민지 정착촌으로 도주하는 데 도움이 되도록 말을 많이 마련하고, 운반해야 할 짐은 될 수 있는 대로 적게 한다는 것이었다.

그는 식민지에 도착하자 버지니아, 메릴랜드, 펜실베니아의 지사들로부터 군대를 국경에 배치해서 주민을 보호해 달라는 요청을 받았다. 그러나 그는 주민들이 자기를 보호해 줄 수 있는 필라델피아에 도착할 때까지 자신이 안전하다고 생각하지 않았으므로, 그들 지역 모두를 서둘러 지나쳐 버렸다. 이 사건이 있고 나서 비로소 우리 미국인들은 영국의 정규군이 강하다고 자랑한 것이 거짓이 아니었을까 의심하게 되었다.

그들이 상륙하고 나서 식민지 밖으로 나갈 때까지 그들은 행군하면서 주민의 재산을 약탈했다. 그것 때문에 가난한 집들은 아주 재기불능이 된 주민도 있었다. 혹 주민들이 불평이라도 하면 그들을 모욕하고 심한 욕설을 퍼부을 뿐 아니라 감금하기도 했다. 보호해 주는 자가 있다고 해도 전혀 소용없는 노릇이었다.

그것에 비하면 1781년에 우리의 프랑스군 친구들이 보여 준 행동은 아주 달랐다. 그들은 북아일랜드로부터 버지니아에 이르기까지 우리나라에서도 가장 인구가 조밀한 지방을 7백 마일이나 진군했다. 그동안 돼지 한 마리, 닭 한 마리, 아니 사과 한 개도 없어졌다는 항의를 받아 본 적이 없었다.

장군의 부관 중 한 사람이던 오음 대위는 중상을 입고 장군과 함께 구출되어, 며칠 후 장군이 죽을 때까지 계속 그와 함께 있었다. 그가 나에게 이야기해 준 바에 의하면 장군이 첫날엔 종일 말 한마디 없다가 밤이 되자 "누가 우리가 이렇게 될 줄 알았나?" 하고 말하더란 것이다. 다음 날에도 다시 줄 곧 입을 다물고 있다가 임종 때야 "다음번에는 그놈

들을 어떻게 처치해야 할지를 더 잘 알 수 있으련만." 하고 말하고 몇 분 후에 숨을 거두고 말았다는 것이다.

장군의 명령, 훈령, 통신문 등 일체의 서류와 함께 비서의 서류까지도 적군의 수중에 넘어갔기 때문에, 적은 그중에서 몇 가지를 골라내어 프랑스 어로 번역하여 영국 정부가 선전포고를 하기 이전에 이미 적대감을 품고 있었다는 것을 증명하기 위해 인쇄하여 배포했다. 이 서류들 가운데에는 장군이 장관에게 써 보낸 편지도 있었다. 그 내용은 군대에 바친 나의 공적을 크게 칭찬하면서 나에게 관심을 갖도록 추천하는 것이었다. 데이비드 흄 경도 관청의 공문서 가운데에서 나를 칭찬하는 브래독 장군의 편지를 몇 통 본 적이 있다고 나에게 말했다. 그러나 군대 원정이 실패했으므로 내가 한 일도 그다지 인정되지 않은 것 같았다. 이와 같은 추천은 결국 내게는 아무런 소용도 없었기 때문이었다

내가 그 일의 대가로 장군에게 요구한 것은 우리가 고용한 고용인은 추후 다시 군인으로 뽑지 않고, 이미 병적기록부에 오른 사람은 제대시킨다는 명령을 부하 장교들에게 내려 달라는 것뿐이었다. 그는 한마디로 승낙했으며, 그 결과 내 추천으로 몇 사람이 주인에게 돌아갈 수 있었다. 그러나 지휘권을 이양받은 던버 대령은 그렇게 관대한 사람은 아니었다. 대령이 퇴각이라기보다 도주를 하는 도중에 필라델피아에 들렀을 때, 나는 그들이 징집한 랭카스터군의 세 사람

의 가난한 백성 하인들을 제대시켜 달라고 부탁하면서 그 점에 관해 죽은 브래독 장군의 명령을 상기시켰다. 그러자 그는 2~3일 후에 뉴욕으로 갈 것인데, 그 행군 도중 트렌턴에 들르게 될 것이니 그곳으로 주인들이 출두하면 고용인들을 돌려보내 주겠다고 약속했다. 그래서 주인들은 돈과 시간을 들여가면서 트렌턴까지 가지 않으면 안 되었다. 그러나 그는 약속을 이행하지 않았다. 거기까지 간 그들은 큰 손해를 보게 되었고, 더 큰 실망만 안았다.

사륜 짐마차와 말을 잃었다는 소식이 일반에 알려지자 그 주인들은 내게 몰려와서 내가 보증한 돈을 내라고 조르기 시작했다. 이 사람들의 요구는 나를 매우 괴롭혔다. 돈은 군대의 경리계에 준비되어 있었지만 셔얼리 장군의 지불 명령이 먼저 떨어지지 않으면 안 되게 되어 있었다. 내가 청구를 해 놓긴 했지만 워낙 장군이 먼 곳에 있었으므로 쉽사리 대답이 오지 않았다. 그러므로 조금만 더 기다려야 한다고 타일러 보았지만 이런 정도로 가라앉을 리도 없고 개중에는 나를 상대로 고소하는 사람까지 나왔다.

결국 셔얼리 장군이 위원을 임명해서 그들의 청구를 조사하고 지불명령을 내렸으므로, 나는 겨우 이 무서운 곤경에서 빠져나올 수 있었다. 그 총액은 2만 파운드에 달했고, 그것을 내가 배상했더라면 아마 나는 파산했을 것이다.

이 패전 소식을 듣기 전에 두 사람의 본드 박사(토머스 본드

와 물리학자인 피니어스 본드)가 거대한 불꽃놀이에 필요한 경비를 모금하기 위해 기부금 명부를 갖고 나를 찾아왔다. 그 대대적인 불꽃놀이는 듀켄 요새의 함락 소식이 들어오면 그 축하 행사장에서 벌일 계획이었다. 나는 불쾌한 낯을 하고 축하 준비는 축하할 이유가 확인된 이후에 하더라도 충분할 것이라고 말했다. 두 사람은 내가 즉시 그들의 요청에 응하지 않은 것을 보고 놀라는 눈치였다. "뭐…뭐라고요?" 하고 한 사람이 말했다.

"설마 당신은 요새가 함락되지 않을 것이라 생각하고 있는 것은 아니겠지요?"

"요새가 함락되지 않으리라 말할 수는 없는 일이지요. 그러나 전쟁에서 일어나는 일들은 대단히 불확실하거든요." 하고 나는 나 자신이 의문시하는 이유를 설명해 주었다. 그래서 이 기부금 모금 계획은 중지되었다. 그 덕택에 발기인들은 불꽃놀이 준비를 진행했을 때 그들이 당할 뻔한 수치를 아슬아슬하게 모면할 수 있었다. 본드 박사는 그 뒤 어떤 자리에서 프랭클린의 그 같은 예언이 싫었다고 말했다.

모리스 지사는 브래독 장군이 패전하기 이전에도 연달아 교서를 주 의회에 보내와 계속 괴롭혔다. 그것은 어떻게 하든 주 의회를 굴복시켜 영주의 사유지에는 과세하지 않는다는 특례를 둔, 식민지 방위를 위한 세금 징수 법안을 만들게 하려는 것이었다. 이러한 면세 조항을 포함하지 않은 주 의회 특례 법안은 전부 이것을 물리치고 있었는데, 때마침 위험도 필요성도 커졌으므로 성공의 가능성이 많다 생각하고 공격을 한층 높여 왔다. 그러나 주 의회에서는 자신들이 옳다고 믿었고, 금전에 관한 법안을 지사가 수정하도록 용납한다는 것은 중대한 권리를 포기하는 것이 된다고 생각하고 있었기 때문에 결단코 양보하지 않았다. 최후에 나온 5만 파운드 지출안 심의 때는 실제로 지사는 단 한 글자로 수정안을 제의했을 뿐이었다.

그 법안에는 '모든 부동산과 동산은 모든 이에게 과세하기로 한다. 영주의 부동산과 동산에 대해서도 이를 제외하지 않는다'라고 되어 있었다. 그러나 지사의 수정안은 '이를 제외하지 않는다'를 '이것만을 제외한다'로 고치자는 것이었다. 그것은 하찮은 것 같았지만 매우 실질적인 중대한 수정이었다. 그러나 우리는 전부터 영국 본국에 있는 지지 세력에게 지사의 교서에 대한 회측 답변을 전부 그대로 알려주었다. 이번에도 이 난처한 소식이 영국의 지지 세력에게 전해지자 그들은 영주가 지사에게 그러한 지시를 내린 것은 비열하고 부당하다고 항의를 제기했다. 그들 중에는 심지어 영주가 식민지 방위를 방해했으니 그 토지에 대한 권리를 몰수해야 한다고까지 주장하는 사람도 있었다. 영주들은 이에 겁을 먹고 세금 징수관에게 방위 목적을 위해 의회가 할당하는 금액이 얼마가 됐든간에 관계없이 거기에 그들의 돈 5천 파운드를 더 보태어 내도록 했다.

이 사실이 의회에 통과되자 의회는 그 5천 파운드의 돈을 영주의 부담금 대신 받아들이고, 면세 조항을 포함한 새로운 조례를 작성하여 그대로 통과시켰다. 이 조례에 따라서 나는 6만 파운드의 방위비를 처리하는 위원 중 한 사람으로 임명되었다. 나는 이 조례의 작성과 통과를 위해 적극적으로 노력하는 동시에 의용군의 창설과 훈련을 위한 조례도 초안했다.

이 법안은 그 속에 퀘이커교도의 자유의사에 맡기도록 배려를 해 놓았기 때문에 별다른 곤란 없이 의회를 통과했다. 나는 의용군을 조직하는 데 필요한 조합 결성을 권장하기 위해서 이와 같은 의용군 설치의 목적에 관해 내가 생각할 수 있는 반대 의사를 설정하고, 그것에 대한 답변 형식의 대화집을 써서 인쇄했는데, 이것이 효과가 있었던 것 같다.

필라델피아 시내와 시골에 몇 개 중대가 편성되어 훈련을 받고 있을 때, 지사는 나를 설득하여 적군이 출몰하는 북서 국경지방의 방위를 맡도록 했다. 내 임무는 군대를 더 모집하고 요새를 축조하여 주민을 보호하는 데 있었다. 이 일에 내가 적임자라고 생각되는 것은 아니었지만, 나는 이 군사 임무를 맡았다. 지사가 내게 전권 위임장과 장교 임명에 관한 백지 위임장 한 다발을 주기에, 나는 적임자라고 판단

되는 군인을 재량껏 장교로 임명할 수 있게 되었다. 군대를 모집하는 일은 그다지 어려운 것이 아니어서 얼마 후에는 560명의 부하가 생겼다. 이전에 캐나다 전쟁의 의용군 장교였던 내 아들이 나의 부관이 되어 크게 활동을 해 주었다.

그내든허트는 지난날 모라비아 파 사람들이 개척한 곳으로, 한때 인디언들이 그 촌락을 불태워 버리고 주민들을 학살한 곳이었다. 나는 그곳이 요새 구축에는 가장 좋은 곳이라 생각했다.

그내든허트로 행군하기 위해 나는 모라비아 파 신도들의 주요 근거지인 베들레헴에 중대를 집결시켰다. 나는 베들레헴이 매우 우수한 방위 태세를 갖추고 있는 것을 보고 놀랐다. 이것은 그내든허트의 파괴로 그들의 위험에 대한 인식이 높아졌기 때문이었다. 중요한 건물에는 방비를 목적으로 철책이 둘러쳐져 있었고, 무기와 탄약도 대량으로 뉴욕에서 사들였을 뿐 아니라, 고층 석조건물의 창틀 사이에는 돌이 높이 쌓여 있었다. 이것은 아낙네들이 짓밟고 쳐들어오는 인디언의 머리를 겨냥해서 돌을 던지기 위해 쌓아 둔 것이었다. 수비군대가 지키고 있는 도시처럼 무장한 신자들이 경비를 맡아 질서 있게 교대로 망을 보고 있었다.

스파겐버그 감독과 회담을 했을 때 나는 의외의 사실을 목격했다고 말했다. 그것은 나는, 그들은 본국 의회의 법률에 의해 식민지에서는 병역이 면제되어 있기 때문에 그들이 무기를 순순히 들려고 하지 않을 것이라고 짐작하고 있다는 것이었다. 그는 이렇게 대답했다. 그것은 그들의 변경할 수 없는 부동의 교리가 아니라, 다만 그 법률이 통과될 당시 대다수 사람들의 일반적인 교리라고 생각했을 뿐이라고 했다. 덧붙여 그렇게 예전의 교리를 따르는 자가 적었던 것은, 이번 경우는 그들 자신에게도 의외였다고 했다. 그렇다면 그들은 자기 자신을 속였거나, 그렇지 않으면 의회를 속이고 있었거나 한 것이었다. 그렇기는 하더라도 위험이 닥쳐오면 상식이 엉뚱한 생각보다 강해지는 일은 흔히 있는 법이다.

우리가 요새 구축 작업에 착수한 것은 1월 초순이었다. 나는 분견대를 미니싱크 강변 쪽으로 보내어 그 지방의 위쪽 지역 방위를 위해 요새를 구축하라 명령하고, 다른 분견대를 아래쪽으로 보내어 같은 명령을 내렸다. 나 자신은 남은 병사들과 함께 그내든허트로 가기로 했다. 이곳은 그 어느 곳보다도 빨리 요새가 필요하다고 생각했기 때문이다. 모라비아 파 사람들은 우리들의 도구, 재료, 짐 등을 운반할 수 있도록 5대의 사륜마차를 준비해 주었다.

우리가 베들레헴을 출발하기 직전에 인디언에 의해 경작지에서 쫓겨난 11명의 농민이 나를 찾아와서 자기들이 경작지로 돌아가서 가축을 끌고 올 테니 총을 좀 빌려 달라고 요청했다. 나는 그들 각자에게 총 한 자루와 탄약을 적당히 주었다. 우리들이 행군을 시작해서 아직 몇 마일도 가지 못했을 때 비가 오기 시작하더니 그날 종일 그치지 않았다. 날이 저물어 어느 독일 인의 집 앞에 도착할 때까지 비를 피할 만한 곳이 전혀 없었다. 우리는 비에 흠뻑 젖은 채 독일 인의 집 안과 창고 속으로 들어갔다. 행군 도중에 습격을 당하지 않은 것은 천만다행이었다. 왜냐하면 우리가 가지고 있던 무기는 흔히 있는 보통형이어서 병사들은 이 총을 비에 젖지 않게 할 방법이 없었기 때문이었다. 인디언은 이런 점에 묘한 연구를 해서 비를 맞지 않도록 했지만 우리에겐 그런 대비책은 없었다.

그날 인디언은 내가 총기를 빌려 준 11명의 불쌍한 농민을 만나 그 중 10명을 사살했다. 혼자 도망쳐 온 농민의 말에 의하면 그가 가진 총이나 죽은 사람들의 총도 모조리 발화관이 비에 젖어서 방아쇠를 아무리 당겨도 격발되지 않더라고 말했다.

다음 날은 맑게 개어서 우리들은 행군을 계속했고, 황폐한 땅 그내든허트에 도착했다. 가까운 곳에 제재소가 있었고, 그 주위엔 굵직굵직한 나무더미가 남아 있었기 때문에 우리는 당장 그것으로 은신할 수 있는 조그만 집을 지었다. 굉장히 추운 날씨였는데도 우리는 텐트를 준비해 오지 않았다. 우리가 맨 먼저 해야 할 일은 그곳에 살던 주민들이 적당히 매장해 버린 시체를 찾아서 정식으로 매장해 주는 것이었다.

그 다음 날 아침에 요새의 설계가 완성되고, 터도 선정되었다. 나무 기둥을 땅에 박아 울타리를 세우기로 했다.

우리는 가지고 온 도끼로 즉시 나무를 베기 시작했다. 병사들의 도끼 다루는 솜씨가 아주 능숙해서 공사는 잘 진행되었다. 나무가 너무 쉽게 베어지는 것을 지켜보고 있던 나는 재미가 나서 두 사람이 소나무 하나를 자르기 시작했을 때 시계를 들여다보았다. 그들은 6분 만에 그 나무를 넘어뜨렸는데, 그 나무의 직경은 14인치나 되었다. 소나무 하나에서 끝이 뾰족한 기둥이 세 개씩 나왔다. 이렇게 기둥을 만드는 동안, 다른 사람들은 기둥을 세워 묻을 도랑을 돌아가며 팠다. 그 다음에는 사륜마차의 차체를 떼어 내고 마부가 앉는 자리의 두 부분을 연결하고 있는 나무못을 빼내어 앞뒤 바퀴를 따로 분리해서 열 대의 이륜마차를 만들었다. 이렇게 만든 이륜마차에다 말을 두 마리 달아서 삼림으로부터 공사 현장까지 기둥을 운반했다. 기둥이 다 세워지자 목수들이 안쪽에 빙 둘러서서 높이 나무 발판을 만들었다. 이 위에 올라서서 총구멍으로 발포하려는 것이었다.

우리들은 회전식 대포를 한 대 가지고 있어서 그것을 한쪽에 설치하고, 그 일이 끝나자 발포 시험을 해 보았다. 주위에 인디언이 있을지도 모르기 때문에, 이쪽에는 이런 무기가 있다는 위협 발포를 해 본 것이다. 이렇게 해서 우리들의 요새, 요새라는 장대한 이름이 이 초라한 말뚝의 방책에 붙여질 수 있을지는 모르지만 어쨌든 일주일 만에 완공되었다.

그런데 그동안 하루걸러 폭우가 쏟아져서 일을 하는 데 많은 지장을 초래했다. 이때 일하는 광경을 지켜보면서 사람은 무엇이든 일을 하고 있을 때 가장 만족감을 느낄 수 있다는 생각을 하게 되었다. 왜냐하면 일을 했던 날에는 그들은 솔직하고 쾌활했으며, 낮에 일을 잘했다는 생각에 밤이면 즐겁게 지냈다. 하지만 비 때문에 쉬는 날에는 공연히 트집을 잡거나 싸우기 일쑤였고, 돼지고기나 빵이 맛이 없다느니 하면서 하루 종일 짜증을 냈다. 그 순간 나는 어느 선장의 얘기를 떠올렸다.

그는 부하 선원들에게 쉴 틈도 주지 않고 일을 시켰는데, 어느 날 기관사가 와서 일이 모두 끝나 할 일이 없다고 하자, 그는 "그러면 닻을 닦으라고 해요." 하고 말했다고 한다.

이런 요새는 말로만 요새지 보잘것없는 규모였다. 그러나 대포를 갖고 있지 않은 인디언을 방어하기에는 충분했다. 안전한 요새가 완성되었고, 필요할 때 도망칠 장소도 이미 물색해 놓았다. 그래서 그때부터 우리는 몇 개 소대로 나누어 근처 수색작전을 폈다.

인디언은 눈에 띄지 않았지만 가까운 언덕 뒤에 잠복하여 우리의 공사 현장을 엿보고 있었다고 생각되는 장소가 여러 곳에서 발견되었다. 거기에는 교묘한 연구를 했던 흔적이 있었는데, 그것은 기록으로 남길 만한 가치가 있을 것 같다. 겨울이었으므로 저들에겐 불이 필요했으나, 보통 불을 땅 위에 피우면 그 불빛 때문에 먼 곳에서도 그들의 위치가 발각되게 된다. 그래서 그들은 땅 속으로 구덩이를 파고 불을 피웠다. 삼림 이곳저곳에 뒹굴고 있는 타다 만 통나무에서 도끼로 찍어 숯을 떼어낸 흔적도 보였다. 이 숯으로 그들은 구덩이 밑바닥에 조그맣게 불을 피워 놓고 발을 쪼이기 위하여 구덩이에 걸터앉아 발을 늘어뜨리고 빙 돌아가면서 누웠던 모양으로, 잡초와 수풀에 그 흔적이 남아 있었다. 그들에게는 발만이라도 불에 쪼이는 것이 추위를 견디는 데 절대 필요했던 것이다. 이렇게 고안해서 피운 불이라면, 그 불빛이나 불꽃이나 연기까지도 밖으로 새어나가지 않으므로 발견될 염려가 없었던 것이다. 이곳에 잠복한 인원은 많지 않았던 것 같다. 그들은 수적으로 불리하다고 생각했는지 습격하지 않았다.

우리는 군목軍牧으로 장로 파의 열성적인 비티 목사를 데리고 갔었다. 그는 내게 병사들이 그의 기도나 설교에 잘 참석하지 않는다고 투덜거리며 불평을 했다. 병사들은 입대할 때 봉급과 양식 이외에 매일 럼주를 한 질(118㎖)씩 지급받기로 약속했었는데 그 술은 아침에 반, 저녁에 반씩 나누어서 어김없이 지급되고 있었으며, 내가 본 바로는 병사들은 그 술을 받기 위해 매번 참석하고 있었다. 그래서 나는 비티 목사에게 이렇게 말했다.

"럼주를 나누어 주는 서비스를 하면 당신이 맡은 일의 위엄에 손상이 될지도 모르겠으나, 기도를 드린 후에 술을 당신이 나누어 준다면 모두가 당신을 찾아올 것입니다."

그는 나의 제안에 감동하고 그렇게 하기로 했다. 그는 몇 사람의 도움을 얻어 술의 양을 재어서 잘 나누어 주었다. 그러자 여태까지 볼 수 없었던 광경이 벌어졌다. 많은 병사들이 기도 시간에 참석하게 되었던 것이다. 예배에 참석하지 않는다고 해서 군대 규율로 처벌할 수 없는 만큼 이러한 방법으로 그들을 선도하는 것이 좋았던 것이다.

이 일도 겨우 끝나고 요새의 양식 비축도 이만하면 충분하다고 생각하고 있는데, 지사로부터 편지가 왔다. 편지에는 의회가 소집된다는 통지와 함께 국경 방면의 방어가 내가 없더라도 지장이 없을 정도라면 의회에 출석해 주었으면 좋겠다는 것이었다. 의회의 친구들도 역시 가능하다면 의회에 출석하라고 편지로 재촉해 왔다. 마침 내 자신이 계획한 요새도 셋이나 완성되었으니 주민들도 그 보호 아래 안심하고 농사에 전념할 수 있게 되었다. 나는 돌아가기로 결심했다. 더욱이 인디언 전쟁에 경험이 풍부한 뉴잉글랜드의 장교 클라팜 대령이 우리의 근거지를 찾아와서 그 지휘를 쾌히 승낙해 주었으므로 돌아가는 데도 한층 마음을 놓을 수 있었다. 나는 대령에게 위임장을 주고 수비부대를 집합시켜 열병하고 그 앞에서 이것을 읽게 했다. 군사에는 경험이 풍부한 장교로, 나보다는 훨씬 지휘자로서 적임자라는 뜻을 말하며 대령을 부대원들에게 소개했다. 마지막으로 나는 짧게 훈시를 한 다음, 그들과 작별했다. 베들레헴까지는 호위병을 데리고 갔고, 그동안의 피로를 풀기 위해 거기서 며칠간 머물렀다. 첫날은 오랜만에 훌륭한 침대에 누워서인지 도저히 잠을 이룰 수 없었다. 그네든허트의 가옥에서 담요 한두 장을 덮고 마룻바닥에서 잤던 것과는 너무나 환경이 달랐기 때문인 것 같다.

베들레헴에 머물고 있는 동안 모라비아 파 사람들의 습관을 나는 조금 조사해 보았다. 이 파의 사람 두어 명이 나와 동행을 해 주었다. 그들은 내게 대단한 호의를 보여 주었다. 그들은 공유 재산을 위해 일하고, 공용의 식탁에서 함께 식사하며, 공동 숙소에서 함께 자는 것이었다. 숙소에는 천정 바로 밑에 일정한 간격을 두고 조그만 구멍이 여럿 있었는데, 이것은 환기장치로써 매우 교묘하게 고안되어 있었다. 나는 그들의 교회에도 가 보았다. 오랜만에 오르간에 바이올린, 오보에, 플루트, 클라리넷 등의 반주로 어우러진 아주 훌륭한 성가를 들을 수 있었다. 그런데 그들은 우리의 습관과는 달라서 설교를 남녀노소가 섞인 군중을 상대로 하는 것이 아니라 어떤 때는 기혼 남자만, 어느 때는 부인들만,

젊은 남자, 다음은 젊은 여자, 끝으로 어린이들, 이런 식으로 따로따로 모여 듣는 것이었다. 내가 들은 설교는 어린이를 상대로 하는 것이었다. 어린이들은 들어오더니 줄을 지어 벤치에 자리를 잡았다. 남자 어린이는 청년 선생에게, 여자 어린이는 젊은 여선생에게 인솔되었다. 설교 내용은 어린이들도 잘 이해가 되도록 재미있게 하고 나쁜 짓을 하지 않도록, 이를테면 달래는 것처럼 이야기했다. 어린이들은 대단히 예절바르지만 얼굴이 창백해서 건강이 좋지 않은 것 같았다. 생각건대, 집안에만 틀어박혀 충분한 운동을 하지 못한 것 같았다.

모라비아 파의 혼인은 제비를 뽑아서 결정한다고 하는 풍문이 있어 사실이냐고 물었다. 제비를 뽑는 것은 특별한 경우에 한해서만 하는 것이고, 청년이 결혼할 의사가 있을 때에는 자기 반의 연장자에게 그 얘기를 한다고 했다. 그러면 그들은 젊은 여자를 감독하고 있는 나이든 여자들과 의논한다는 것이다. 이 사람들은 각기 감독하고 있는 젊은 사람들의 성격과 기질을 잘 알고 있으므로 누구와 누구를 결혼시키는 것이 좋을지 가장 잘 판단할 수가 있다고 하며, 대개 그 판단은 동의를 얻는다고 했다. 하지만 예를 들어 한 청년에게 비슷할 정도로 적당하다고 인정되는 처녀가 두 사람이나 세 사람 있을 때에는 제비뽑기로 하게 된다는 것이다. 결혼이 본인들 쌍방의 의사에 의해 선택되지 않고 이루어지는 경우 당사자들에게 대단히 불행한 결과가 초래될지도 모른다고 내가 말하자, 이 이야기를 들려준 그 사람이 대답했다.

"아니지요. 본인들이 좋다고 해서 결합한 경우에도 불행한 일은 생깁니다." 진정 그 말은 부정할 수 없는 것이었다.

필라델피아에 돌아와 보니 의용군의 조합은 아주 잘 진척되고 있었다. 새 법안에 따라서 퀘이커교도 이외의 주민은 거의 대부분 조합에 가입했으며 몇 중대를 조직해서 대위, 중위, 소위를 뽑았다. 본드 박사는 내게 와서 이 법률에 대해서 일반 민중이 호의를 갖도록 애썼다고 말하고는 이 성공이 그가 노력한 성과인 것처럼 자랑삼아 말했다. 나로서는 모든 일이 내가 쓴 《대화법》 때문이라고 자부하고 있었지만, 그가 한 말이 옳지 않다고 할 수 없어 멋대로 생각하게 놔두었다. 이런 경우에는 대개 이렇게 하는 것이 가장 좋다고 생각한다.

장교들은 회합을 갖고 나를 연대장으로 선출했다. 이번엔 순순히 따랐다. 중대의 수가 몇 개였는지는 잊었지만, 어쨌든 나는 1,200명의 훌륭한 병사와 여섯 문의 놋쇠로 만든 야포를 가진 포병 1개 중대를 열병했다. 포병들은 이 야포의 조종에 아주 숙달되어서 1분 동안에 두 발이나 쏠 수가 있었다. 처음 내가 연대에 열병했을 때, 병사들은 나를 집까지 배웅해 주고 문 앞에서 축하의 뜻으로 몇 발의 축포를 쏘아서 내게 경의를 표했다. 그 때문에 내 집의 전기 장치가 흔들려 유리가 몇 장 깨지기도 했다. 그러나 이 새로운 명예도 깨진 유리 몇 장 못지않게 약한 것이었다. 얼마 후 영국 본국에서 이 법률이 폐지되었기 때문에 우리의 임무도 완전히 사라졌기 때문이다.

내가 연대장 직에 있었던 짧은 기간 중에 생긴 일이 하나 있다. 언젠가 버지니아로 여행을 떠나려 하고 있을 때 나의 연대 장교들은 교외인 로우어 훼리까지 나를 경호해 가는 것이 당연하다고 생각했다. 막 내가 말을 타려고 했을 때 그들이 현관 앞에 도달했다. 인원은 30명 내지 40명 정도로 모두 말을 타고 제복을 입고 있었다. 그들의 계획은 내게 전달되지 않았다. 내가 미리 알았더라면 그런 어마어마한 짓은 원래 싫어하는 성미인 만큼 내가 하지 못하게 막았을 것이다. 나는 그들이 온 것을 귀찮게 생각했지만 이제 와서 따라오지 말라고 거절할 수도 없었다. 더욱 난처했던 것은 우리 일행이 움직이기 시작하자 장교들이 칼을 뽑아 들고 쭈욱 말을 달리는 것이었다.

그런데 누군가가 이 사실을 영주에게 알렸고, 영주는 화가 머리끝까지 났다. 그가 이 주에 처음 왔을 때도, 그가 파견한 지사가 부임해 왔을 때도 이렇게 거창하게 경의를 표한 적은 없었다. 이것은 오직 왕족에 대한 경우에만 합당한 예절이라고 그는 말했다. 나는 당시에나 지금이나 그런 경우의 예절은 전혀 모르고 있지만 내가 알고 있는 한, 그가 말한 것이 옳은 것 같았다.

그의 영토에 대한 면세에 관하여 주 의회에서 내가 취한 태도 때문에 이전부터 그는 내게 깊은 원한을 품고 있었다. 이런 웃지 못할 사건으로 더욱 그의 감정이 심각해졌다. 나는 그의 면세에 대하여 맹렬히 반대했고, 면세하는 것이 옳다고 주장하는 영주의 비열하고도 부당한 태도를 극렬히 비난했다. 그는 대신에게 내가 주 의회에서 세력을 이용하여 타당한 금전징수법안을 방해했으며, 국왕에게 봉사하는 것에도 크게 방해가 된다는 것을 지금 말한 장교들과의 행렬을 예로 들어 내가 폭력적인 수단으로 주의 정권을 그의 수중으로부터 빼앗으려는 의사가 있는 증거라고 말했다. 그는 체신장관 에베라드 포크너 경을 설득해서 나를 쫓아내려고 했다. 그러나 그 결과는 에베라드 경으로부터 온건한 계고戒告를 받은 것뿐이었다.

지사와 주 의회 사이에는 끊임없이 분쟁이 일어났다. 그 분쟁에는 나도 주 의회에서 커다란 역할을 담당하고 있었다. 그래도 나와 지사 사이에는 여전히 예절 바른 교제가 계속되고 있어서 별로 개인적인 불화는 없었다.

그 뒤에 종종 생각한 일이지만, 그의 메시지에 대해서 반박문을 기초한 것이 나란 것을 알고 있으면서도 그는 내게 거의, 아니 전혀 화를 내지 않았던 것은 직업적인 습관의 결과였던 것이었다. 법률가였던 그는 우리 쌍방을 소송 사건의 양 당사자의 변호인, 즉 그는 영주 측이고 나는 주 의회 측의 임무를 수행하고 있을 뿐이라고 생각하고 있었던 것 같았다. 그렇기 때문에 곤란한 문제가 생길 때는, 그는 사심 없이 나를 찾아와서 상담한 적도 많았고, 그다지 자주 있었던 것은 아니지만 나의 충고를 들어주는 일도 있었다.

브래독 군대에 양식을 공급할 때도 우리는 협력해서 일했다. 브래독 장군이 패전했다는 비보를 받았을 때, 지사는 황급히 내게 사람을 보내어 후방의 오지 여러 곳을 어떻게 유지할 것인지에 관하여 나의 의견을 물었다. 내가 어떤 의견을 말했는지 지금은 알 수 없지만, 아마 던바 대령에게 편지를 보내어 그를 설득해서 가능하다면 여러 주의 방어를 위해서는 그의 군대를 국경선으로 배치하여, 각 식민지로부터 원군이 오기를 기다렸다가 진군시키는 것이 좋을 것이라는 말을 했던 것 같다.

내가 국경 지대에서 돌아온 뒤로 던바 대령은 다른 일을 맡고 있었기 때문에, 지사는 듀켄 요새의 탈취를 위해 주의 군대를 인솔해서 원정하기를 바라면서 나를 사령관에 임명하겠다고 말했다. 나는 그가 생각하고 있는 것처럼 나 자신의 군사적 수완을 자부하고 있지는 않았고, 그가 한 말 역시 실제 생각보다는 과장된 것이라고 믿었다. 그렇기는 해도 나는 인기가 있으므로 병사들을 잘 다루며, 주 의회 내에서도 세력이 있기 때문에 군대 비용의 염출念出도 원활할 것이요, 그것도 아마 영주에게는 과세하지 않고 할 수 있을 것이라고 그는 생각했을지도 모른다. 그러나 생각했던 것만큼 내가 적극성을 보이지 않자 이 계획을 그만두었다. 얼마 후에 그는 지사를 그만두고 후임에 데니 대위가 취임했다.

이 신인 지사의 재임 중에 내가 맡았던 공공문제에 관한 이야기를 하기 전에, 여기서 내가 과학자로서 명성을 얻게 된 경위를 약간 설명해 두는 것도 무의미하지는 않을 것이다.

1976년에 보스턴에 갔을 때, 나는 거기서 최근 스코틀랜드에서 온 스펜스 박사라는 사람을 만났다. 그는 내게 전기 실험을 해 보여 주었다. 그는 능숙하지 않았기 때문에 실험은 완전한 성과를 얻지 못했지만 실험이 내게는 아주 새로운 것이어서 놀라움과 흥분을 감추지 못했다. 필라델피아로 되돌아오자 곧 런던의 자연과학자 학회인 〈로얄 소사이어티〉의 회원 피터 콜린슨으로부터 조합 도서관으로 이 실험에서 주의해야 할 설명서와 함께 유리관이 기증되어 왔다.

나는 기회가 있을 때마다 열심히 보스턴에서 보았던 실험을 되풀이했고 많은 연습을 거듭했다. 덕분에 영국에서 온 설명서에 따른 실험을 매우 잘하게 되었다. 뿐만 아니라 새로운 실험 몇 가지도 할 수 있게 되었다. 많은 연습을 했다고 했는데, 사실 얼마 동안 우리 집은 이 새로운 광경을 구경하러 오는 사람들로 언제나 만원이었다.

나는 이 귀찮은 일을 친구들과 다소 분담하려고 유리 공장에 부탁해서 똑같은 유리관을 여러 개 만들었다. 그리고 이것을 친구들에게 나누어 주었더니, 나중에는 이 실험을 할 수 있는 사람이 여러 명이 되었다. 그중에서도 침례 파 목사인 키너슬리가 가장 잘했는데, 그는 근처에 살고 있던 재주 많은 인물로, 마침 아무 직업도 갖고 있지 않아 나는 관람료를 받고 실험 광경을 보여 주도록 그에게 권하고, 그를 위해 두 편의 강의안을 써 주었다. 이 강의안은 실험의 순서와, 설명 방법에 있어 앞의 것을 읽는다면 다음 것도 이해할 수 있도록 되어 있었다. 그는 이 목적으로 훌륭한 실험 기계를 손에 넣었는데, 거기에는 내가 이전에 제멋대로 만들었던 조잡하고 보잘것없는 기계들까지도 모두 기계 제작자의 손에 의해 훌륭하게 만들어져 있었다.

그의 강의에는 많은 사람들이 출석했고, 모두 만족하고 있었다. 얼마 뒤 그는 각 식민지를 순회하고, 그 수도에서 이 실험을 공개하여 상당한 돈을 벌었다. 그런데 서인도제도의 여러 섬에서는 그 지방에 습기가 많은 관계로 실험에 다소 곤란한 점이 있었던 것 같다.

우리는 콜린슨의 호의로 유리관과 그 밖의 실험 기구를 기증받았기 때문에, 그것이 성공적이었다는 것을 그에게 보고하는 것이 옳다고 생각했다. 나는 편지를 몇 통 써서 우리의 실험 결과를 설명했다.

그는 이 편지들을 로얄 소사이어티에 제출했지만 처음에는 그다지 주목을 끌지 못했고, 협회 회보에 게재할 만한 가치가 있는 것이라고 생각하지 않았다. 나는 키너슬리를 위해서 썼던, 번개는 전기와 동일하다는 것에 관한 논문을 역시 동 학회의 회원이고 나와는 교분이 있었던 식물학자 미첼에게 보냈다. 그의 회신에 의하면 그 논문은 학회에서 낭독되었지만 전문가들은 일고의 가치도 없는 웃음거리가 되었다는 것이었다.

그러나 이 논문을 포더길 박사에게 보였더니 박사는 이것을 일소(一笑)에 붙일 것이 아니라 인쇄하기를 권했다. 그래서 콜린슨은 이것을 영국의 인쇄업자이자 〈젠틀맨〉지의 창간업자인 케이브에게 주어서 그가 경영하는 〈젠틀맨즈 매거진〉에 게재하려 했다. 그러나 게이브는 따로 팸플릿으로 인쇄하고 포터길 박사가 그 서문을 썼다. 케이브는 이익이 있을 것을 기대하고 그렇게 했는데 그의 판단은 적중되었다. 그 논문은 뒤에 보낸 추가 논문을 합쳐서 4절판 책 한 권이 되어 5판이나 거듭 발행되었다. 그러나 인세는 한 푼도 주지 않아도 되었다.

그러나 이런 논문이 영국에서 굉장한 주목거리가 된 것은 얼마 뒤의 일이었다. 그 일부가 우연히 프랑스는 물론이고 유럽 전역에 그 이름도 높던, 그리고 그 명성에 어울리는 위대한 박물학자 뷔퐁 백작의 손에 들어갔다. 백작은 프랑스의 식물학자였던 달리버를 설득하여 이것을 프랑스 어로 번역하여 파리에서 인쇄하도록 했다.

이 책의 간행을 보고 노한 사람은 놀레 대수도원장이었다. 이 사람은 궁정 물리학 교사로 실험가이며, 이미 전기에 관한 학설을 발표하여 그 학설이 당시 일반으로 통용되고 있었다. 최초에 그는 이런 연구가 미국에서 왔다고는 믿을 수가 없었고, 그의 학설에 반대하기 위하여 파리에 있는 그의 적대자들이 날조한 것이 틀림없다고 말했던 것이다. 그는 프랭클린이라는 인물의 존재마저 의심했다가, 그런 사람이 필라델피아에 살고 있다는 것이 확인되자 그는 책 한 권이 될 만한 분량의 편지를 써서 발표했다. 그것은 주로 내게 보내는 것으로, 자기의 학설을 변호하고 나의 실험과 그것에서 연역되는 뜻의 정확성을 부정하는 것이었다.

나도 한 번은 대수도원장에게 편지를 보내려는 생각에서 답장을 쓰기 시작했다. 그러나 생각해 보니까 내 책에는 실험 기록이 기재되어 있어서 누구나 실험을 되풀이해서 증명할 수 있는 것이고, 이것이 증명되지 않으면 내 학설은 지킬 수가 없는 것이었다. 관찰의 결과 그것은 가설로 제출했던 것이요, 독단적으로 말한 것이 아닌 만큼, 그것을 일일이 변명할 필요가 없었다. 두 사람의 논쟁이 각각 다른 국어로 씌어졌을 경우에는 오역이라든가, 그런 것에서 생기는 쌍방간의 오해 때문에 아주 오래 끌게 될지도 모를 것이라고 생각했다. 실제로 그의 편지 중 한 통은 대부분 번역에서 생긴 오류 때문이었다.

　조금이라도 공사의 여지가 있으면 이미 끝난 실험에 대한 논쟁에 소비하는 것보다는 새로운 실험에 이용하는 것이 좋겠다고 생각했기 때문에, 나는 내 논문을 재론하지 않기로 하고 그에게 단 한 번의 회답도 보내지 않았다. 그리고 회답을 하지 않은 것을 후회한 적도 없었다. 왜냐하면 내 친구로, 프랑스 왕립과학학회의 회원인 과학자 드롤이 내 학설을 지지하고 그의 학설을 논박했기 때문이다. 한편 내 책은 이탈리아 어, 독일어, 라틴어로도 번역되었다.

　내 저서가 갑자기 세상에 알려지게 되었던 것은 그 책에 기록된 실험 중 한 가지를 달리바와 드롤이 파리 근처의 말리라는 곳에서 직접 해 보고, 구름 속에서 번개를 유도해 내는 데 성공했기 때문이었다. 이 사실은 도처에서 세상의 주목을 끌었다. 드롤은 실험 물리의 기계 장치를 가지고 물리학의 강의를 하고 있었는데, 그는 '필라델피아의 실험'이라는 이름을 붙이고 이 실험을 여러 번 되풀이했다. 국왕과 궁정 대신들 앞에서 이 실험을 하고 난 뒤로는 파리에 사는 호기심 많은 사람들이 이것을 보려고 모여 들었다. 이 굉장한 실험에 대한 얘기와 그 얼마 뒤에 내가 필라델피아에서 연을 사용해서 동일한 실험에 성공하여 한없이 즐거웠던 얘기 등을 길게 쓰는 것은 그만두겠다. 두 가지 모두 전기학사에

나올 것이기 때문이다.

영국의 물리학자 라이트 박사는 파리에서 로얄 소사이어티 회원인 한 친구에게 편지를 보내어, 나의 실험이 외국의 학자들 사이에서는 굉장히 존중되고 있다는 사실, 그들은 나의 논문이 영국에서는 거의 무시되고 있었던 것을 이상하게 생각하고 있다는 것 등을 알려 왔다. 그 때문에 학회에서는 이전에 학회에서 낭독된 그 서신을 재심의토록 했다.

유명한 왓슨 박사가 그 편지와 그 후에 이 문제에 대해서 내가 영국에 보냈던 모든 서신의 적요를 작성하고, 여기에 필자에 대한 찬사를 덧붙였다. 이 적요는 곧이어 인쇄되어 학회의 회보에 실렸다. 런던에 있는 회원 몇몇, 특히 대단한 재능을 갖고 있는 켄튼이 끝이 뾰족한 낚싯대로 구름 속에서 번개를 찾는 실험을 증명하여 그 성공을 보고해 왔으므로, 학회에서는 이전에 나를 경시했던 것에 대해서 충분한 보상을 해 주게 된 것이다.

즉, 내가 입회하겠다고 했던 것도 아닌데 그들은 나를 회원으로 추천했고, 관례적인 25기니가 넘는 회비도 면제해 주기로 결의하고, 그 이후로는 무료로 회보를 꼭꼭 보내오는 것이었다. 그리고 학회는 1753년도의 '서어 고드프리 코플레이 상'과 금메달을 내게 수여하고, 그 수여에 임해서 회장 매클르즈필드 경은 아주 정중한 연설을 해서 내게 최상의 경의를 표했다.

우리 주의 새지사 데니 대위는 앞에서 말한 로얄 소사이어티로부터 메달을 가지고 와서 시가 주최한 그의 환영회 석상에서 내게 전해 주었다. 그때 그는 내 명성을 이미 오래 전부터 듣고 있어서 경의를 품고 있었다며 대단히 정중한 인사를 했다. 식사가 끝나고 일행이 관례대로 술을 마시고 있을 때 그는 나를 별실로 데리고 갔다.

　그는 내가 정부의 정책을 원활하게 진행하는 데 가장 훌륭한 충고를 할 수 있고, 가장 유력한 도움을 줄 수 있는 사람이기 때문에 나와 친교를 맺도록 영국의 친구로부터 권고를 받았다고 말했다. 그런 만큼 그는 어떤 일이든 나와는 충분한 양해 아래 일을 해 나갈 생각이고, 어떤 경우에라도 자기가 할 수 있는 일이라면 반드시 자진해서 일을 해 줄 것이니 믿어 주길 바란다고 말했다. 그는 영주가 본래의 주인에 대해서도 특별한 호의를 가지고 있고, 주민이 그의 정책에 대해서 오랫동안 싸우던 것을 그만두고 이전과 같이 주민과의 사이가 좋아진다면 모든 주민은 물론 나에게 있어서도 이익일 것이라는 것, 그런 결과를 보기 위해서는 나보다 나은 사람이 없다는 것, 내가 애를 써 준다면 그만한 보답은 반드시 해 주겠다는 것 등 여러 가지 얘기를 내게 해 주었다.

　우리가 좀처럼 식탁으로 되돌아오지 않으므로 술을 마시고 있던 사람들은 마데라 술을 한 병 보내 왔다. 지사는 연거푸 술을 마시고, 마시면 마실수록 더 열기 띤 어조로 부탁을 하고 약속도 하는 것이었다. 나는 다음과 같은 의미의 대답을 했다. 고맙게도 나는 영주의 신세를 지지 않아도 될 형편에 있고, 신세를 지려고 해도 주 의회 의원이기 때문에 그럴 수 없다고만 했다. 그러나 영주에게 나는 사사로운 원한이 있는 것도 아니기 때문에 그가 제출하는 공공정책이 주민의 이익에 합치된다고 생각되면 언제든지 나는 누구보다도 열성적으로 그 안을 지지하고 원조할 작정이라고 했다. 그러나 지금까지 반대해 온 것은 찬성을 요구하는 법안이 명백히 영주의 이익을 목적으로 하고 있을 뿐, 주민의 이익은 무시했었기 때문이라고 했다. 지사가 나에게 경의를 나타내 준 것은 진실로 고맙기 짝이 없는 것으로 생각하며, 나 자신도 그의 행정이 원활하게 진행되도록 내가 도울 수 있는 일은 적극 밀어주기로 했다. 그러나 그의 전임자들이 실패한 원인이 된 그 불행한 훈령은 가지고 오지 않기를 바란다고 말했다.

이에 대하여 지사는 달리 그의 입장을 설명하지는 않았다. 그러나 그 뒤에 주 의회와 절충할 경우에는 또다시 그 법안이 제기되어 논쟁이 일어나고, 나는 이전과 다름없이 활발하게 반대했다. 나는 우선 영주의 훈령을 공개할 것을 요구한 후에 이것에 대한 비평의 펜을 휘둘렀다. 그런 일들은 당시의 의사록과 내가 나중에 발행한 《역사평론》에 기록

되어 있을 것이다.

그러나 지사와의 사이에 개인적인 적의는 조금도 없었다. 우리 두 사람은 자주 만나 얘기를 나누었다. 그는 지식도 풍부했고, 세상일에도 능통하며, 얘기도 재미있게 잘했다. 그를 통해 나는 나의 오랜 친구 랠프에 대한 소식을 접했다. 그는 아직 살아 있으며, 영국 일류 잡지의 정치기자로서 존중받고 있는데, 특히 프레드릭 공과 국왕과의 논쟁 때 활약했기 때문에 연금 3백 파운드를 받고 있다고 했다. 그러나 포프가 〈던시애드〉에서 랠프의 시를 맹렬히 욕하고 있는 바와 같이 시인으로서의 명성은 대단치 않았고, 반면 산문에서는 제일급이라는 평을 받고 있다는 것이었다.

드디어 주 의회는 영주가 국민의 권리뿐 아니라 국왕에 대한 충성심에도 배반되는 훈령을 방패삼아 끝까지 완강하게 그 대리인을 구속하려는 것을 보고, 국왕에게 이에 반대하는 청원서를 내기로 했다. 그들은 대표로 나를 임명해서 영국으로 건너가 청원서를 제출하고 끝까지 주장하기로 했다. 이에 앞서 주 의회는 6만 파운드의 왕실비 헌납안을 지사에게 보내 놓고 있었는데(그중 1만 파운드는 당시의 군사령관 라우든 경에게 처리를 맡길 것이었다) 지사는 영주의 훈령에 따라 단호히 이 법안의 통과를 거부했다.

나는 뉴욕에 정박하고 있던 우편선의 선장 모리스와 도항할 약속을 하고 이미 식료품을 실었다. 그때 하우든 경이 필라델피아에 도착했다. 그의 말에 의하면 지사와 주 의회의 분쟁 때문에 국왕 폐하에 대한 충성이 방해되어서는 안 될 것이므로, 양자간의 조정을 도모하기 위하여 일부러 왔다는 것이었다. 그렇기 때문에 그는 쌍방의 주장을 듣기 위해 지사와 나와의 회견을 청해 왔다. 우리는 회견에 응하여 문제에 대한 얘기를 나누었다. 나는 주 의회를 위해서 당시의 공보에 실려 있는 여러 가지 논점을 이야기했다. 그것들은 내가 써서 주 의회의 의사록과 함께 인쇄에 붙인 것이었다. 지사는 영주의 훈령에 관한 것, 그것을 지키겠다고 약속 한 것, 그것을 배반한다면 자신의 파멸을 초래한다는 것을 강조했다. 그렇기는 해도 라우든 경이 해 보라고 권한다면 그렇게 해볼 생각인 것 같았다. 내가 설득함으로써 라우든 경도 그렇게 권할 듯이 보이더니 결국은 그렇게 하지 않고 주 의회 측의 양보를 권하는 것이었다. 라우든 경은 그 때문에 주 의회 의원들을 설득하도록 내가 노력해 줄 것을 요망했으며, 자기는 국경 방비를 위해 은전과 같이 우리 측이 내야 되며, 그렇지 않으면 국경은 위험하게 될 것이라고 선언했다.

나는 회견의 경위를 주 의회에 보고하고 몇 가지 결의안을 기초해서 제출했다. 그것은 우리 권리를 선언하는 것으로, 우리는 이 권리에 대한 주장을 포기한 것이 아니라 관권官權의 강요 때문에 그 행사를 이번에 한해서 보류하기로 한다고 했다. 이와 같은 강요를 우리가 강력히 반대한다는 뜻을 진술했던 것이다. 주 의회도 결국 앞의 법안을 철회하고 영주의 훈령과 일치되는 다른 법안을 작성하는 것에 동의했다. 지사는 물론 이 법안을 통과시켰으므로 나는 배를 타고 갈 수 있게 되었다.

그러나 그동안에 우편선은 내가 배에 둔 식료품을 실은 채 떠나 버렸다. 그것은 나에게 상당한 손해를 주었다. 그 손해에 대한 나의 유일한 보상은 라우든 경으로부터의 애썼다는 인사말 한마디뿐, 모든 공은 경에게 돌아가고 말았다.

그는 나보다 한 발 먼저 뉴욕으로 갔다. 우편선의 출발 시일은 그가 결정권을 가지고 있었는데, 당시 뉴욕에는 두 척의 우편선이 정박하고 있었다. 그의 말로는 그중에 한 척이 곧 출발할 예정이니 어물거리다가 못 타는 실수가 없도록 정확한 출항 시간을 알려 달라고 부탁했다. 그의 대답은 다음과 같다.

"배는 다음 토요일에 출항한다고 공포해 놓았으나, 실은 당신께만 말하는데 월요일 아침까지만 가면 충분합니다. 그러나 그 이상 늦어서는 안 됩니다."

나루터에서 뜻밖의 고장 사고가 있어서 내가 도착한 것은 월요일 점심때가 지나서였다. 순풍이어서 배가 출항하지나 않았을까 하고 걱정했는데 다행히 배는 항구에 아직 정박하고 있어서 안심했다. 배는 이튿날 출범한다 했다. 누구나 이젠 내가 유럽으로 출발하는 것은 당연한 일이라고 여겼을 것이다. 나도 사실 그렇게 생각하고 있었다. 그러나 나는 그 당시까지도 라우든 경의 성격을 잘 알지 못했다. 그의 유별난 특징 중 한 가지는 우유부단, 즉 결단력이 없다는 것이었다.

그 한 예를 들어 보겠다.

내가 뉴욕에 온 것은 4월 초순경이었는데, 6월말이 가깝도록 출항도 못한 채 있었다. 우편선은 두 척이 있었고, 벌써 모든 출발 준비는 되어 있었는데 언제나 내일은 될 것이라고 하는 장군의 편지 덕택으로 만류당하고 있었다. 그러다가 다른 한 척의 우편선이 도착했다. 그런데 이 배도 출항이 보류되었고, 우리가 출항할 때까지 4척의 우편선이 도착해 있었다. 우리가 탄 배는 가장 오랫동안 여기 머물고 있었기 때문에 제일 먼저 출항해야만 했다. 어느 배에도 승객은 예약이 되어 있었고, 그중에는 빨리 떠나고 싶어 안절부절하고 있는 사람도 있었다. 상인들은 편지라든가, 전시중이므로 보험 때문에 내 명령이라든가, 가을용 상품 걱정 등으로 거의 냉정을 잃어가고 있었다. 그러나 걱정을 한다고 해도 아무 소용이 없었다. 라우든 경의 편지가 준비되어 있지 않았던 것이다. 그러면서도 누군가가 찾아가면 그는 언제나 펜을 들고 책상 앞에 앉아 있어서, 꼭 쓰지 않으면 안 될 일들이 산더미처럼 밀려 있는 것이 틀림없다고 생각하게 만들었다.

어느 날 아침, 내가 경의를 표할 생각으로 가 보았더니 응접실에 이니스라는 필라델피아에서 온 사환이 와 있었다. 그는 데니 지사로부터 장군에게 보내는 서류를 가지고 급히 온 것이었다. 그는 필라델피아의 친구가 보낸 편지를 몇 통 내게 전해 주어서, 나는 그에게 편지를 부탁하려고 언제쯤 돌아갈 예정이며, 어디 숙박하고 있는지 물어보았다. 그는 내일 아침 9시에 지사에게 보내는 장군의 회신을 받아 가라는 것이어서 그것만 받으면 곧 떠날 것이라고 대답했다. 그래서 나는 그날 중으로 편지를 그에게 전했다. 2주일이 지난 후에 나는 또 그곳에서 그를 만났다.

"아니! 벌써 다녀왔는가, 이니스 군?"

"돌아오다니요. 아직 출발도 하지 못했는걸요."

"그건 또 어찌된 셈인가?"

"지난 2주일 동안 저는 매일 아침, 오늘처럼 장군의 편지를 받으러 왔습니다만 아직 편지가 작성되지 않았어요."

"그게 사실인가. 믿어지지 않는군. 장군은 부지런한 분이고 또 언제나 책상 앞에서 펜을 들고 계시다는데."

"네. 그래요. 그러나……."

이니스가 말을 이었다.

"장군은 간판에 그려져 있는 세인트 조지 같은 분이십니다. 언제나 말을 타고 있지만 결코 달리지는 않으니까요."

이니스의 관찰은 정확히 핵심을 찌른 것이었다. 왜냐하

면 나중에 런던에 가서 들은 얘기인데, 후일에 피트가 이 장군을 물러나게 하고 암허스트와 울프 두 장군을 대신 파견한 이유의 하나는 그에게서 전혀 보고가 오지 않으므로, 대신은 그가 무엇을 하고 있는지 몰랐기 때문이라는 것이었다.

이와 같이 매일 출항을 기다리고 있는 사이 3척의 우편선이 모두 샌드후크로 내려가 거기에 정박중이던 함대와 합류했으므로, 나는 별안간 출항 명령이 내려서 배가 출항하여 뒤에 처지게 되면 곤란하기 때문에 배에 타고 있는 것이 가장 좋다고 생각했다. 나의 기억이 확실하다면 우리는 약 6주일 동안을 배에서 지냈는데, 배 안의 식량이 다 떨어져 다시 사서 보충해야 했다.

드디어 함대는 장군과 그의 모든 병사들을 태우고 루이스버그로 향했다. 그들은 요새를 포위하고 공격하여 점령할 셈이었다. 함대와 동행하던 3척의 우편선들은 장군의 배 가까이서 기다리고 있다가 화급히 발송할 장군의 공문서가 있을 때 즉시 그것을 수령할 수 있도록 준비하고 대기하라는 명령을 받았다. 우리가 탄 배는 바다로 나온 지 닷새 만에 출항 허가장을 받아 겨우 함대와 떨어져서 영국으로 향했다.

다른 두 척의 우편선은 그때까지도 붙들려 장군을 따라 캐나다 동남부에 있는 핼리팩스까지 끌려가게 되었다. 장군은 거기서 잠시 동안 머물다가 연습을 위해 모의 요새에 대한 모의 공격을 했으나 어떻게 된 셈인지 루이스버그 공략을 번복하고, 전체 함대와 두 척의 우편선, 그리고 모든 승객을 이끌고 뉴욕으로 되돌아가고 말았다. 그의 부재중에 프랑스군과 인디언은 주의 국경에 위치한 조지 요새를 점령했고, 인디언은 점령 후 다수의 수비병을 학살했다.

도대체 이런 사람에게 어떻게 대 군대를 지휘하는 중책을 맡겼는지 나는 아무리 생각해도 이해가 되지 않았다. 그러나 그 후에 세상을 넓게 보게 되고, 지위가 직업을 얻는 수단이나 그것을 주게 되는 자의 동기를 알고 나서는 나도 그다지 놀라지 않게 되었다.

브래독 장군이 죽고 나서 지휘권을 맡은 셔얼리 장군이 쭉 그 자리에 있었다면 1756년의 라우든 장군보다는 훨씬 훌륭한 전쟁을 했으리라고 생각한다. 라우든 장군의 전쟁하는 태도는 정말 형편없는 것이어서, 경비만 엄청나게 낭비하고 우리나라의 명예를 손상시킨 것은 실로 상상 이상이었다. 셔얼리 장군은 군인 출신은 아니었지만 분별력이 있는 총명한 사람일 뿐 아니라, 타인의 충고에 귀를 기울이고 현명한 계획을 세울 역량도 있었으니, 그것을 실천에 옮길 때는 민첩하고 활발했다. 라우든 장군은 대군을 이끌고 있었으면서도 식민지를 지키기는커녕, 헬리펙스에서 쓸데없는 연습을 한답시고 우물쭈물 하고 있었기 때문에, 그동안 위험지경에 이르러 조오지 요새도 적군에게 빼앗기게 되었다.

그뿐 아니라 오랫동안 양곡의 수출마저 금해서 우리의 상거래도 완전히 마비시켜 무역을 엉망으로 만들어 버렸다. 표면상 이유는 적군에게 군수식량을 빼앗기지 않으려고 그렇게 했다는 것이었지만 실제로는 계약자의 이익을 위하여 가격을 떨어뜨리려고 했다는데, 아마 억측인지는 모르겠으나 그 이익의 한 몫을 얻어먹었다는 소문까지 있었다.

나중에 수출 금지령이 해제되었을 때도 찰스 타운에 통지하는 것을 잊어버렸기 때문에 캐롤라이나의 배들은 3개월 가까이나 그 땅에 억류되어 있었고, 배 밑창이 벌레 때문에 썩어서 돌아갈 때는 대부분이 침수로 큰 곤란을 겪게 됐다고 했다. 아마 셔얼리 장군은 이 귀찮은 책임을 면하게 된 것을 참으로 기뻐했을 것이다. 군사에 정통하지 않은 인간에게는 군대를 지휘한다는 것은 싫은 일임에 틀림없다.

라우든 경이 지휘권을 넘겨 받았을 때, 뉴욕 시가 주최한 경의 환영회에 나도 출석했다. 셔얼리는 해임이 되었지만 역시 그 자리에 참석했다. 환영회에는 장교는 물론 시민과 다른 주 사람까지 많이 참석하여 근처에서 의자를 빌려 오는 법석을 떨었다. 빌려 온 의자 중에는 대단히 낮은 것이 있었고, 공교롭게도 셔얼리가 그 낮은 의자에 앉게 되었다. 나는 그의 옆에 있었으므로 그것을 보고 말했다.

"대단히 낮은 의자에 앉으셨군요."

"괜찮습니다. 낮은 의자에 앉는 것이 가장 편한 것이니까요." 하고 그는 대답했다.

앞서 말한 바와 같이, 나는 오랫동안 뉴욕에 붙들려 있었을 때 내가 브래독 장군에게 납품한 식량과 그 밖의 물품 회계보고서가 작성되었다. 나는 이 일을 해결하기 위하여 여러 사람을 쓰고 있었으므로 이보다 빨리 회계보고서를 제출할 수는 없었다. 나는 보고서를 라우든 경에게 제출하여 잔금 지불을 청구했다. 그는 담당 회계원에게 검토를 지시했다. 담당자는 물건과 수령 서류를 하나하나 대조해 보고 나서 틀림없다고 했다. 그러자 경은 내게 지불할 잔액의 지불 명령을 경리관 앞으로 내겠다고 약속했다. 그런데 그것이 한정 없이 연기되고 또 연기되어, 나는 하는 수 없이 그를 만나기 위해 찾아갔지만 명령서는 받지 못했다. 최후에 내가 출발하기 직전에 이르러 그가 말하기를, 재고한 결과 전임자와 자기의 회계를 혼동하지 않기로 결정했다는 것이었다.

"그러니 당신은 영국으로 가서 계산서를 재정성에 내기만 하면 됩니다. 당장 지불해 줄 것이니까요."

그는 이렇게 책임을 회피했다.

나는 뉴욕에서 이렇게 오랫동안 기다렸기 때문에 생각지도 못했던 많은 비용을 썼으니 빨리 지불해 달라고 간청했지만 효과는 없었다. 나는 수수료를 받고 국가의 일을 도운 것이 아닌 만큼 내가 융통한 돈을 받는 데 이 이상 귀찮게 하거나 연기를 한다면 정말 피해가 이만저만이 아니라고 말했더니, 그는 다음과 같이 말했다.

"당신은 이 일에 남은 게 없다고 하지만 그게 통하겠어요? 우리는 그런 일을 잘 알고 있소. 군대에 납품하는 일에 관계하고 있는 사람이라면 누구나가 자기 주머니 실속은 차리는 방법을 발견하는 것이오."

내 경우는 결코 그런 일은 없다. 한 푼이라도 내 주머니에 넣지 않았다고 단언했지만 그는 믿을 기색을 보이지 않았다. 실제로 이런 일에 종사해서 막대한 재산을 만든 사람이 많다는 것을 나는 나중에야 알게 되었다. 내가 받아야만 될 잔액은 아직까지도 못 받고 있지만, 그것은 나중에 얘기하기로 하겠다.

출항 전에 우리가 탄 우편선의 선장은, 이 배는 속력이 빠르다고 대단히 자랑하였으나, 실제로 바다로 나가자 돛을 아흔여섯 개나 달고 있었는데도 속력은 굼벵이처럼 느려서 선장의 체면이 말이 아니었다. 우리 배만큼이나 느린 배가 가까이 있었지만 그 배마저 우리 배를 추월해 가자 나는 그 원인을 여러모로 생각해 봤다. 그 결과 선장은 승객 전원에게 배 뒤쪽으로 가라고 명령했다. 배에는 40명가량 타고 있었다. 우리가 시키는 대로 하자 배는 속력이 빨라져서, 얼마 뒤에는 지나가는 배를 훨씬 추월할 수 있었다. 선장이 추측

한 바와 같이 뱃머리 쪽에 짐을 너무 많이 실었다는 것이 판명되었다. 물을 담은 통이 뱃머리에 실려 있었던 것 같았다. 그래서 그는 그 통들도 모두 배 뒤쪽으로 옮겼다. 그러자 배는 제 성능을 되찾기 시작하여 선대 중에서는 가장 빠른 쾌속선이 되었다.

선장의 얘기로는 이 배의 속력은 평균 13노트, 즉 한 시간당 13마일을 달릴 수 있다고 장담했다. 우리 배에는 영국 해군 소속의 아키볼드 케네디 선장이 타고 있었다. 이 사람은 선장의 말이 믿어지지 않는다고 주장하면서, 지금까지 그처럼 빨리 달린 배는 없었기 때문에, 아마 거리측정기 눈금이 잘못되었거나 측정방법이 틀렸을 것이라고 항의했다.

두 선장은 서로 고집을 꺾지 않아 끝내는 내기를 하기로 하고, 바람이 잘 부는 날을 택해서 판가름하기로 결정했다. 그래서 케네디 선장은 그 측정 줄을 살펴 그것에 이상이 없음을 확인하고, 자신이 직접 측정 줄을 써서 속력을 측정하기로 했다. 며칠 후 순풍이 부는 상쾌한 날에 선장 루트비자가 오늘은 13노트는 자신이 있다고 하자, 케네디 선장이 실험을 했다. 실험 측정을 한 결과 케네디 선장은 자신이 내기에 졌다며 두 손을 들고 말았다.

굳이 이런 사실을 얘기한 이유는 다음과 같은 관찰을 말해 보고 싶었기 때문이다. 새로 제작한 배가 빠른지 어떤지를 달려 보지 않고는 알 수 없다. 그 점이 종래의 조선 기술상의 한 가지 결함이라고 지적되고 있다. 왜냐하면 쾌속선의 형태 그대로 새로이 배를 만들어도 오히려 대단히 속력이 느린 배가 건조되는 수가 있기 때문이다. 그러나 이것의 원인은 대부분 짐을 싣는 방법, 배의 장치, 조정법에 관한 생각이 선원들마다 다르기 때문에 생기는 것으로 보인다. 각자가 독특한 방식을 취하기 때문에 같은 배라도 어떤 선장의 명령에 따랐느냐에 따라 배의 속력이 느릴 때가 있다. 그런데 한 척의 배라도 동일한 사람이 선체를 만들고, 장치를 하고, 항해까지 한다는 일은 거의 없다. 한 사람이 선체를 설계하고 다른 사람이 장치를 한다. 제3의 사람이 짐을 싣고 배를 조종한다는 식이 되는 만큼, 그 세 사람 중에서 다른 사람의 의견이나 경험한 바를 듣는 일이 없기 때문에, 전체를 종합해서 올바른 결론을 매듭짓는 것은 어려운 법이다.

항해중에 돛을 조종하는 간단한 일에 바람의 방향은 변하지 않았지만, 차례차례 숙직을 하는 고등선원들의 판단은 여러 가지로 다르다는 것은 흔히 볼 수 있는 일이다. 어떤 사람은 다른 사람보다 돛을 지나치게 졸라매기도 한다. 어떤 사람은 돛을 너무 펼쳐 버리기도 한다. 사실 정해진 규칙은 전혀 없는 것 같았다. 그러나 첫째로 쾌속으로 달릴 수 있기에 가장 적합한 선체의 형, 다음은 돛대의 가장 적당한 크기와 가장 알맞은 위치, 그리고 돛의 형태와 그 수, 바람이 부는 방향에 대한 그 각도, 끝으로 짐을 쌓아 두는 방법 등을 결정하기 위한 일련의 실험은 당연히 해야만 되는 것이다. 오늘날은 실험의 시대이다. 일련의 실험이 정확하고 서로 통일을 유지해서 행해진다면 그 이익은 적지 않을 것이다.

우리는 항해중 여러 차례 적함의 추적을 받았지만 그때마다 쾌속력을 이용해서 위기를 면했고, 30일 후에는 마침내 깊이를 측정하는 납덩어리가 바다 바닥에 닿는 데까지 이르렀다. 위치를 잘 측정해 본 결과, 선장은 목적 항구인 팔머스가 그다지 멀지 않아서 밤을 이용해서 속력을 낸다면 내일 아침에는 항구 어귀까지 도달할 수 있을 것으로 판단했다. 야간 항해를 하면 영국해협의 근처를 떠돌아다니면서 약탈을 노리는 해적선에 들키지 않고 피해 갈 수 있을 것이라고 했다. 그래서 배는 달 수 있는 돛은 전부 매달았다. 바람은 상쾌한 순풍이면서, 강하게 불고 있었으므로 배는 바람을 등지고 맹렬한 속력으로 달렸다. 선장은 관측을 잘해서 암초가 많은 실리 군도를 피하면서 항해하도록 뱃길을 정했다. 그러나 세인트조지 해협은 때때로 심한 조류가 생겨 북쪽으로 흘렀는데, 지난날 클라우즐리 셔블 경의 함대가 조난당한 것도 그 때문이었다. 우리가 당한 재난도 역시 조류 때문인 것 같았다.

뱃머리에는 망을 보는 사람 한 명이 있었다. 그 사람에게 자주 선원들이 소리를 질러, "앞쪽을 잘 보란 말이야."라고 하면 그때마다 그 사람은 "응, 알았어. 알았어." 하고 대답했다. 그러나 그렇게 대답은 입으로 하지만 아마 눈은 감고 반쯤 잠들어 있는 것 같았다. 이 사람은 이따금 기계적으로 대답한다는 것이었다. 왜냐하면 이 사람은 바로 눈앞에 나타난 불빛조차 보지 못했기 때문이었다. 보조 돛에 가려 있어서 조타수나 다른 망보는 사람의 눈에도 그것이 보이지 않았던 것으로, 배가 제 방향으로 가지 않았을 순간에 큰 소동이 벌어졌다. 그 불빛은 내게는 차바퀴 크기만큼 보였다. 한밤중이어서 선장은 깊은 잠에 빠져 있었다. 그러나 케네디 선장이 갑판으로 뛰어나와서 위험을 직감하고, 돛은 모두 그냥 둔 채 뱃머리를 바람 부는 쪽으로 돌리라고 명령했다. 이것은 돛대에 대해서는 아주 위험한 조치였지만 그 조치 때문에 우리는 위험을 벗어나서 난파를 면했다. 그 이유는 배가 등대가 서 있는 바위 위로 똑바로 올라가려고 했기 때문이었다. 이렇게 해서 간신히 위험은 면했지만 등대가 유익한 설비라는 것이 뼈에 사무쳤고, 무사히 미국으로 돌아갈 수 있다면 나는 미국에도 도처에 더 많은 등대를 세우도록 하겠다는 결심을 했다.

아침이 되어 바다 깊이를 측정해 보자 항구 가까이 왔다는 것을 알게 되었다. 그러나 짙은 안개 때문에 육지는 보이지 않았다. 9시경 안개가 걷히기 시작하여 극장의 막이 열리듯이 수면에서부터 차츰 없어지더니, 팔머스의 시가지와 항구 안에 정박중인 배들과 그 주위에 있는 말들이 걷히는 안개 밑으로 차차 모습을 나타내기 시작했다. 그 광경은 오랫동안 넓디넓은 대양의 단조로운 전망밖에는 무엇 하나 볼 수 없었던 사람에게는 기분을 아주 좋게 했다. 더구나 항해중에 일어난 일도 이것으로 끝났구나 하고 생각하니 나는 더욱 즐겁기만 했다.

나는 아들과 함께 런던으로 향했다. 도중에 솔즈베리 평원에 있는 스톤헨지의 선사시대 유물도 구경하고, 그 밖에 진귀한 골동품이 있는 윌튼의 펨부르크 경의 저택과 정원을 구경하기 위해 잠깐 동안 머물기도 했다. 나는 1757년 7월 27일 런던에 도착했다.

제4부

제4부는 프랭클린이 죽기 전 해에 쓴 것으로 오랫동안 세상에 알려지지 않고 있었는데, 19세기 후반에 들어서 비글로우에 의해 발견되어 공포되었다.

제4부

 찰스가 주선해 준 숙소에 안정하자마자 나는 포더길 박사를 방문했다. 나는 이분을 꼭 만나서 어떤 수단을 취하는 것이 좋을지 그의 의견을 물어보는 것이 좋겠다는 권고를 받았다. 그는 무턱대고 정부에 진정하는 것에는 반대이고, 우선 영주를 직접 만나서 청원해 보라는 의견을 주었다. 영주로서도 주위 친구들의 주선이나 권고도 있을 것인 만큼 아마도 사건을 말썽 없이 해결하려는 심정이었던 모양이었다. 나는 다음에 옛 친구이고 거래처이기도 한 피터 콜린슨을 찾아갔다. 그러자 그는 버지니아의 거상인 존 헨버리로부터 내가 오면 알려 달라는 부탁을 받았는데, 그것은 당시 추밀원 의장 그란빌 경이 나를 만나고 싶다고 해서 나를 그에게 데리고 가야겠다는 것이었다. 나는 다음 날 아침에 함께 가기로 했다. 다음 날 아침 헨버리가 찾아와서 나를 자기 마차에 태워 그 귀족 집으로 데리고 갔다. 그란빌 경은 아주 정중히 나를 맞아 주었다. 미국의 정세에 대해서 몇 가지 묻고, 조금 얘기를 하고 나서 그는 내게 이렇게 말했다.

"당신네들 미국 사람은 헌법의 성질에 관하여 그릇된 생각을 가지고 있어요. 당신네들은 국왕이 지사에게 내리는 훈령은 법률이 아니라 주장하고, 이것을 인정하든 인정하지 않든 자기들 판단 여하라고 주장하고 있습니다. 그런데 이런 훈령은 사소한 예절상의 문제로, 왕이 대신으로 외국에 파견하는 사신에게 내리는 비밀 훈령과는 다릅니다. 그것은 먼저 법률에 정통한 판사에 의해 기초되며, 다음에는 추밀원의 심의와 토론을 거쳐서 많은 수정이 가해지며, 그런 다음에 국왕이 서명하는 것입니다. 이렇게 해서 그것은 여러분에 관한 한 국법이 되는 것입니다. 왜냐하면 국왕이야말로 식민지의 입법자이기 때문입니다."

나는 그란빌 경에게 대답하기를, 이것이 내가 처음 듣는 설이라고 말했다.

"내가 지금까지 알고 있기로는 우리 법률은 우리의 헌법에 의해서 주 의회에서 작성되는 것입니다. 물론 왕의 재가를 받기 위하여 왕에게 제출은 하지만 일단 재가가 내린 이상은 국왕이라 할지라도 이것을 철회할 수도 변경할 수도 없는 것입니다. 국왕의 동의 없이 주 의회가 영국적인 법률을 만들 수 없는 것과 마찬가지로 국왕도 주 의회의 동의 없이는 식민지의 법률을 만들 수 없는 것입니다."

경은 나의 생각이 틀린 것이라고 단언했다. 나는 그렇게 생각하지 않았지만 경의 얘기에서 궁정이 갖고 있는 우리에 대한 감정을 알 수 있었다. 그 감정은 다소 의외의 것이었기 때문에 숙소로 돌아와서 곧 이것을 기록해 두었다.

약 20년 전 일이지만, 정부가 의회에 제출한 의안 중에 국왕의 훈령을 식민지의 법률로 하자는 조항이 있었다. 하원은 이 조항을 거부했기 때문에 우리는 우리의 친구, 자유의 동지로서 그들에게 박수를 보냈다. 그러나 1756년, 우리에 대한 그들의 태도를 생각할 때, 그들이 국왕에게 이 특권을 거부한 것은 오로지 그들 자신이 이 권리를 보유하려고 했던 것이라고 생각된다.

포더길 박사가 영주들에게 얘기를 해 주어서, 며칠 후 스프링 가든에 있는 토머스 펜의 댁에서 나는 그들과 회견하게 되었다. 회담은 서로가 합리적인 화해를 희망하는 뜻을 선언하는 것에서부터 시작되었다. 그러나 합리적이라는 말의 의미에 대해서는 각각 다른 의견을 가지고 있었을 것이라고 생각했다.

그 다음에 우리는 내가 열거한 몇 개 조항의 항의에 대한 심의에 들어갔다. 영주들은 자신들의 태도를 최선을 다해 변호했고, 나는 주 의회의 입장을 변호했다. 우리들 사이에 넓은 틈이 있다는 것이 이제 명백하게 되었다. 쌍방의 의견은 현저하게 분리되어 있어서 도저히 일치될 희망은 없었다. 그러나 어떻든 내가 제출한 항의 조항은 서면으로 만들어 제출하기로 결정되었고, 그런 다음에 그들은 그것을 고려하기로 약속을 했다. 나는 즉시 서면으로 제출했다.

그들은 그 서면을 고문 변호사 퍼어디넌드 존 패리스에게 맡겼다. 그는 70년 동안이나 계속된 이웃 메릴랜 주의 영주 발티모어 경과의 대소송 사건에서 그들을 대신하여 법률상의 모든 절차를 처리하고, 주의회와의 항쟁에서는 영주들의 서류와 메시지 등을 혼자 맡아서 작성한 인물이다. 그는 거만하기 짝이 없고 화를 잘 내는 성격으로, 그가 쓴 것은 논리적으로 약하기 짝이 없었고 문장은 표현이 무례하므로 나는 주 의회의 답변 중에서 가끔 혹독한 논박을 했다. 그는 나의 논박에 감정을 품고, 나에게는 매우 심각한 적의를 가지고 있었다.

그런 태도가 나와 만날 때마다 나타나므로 나는 그와 단 둘이서 항의 조항을 논의하라고 하는 영주측의 제안을 받아들이지 않고, 영주들 이외의 사람들과 상의하는 것은 전부 거부했다. 그러자 영주들은 그에게 대책을 물어가지고 서면을 검사장과 검사 차장에게 제출하고 그 의견과 권고를 구하기로 했다. 그것이 거기 가서 거의 1년 동안이나 그대로 방치되어 있었다. 그동안 나는 여러 번 영주들에게 회답을 독촉했지만 그들은 한결같이 검사장과 차장의 의견이 오지 않았다는 구실로 회피했다. 결국 어떤 의견이 있었는지 그들이 함구하고 있기 때문에 나로서는 알 수 없었다. 그들은 패리스가 기초하고 서명한 장문의 메시지를 주 의회에 보내어, 나의 서면 제안은 형식상의 결함이 있으며 그것은 내가 예절을 모르는 것이라고 비난하면서 빤히 속이 들여다보이는 자기변명만 늘어놓았다. 그리고 덧붙여서 사태 조정을 위해서는 주 의회에서 누구든지 다른 정직한 사람을 파견해서 그들과 상담할 의사가 있다면 기꺼이 그때는 응하겠다고 말하면서, 그들은 내가 정직한 인물이 못 된다는 뜻을 암시했다.

형식상의 미비라든가 무례하다고 지적한 것은 다분히 내가 서면의 수취인란에 진실하고 절대적인 펜실베니아 주의 영주라고 그들이 즐겼던, 자칭 칭호를 쓰지 않았다는 것을 말하는 것 같았다. 내가 그렇게 쓰지 않았던 것은 구두회담에서 이미 했던 말을 기록으로 남겨 확인해 두자는, 서면에서 그런 형식은 필요치 않다고 생각했기 때문이었다.

우리는 그것에 이렇게 답변했다.

"그 조례는 그런 목적이 있는 것이 아니며 그런 효과가 있다고 생각하지 않습니다. 과세평가 담당자는 성실하고 생각이 깊은 사람들로서 공평하고 정당하게 평가하겠다는 선서까지 한 바 있습니다. 영주들의 부담을 증대시킴으로써 자기들의 세금을 경감시킨다고 하더라도 그렇게 함으로써 그들 각자가 예상할 수 있는 이익은 미비한 것이며, 도저히 그들을 유혹해서 거짓 평가를 할 수는 없는 것입니다. 이것이 쌍방이 주장한 초점이라고 기억됩니다."

우리는 조례 철회 때 반드시 일어날 것이 틀림없는 해로운 결과에 대해 강력하게 주장했다. 왜냐하면 10만 파운드의 지폐가 인쇄되어 국왕의 국무 수행 경비로 지출되고, 이러한 사실이 현재 주민들 사이에 널리 퍼져 있는데, 조례가 철회된다면 주민의 수중에 있는 지폐 가치는 폭락하고 다수의 파산자가 속출하게 되어, 앞으로 보조금을 모집한다는 것은 도저히 기대할 수 없다는 것이었다.

'단지 자기들의 재산에 대한 과세가 많아질 것을 염려하여 그처럼 전혀 근거도 없는 걱정 때문에 일반 민중의 큰 재난을 초래하는 영주들의 이기주의는 언어도단입니다' 라고 격렬한 말로 나는 힐난했다.

그러나 이렇게 차일피일 미루고 있는 동안에 주 의회는 데니 지사를 설득해서 주민의 재산에 대한 것과 마찬가지로 영주의 재산에도 과세하는 조례를 통과시켜(이것이 항쟁의 초점이었다) 위의 메시지에는 대답을 하지 않았다. 그런데 이 조례가 영국에 전해졌을 때, 영주들은 페리스의 의견에 따라서 국왕의 재가를 받으려는 것을 방해하고 나섰다. 이렇게 그들은 추밀원을 통해서 국왕에게 제출한 청원서를 심의하게 되자, 그들은 두 사람의 변호사에게 의뢰해서 그 법률을 반대시키려 했다. 물론 나도 두 사람의 변호사에게 위촉

해서 그것을 지지하도록 공작했다. 그들의 주장은, 그 조례는 일반 주민의 재산에 부담을 경감시키기 위해 영주의 재산에 대해 무거운 세금을 부과시키자는 것인 만큼, 이런 법률의 효력이 지속되어 영주의 세금 할당에 대해 주민이 주장하는 대로 맡겨 둔다면, 주민에게 잘못 보인 영주는 파산하게 될 것은 의심할 여지가 없다는 것이었다.

그 사실을 듣게 된 추밀원 고문관 중의 한 사람인 맨스필드 경이 일어나서 손짓으로 나를 부르더니 변호사들이 논쟁을 벌이고 있는 동안에 서기실로 데리고 갔다. 그는 그 조례가 시행되더라도 영주들 재산에는 조금도 손해되는 일은 없는지를 물었다. 물론이라고 나는 대답했다.

그가 말을 이었다.

"그렇다면 그 점을 보증한다는 계약을 맺어도 이의는 없다는 것이지요?"

전혀 없다고 나는 대답했다. 그러자 그가 패리스를 불러 잠시 얘기를 나눈 다음, 맨스필드 경이 제안한 안으로 양쪽 당사자들이 수락했다. 추밀원 서기에 의해서 이런 목적의 서류가 기초되고, 나는 찰스와 함께 그 서류에 서명했다. 찰스 또한 보통 사무에 관한 주의 대표였다. 이렇게 해서 맨스필드 경은 추밀원 회의실로 돌아가서, 법안은 마침내 가결이 되었다. 하지만 몇 군데는 변경하는 것이 좋겠다는 권고를 받았다. 우리는 다음에 새로운 법률도 그렇게 하겠다고 약속했지만 주 의회에서는 그 필요성을 인정하지 않았다. 주 의회에는 추밀원의 명령이 닿기 전에 1년분의 세금을 부과했다. 그때 과세 평가인의 처리 상황을 감사하기 위한 위원회를 설치했으며, 영주와 아주 친한 사람들도 몇 사람 그 위원회 위원으로 임명됐다. 상세한 조사를 한 다음 위원회는 전원일치로 과세는 아주 공평하게 되었다는 내용의 보고서에 서명했다.

주 의회에서는 내가 계약에서 영주의 세금 할당에 관한 최초의 부분을 체결되게 한 것은 주에 대한 중대한 공적이라고 인정했다. 이 일 덕택에 당시 널리 주에서 유통되고 있던 지폐의 신용은 유지할 수 있게 되었기 때문이다. 주 의회는 내가 귀국했을 때 정식으로 사의를 표했다. 그러나 영주들은 데니 지사가 문제의 조례를 통과시킨 것에 격분해서 그를 쫓아내는 동시에, 그들의 훈령을 지키겠다고 약속하고서도 그 약속을 지키지 않았다는 혐의로 그를 고소하겠다고 협박했다. 그러나 그는 군사령관의 요청에 의해서 국왕 폐하께 충성스럽게 봉사한 일인 만큼, 더구나 궁정에 유력한 지지 기반도 있었기에 그런 협박쯤은 비웃고 있었다. 소환은 결국 이루어지지 못했다.

프랭클린 연표

1682년 아버지 조사이어가 미국으로 이주했다.
1706년 1월 17일 보스턴에서 태어났다.
1714년 라틴어 학교에 입학했으나 1년도 못 되어 퇴학하고, 브라운 웰 학교에 입학했다.
1716년 학교를 자퇴하고 아버지 일을 도왔다.
1718년 사촌형 일 돕다가 친형의 인쇄소에서 일하기 시작했다.
1721년 8월 제임스, 뉴잉글랜드 신문을 발행했다.
1723년 10월 형과 다투고 필라델피아로 갔다.
　　　　키머 인쇄소 직공이 되었다.
　　　　후처 데프라와 사귀었다.
1724년 인쇄공으로 런던에 진출했다.
1726년 필라델피아로 돌아왔다.
1727년 다시 키머 직공으로 들어갔다.
1729년 인쇄업을 개업했다.
1730년 모라 리드와 결혼했다.
1731년 필라델피아 도서관을 설립했다.
　　　　13가지 덕을 수립했다.
1733년 직공을 발탁하여 외지에서 인쇄소를 경영했다. 외국어(프랑스 · 이탈리아 · 스페인 어)를 배웠다.

1736년 주 의회 서기로 선출되었다.
1737년 필라델피아 우체국장이 되었다.
1742년 난로를 발명했다.
1743년 대학 설립에 기초했다.
1744년 학술 협회를 설립하고 의용군을 조직했다.
　　　　아버지 조사이어가 사망했다.
1746년 전기에 대하여 연구했다.
1748년 필라델피아 참사회원이 되었다.
1750년 필라델피아 주 의회 의원이 되었다.
1751년 병원 건설을 추진했다.
1752년 번개와 전기의 동일성을 발견했다.
　　　　어머니가 사망했다.
1753년 체신장관 대표가 되었다.
　　　　로얄 소사이어티 회원이 되었다. 코프리 상을 받았다.
1755년 브래독 군대를 위해 군마 징발을 도왔다.
　　　　요새 축조에 전력했다.
1756년 펜실베니아 의용군 연대장이 되었다.
1757년 주 대표로 영국에 갔으며, 이후 10년 동안 영국에
　　　　머물렀다.
1762년 에딘버러, 옥스퍼드 두 대학에서 학위를 받았다.
1764년 펜실베이니아 주 의회 의장이 되었다.
1765년 식민지 조례를 영국 의회에서 통과시켰다.

1768년 조지아 주 대표를 겸임했다.
1769년 뉴저지 주 대표를 겸임했다.
1770년 메사추세츠 주 대표를 겸임했다.
1771년 자서전 집필을 시작했다.
1775년 필라델피아로 돌아와 독립선언 기초 위원이 되었다.
   미국 체신장관이 되었다.
    7월 4일 미국 독립선언을 했다.
1776년 주 프랑스 대사로 파리에 갔다.
    2월 6일 파리에서 미·불 동맹조약에 조인했다.
1778년 대영(對英) 강화회담 대표가 되었다.
1781년 파리에서 대영 예비 강화조약에 조인했다.
1782년 강화조약을 조인했다.
1783년 프러시아와 조약을 체결했다. 자서전 집필을 계속했다.
1784년 9월에 귀국하여, 10월 펜실베니아 총독이 되었다.
1785년 계속 재선되었다.
1788년 필라델피아에서 자서전 집필을 계속했다.
1790년 4월 17일 84세의 나이로 별세했으며,
   장례는 의회 결의로 국장으로 치러졌다.

생애와 작품 해설

토머스 칼라일(Thomas Carlyle)은 벤자민 프랭클린을 '모든 양키들의 아버지(The Father of all the YanKees)'라고 불렀다.

그는 알짜 미국인으로 절제, 근면, 그리고 자립의 덕을 격찬했다. 그의 영향은 사회 전체에 미쳤고, 그의 지혜는 필라델피아 거리의 평범한 사람과 같이 파리 철학자의 마음을 쉽게 움직였다. 그는 개인의 치부나 영달보다는 공공의 이익을 위해 헌신적으로 노력을 기울였다. 프랭클린은 인쇄공으로 시작하여 출판업자, 저술가, 신문발행인, 철학자, 외교관, 그리고 발명가로서 다양한 인생 경력을 쌓았다. 그는 84세까지 장수하면서 독학으로 학문에도 정진했다. 특히 그는 당시 이론이 정립되지 않았던 전기에 대한 이론을 확립하고, 피뢰침을 발명하여 사람의 생명과 재산을 재앙으로부터 보호했다.

16세기부터 이미 신교도였기 때문에 그의 선조는 영국의 왕정복고 시대에 종교적 박해를 피해 1682년경에 영국의 식민지였던 미국으로 이민왔다. 프랭클린은 이 신천지, 청교도가 세운 도시 보스턴에서 1706년 1월 17일에 태어났다. 그의 부모는 신앙심이 깊었고 검소했으며 근면하고 자립심이 강했다. 자라면서 프랭클린은 끊임없이 독서를 통하여 학문을 연마했다. 뉴턴의 물리학, 우주이론, 그리고 존 로크의 사회 계약론 등을 만나면서 그는 그의 아버지가 신봉하는 칼빈주의에 반대하게 되었다. 그 후로부터 그는 형식적인 교회보다는 합리적이고 실제적인 종교를 믿었다. 그의 사상적인 핵심은 당시의 계몽주의에 영향을 받은 청교도주의였다.

가난한 집안 사정 때문에 그의 정규교육은 10세에 끝났다. 양초와 비누 제조업을 하는 아버지 밑에서 일을 거들다가 1718년 12세 때에 그는 형 제임스가 경영하는 인쇄소에 견습공으로 들어가 인쇄일과 그곳에서 발행하는 신문 〈뉴잉글랜드 쿨런지〉의 일을 도왔다. 이때 그는 가명으로 이 신문에 투고를 하면서 문장력을 기르는 데 노력을 기울였으며, 필화 사건으로 형이 투옥되었을 때 그 신문을 맡아서 경영하기도 했다. 그러나 1723년 17세 때에 형과 다투고 보스턴을 떠나 성공의 길을 찾으러 필라델피아로 갔다. 그는 1724년부터 1년 반 동안 영국 런던으로 가서 인쇄일을 하다가 1729년에 다시 미국으로 돌아와 〈펜실베니아 가제트〉지의 경영자가 되어 이 신문을 유명하게 만들었다. 이 신문에서 그의 현실과 직결된 상식, 철학과 경구는 대중들로부터 환영을 받았다.

그는 미국 최초의 공공도서관을 설립했고, 대학을 창설하는 데도 노력을 기울였다. 이 대학은 펜실베니아 대학으로 발전했다. 1737년에 그는 지진에 관한 연구논문을 발표했고, 1742년에 프랭클린 난로를 발명했다. 1749년에는 피뢰침을 발명했다. 1752년에 그는 연을 이용한 번개 실험에 성공했다.

프랭클린은 1776년에 독립선언문의 기초 위원의 한 사람으로 임명되었다. 그는 1783년에 파리조약의 미국 대표로 파견되었고, 1785년에 헌법회의 주 대표로 활동했다. 미국 정부가 성립된 1년 뒤인 1790년에 그는 세상을 떠났다.

프랭클린의 자서전은 매우 널리 읽혀지고 있는 세계 자서전 중의 고전이다.

이 자서전은 청소년의 교양도서로 높이 평가받고 있다. 출판된 후 거의 1세기 반 동안에 영국과 미국에서 수백 판을 거듭해서 인쇄되었다. 오늘날에도 이 자서전은 계속해서 많이 읽혀지고 있다.

1771년에 펜실베니아 주 대표로 영국에 갔을 때 프랭클린은 자서전을 쓰기 시작했다. 당시에 그는 65세로, 겨우 결혼했던 시기까지를 서술하고 집필을 중단했다. 미국 독립운동이 그를 사로잡아 시간과 정력을 거기에 쏟아 넣었기 때문이었다. 그 후 13년이 지나 미국이 독립국이 되고, 그가 전권공사로 프랑스에 머물고 있을 때 그는 다시 자서전의 집필을 계속했다. 이듬해인 1785년에 귀국하여 필라델피아 자택에서 원고를 계속 쓰기 시작했다. 이때에 79세로 건강이 나빠졌으며, 공무가 여전히 바빠서 그의 집필은 지지부진했다. 1789년에 그는 자서전의 최종 부분을 완료했다. 그 이듬해 4월에 필라델피아에서 그는 세상을 떠났다.

처음에 프랭클린은 자서전을 쓸 목적으로 매우 자세한 계획을 세워, 취급한 사건의 항목을 연대순으로 기록해 두었다. 그것과 비교하면 그가 실제로 썼던 부분은 그 계획의 반 정도에 지나지 않는다. 그의 활동이 가장 활발한 30년 동안의 일은 쓰여지지 않았다. 이 사실은 문학사적으로, 또한 역사의 자료라는 점에서 매우 아쉬운 것이다.

프랭클린의 자서전이 최초로 발간된 것은 1791년 미국과 영국이 아닌 프랑스 파리에서이다. 이 책은 프랑스 어로 번역된 것이었는데, 역자가 누구며 역자가 원문을 어디서 구했는지는 오늘날에도 밝혀지지 않고 있다. 그러나 프랭클린이 그 자서전의 첫 부분을 유럽의 두어 명 친구에게 보냈다는 사실을 그의 편지에서 확인되어 번역자는 그것들 중 일부를 번역했을 것이라고 생각된다.

2년 뒤에 이 책의 영문판 2종이 런던에서 출판되었다. 그것들은 로빈슨 판(robinson edition)과 파슨즈 판(parson's edition)이다. 로빈슨 판은 서문에서 프랑스 어 판에서 영역한 것임을 분명히 밝혔는데도 불구하고 원문인 것처럼 선전되어 널리 퍼졌고, 애든버러, 던디, 뉴욕 등에서도 출판되었다. 1817년에 프랭클린의 손자 윌리엄 템플 프랭클린(William Temple Franklin)이 조부의 유언에 따라 모든 원고와 서류를 양도 받아 조부가 세상을 뜬 지 몇 개월 후에 영국으로 가서 프랭클린 전집 발간을 계획했다. 여러 가지 사정으로 지연되다가 27년이 지난 1817년에 이르러 그 전집이 완성되어 발간되었다. 그러나 그것은 완전한 것이 되지 못했다.

그 후 하버드 대학의 사학교수이며 후에 총장이 된 전기학자 스파크스(Jared Sparks)가 그 책을 보완하여 1835년에서 1840년에 걸쳐서 플랭클린 전집 전10권을 발간했다. 그 전집 중에 수록되어 있는 자서전이 스파크스 판이며, 가장 권위 있는 것으로 알려져 있다.

1874년에는 비글로우(John Bigelow)가 새로이 자서전 3권을 출판했다. 이 책은 스파크스 판에 의한 것이 아니고 직접 프랭클린 자신의 원고에 의한 것이었다. 비글로우는 1861년에 미국의 파리주재 영사로 부임해서 1865년에는 전권공사로 승진했다. 그는 저널리스트로 널리 알려져 있던 사람이었다. 그는 프랭클린의 자서전 원고가 프랑스 어딘가에 남아 있을 것이라고 믿고, 파리에 주재해 있는 동안에 그것을 입수하려고 애썼다. 그는 많은 노력을 기울였으나 그것을 입수하지 못하고 체념하고 있었다. 미국으로 돌아가기 직전에 우연히 원고의 소재가 밝혀져, 런던에 있는 파리의 친구에게 부탁해서 2만 5천 프랑을 투자하여 그 원고를 입수한 후 미국으로 돌아갔다.

그 원고와 1817년의 윌리엄 판은 많은 차이점이 있었다. 맨 끝의 완전한 프랭클린 자서전은 편찬하려는 의도에서 출판을 서둘렀다. 이 책이 비글로우 판 자서전이다. 1887년에 비글로우는 the complete works of Benjamin Franklin 전10권을 편찬하여 출판했다. 제1권 1항~3항에 걸쳐서 상세한 서문과 함께 그의 전기가 잘 수록되어 있다.

1905년에서 1907년에 걸쳐서 스미스(Albert henry Smyth)가 편집한 프랭클린 저작집(the writing of Benjamin Franklin) 전10권이 출판되었다. 이 저작집은 가장 완벽한 저작집으로 평가되고 있다. 자서전은 제1권에 수록되어 있다.

그런데 가장 완전한 저작집 제작에 착수한 사람은 맥스 파란드(Max farrand)이다. 파란드는 오랫동안 링컨도서관장 직에 있던 역사학자이며 《미국발전사》의 저자이다. 그의 계획은 도중에 그가 타계함으로써 미완으로 끝날 뻔했으나 링컨도서관 직원이 승계하여 1949년에 완성하여 《프랭클린 자서전(the Aatobiography Benjamin Franklin)》이라는 제목으로 캘리포니아대학 출판부에서 발간되었다.

  프랭클린은 실제로 워싱턴이나 링컨보다 훨씬 미국의 민주주의를 키운 사람이라고 하겠다. 미국을 이해하기 위해서 프랭클린을 아는 것이 매우 유익하다. 프랭클린 자서전은 미국을 알기 위해서 반드시 읽어야 할 책이다.

  이 자서전은 프랭클린이 자신의 자식들에게 인생살이에 필요한 교훈을 주는 형식으로 쓰여졌으며, 미국 산문문학의 뛰어난 작품으로도 평가되고 있고, 미국에 커다란 영향을 끼친 작품이다.

그대는 인생을 사랑하는가?
그렇다면 시간을 낭비하지 마라.
왜냐하면, 시간은 인생을 구성하는 재료이기 때문이다.
똑같이 출발했는데, 세월이 지난 뒤에 보면
어떤 이는 뛰어나고 어떤 이는 낙오되어 있다.
이 두 사람의 거리는 좀처럼 가까워질 수 없게
되어 버렸다.
이것은 하루하루 주어진 자신의 시간을 잘 이용했느냐,
허송했느냐에 달려 있다.

-벤자민 프랭클린-

프랭클린의 13가지 덕목(황금률)

1. **절제** : 머리가 둔해질 정도로 먹지 마라. 정신이 몽롱할 정도로 마시지 마라.

2. **침묵** : 피차 유용하지 않는 말은 피하라. 쓸데 없는 말을 하지 마라.

3. **규율** : 모든 물건은 제자리에 둬라. 모든 일을 알맞은 때에 하라.

4. **결단** : 해야 할 일은 결단을 하고 이행하라. 결심한 일은 실패없이 이행하라.

5. **절약** : 피차에 이득이 없는 일에 돈을 쓰지 마라. 즉, 낭비하지 마라.

6. **근면** : 시간을 허비하지 마라. 언제나 유익한 일에 종사하라. 모든 불필요한 행동을 하지 마라.

7. **정직** : 다른 사람을 기만하여 해치지 마라. 악의가 없고 정당하게 생각하라. 말을 할 때도 그렇게 하라.

8. **정의** : 남을 해치거나 네가 해야 할 의무가 있는 은혜를 베풀지 않는 과오를 범하지 마라.

9. **중용** : 극단을 피하라. 참을 만한 가치가 있다고 생각할 때까지 분노로 인한 위해를 참아라.

10. **청결** : 신체·의복·주택의 불결을 묵인하지 마라.

11. **평정** : 사소한 일, 흔히 있을 수 있는 일이나 피치 못할 일로 평정을 잃어서는 안 된다.

12. **순결** : 성 행위는 오직 건강이나 자손을 위해 행할 것. 도가 지나쳐서 머리를 멍하게 하거나 몸을 쇠약하게 하거나 자기나 타인의 안녕과 명예를 해치는 일은 결코 없게 하라.

13. **겸손** : 예수와 소크라테스를 본받으라.

Memo

옮긴이 **함희준**
중앙대학교 영문학과 졸업.
숭실대, 홍익대, 서경대에 출강.
저서로는 《대학영작문》이 있으며,
역서로는 《제3의 물결》, 《철학이야기》등 다수가 있다.

프랭클린 자서전덕에 이르는 길

2008년 3월 25일 1판 1쇄 인쇄
2008년 10월 30일 1판 3쇄 펴냄

지은이 | B.F 프랭클린
옮긴이 | 함희준
기　획 | 김종찬
마케팅 | 김정재
디자인 | 송원철
발행인 | 차미경

펴낸곳 | 예림출판
등록 | 제 302-2006-48호
주소 | 경기도 고양시 일산서구 탄현동 57-1 아크리움빌1차 101-101호
전화 | (031) 914-4755
팩스 | (031) 914-4756
이메일 | ylbooks@hanmail.net

ISBN 978-89-87774- 03840

*잘못 만들어진 책은 구입하신 서점에서 교환해 드립니다.
*값은 뒤 표지에 있습니다.